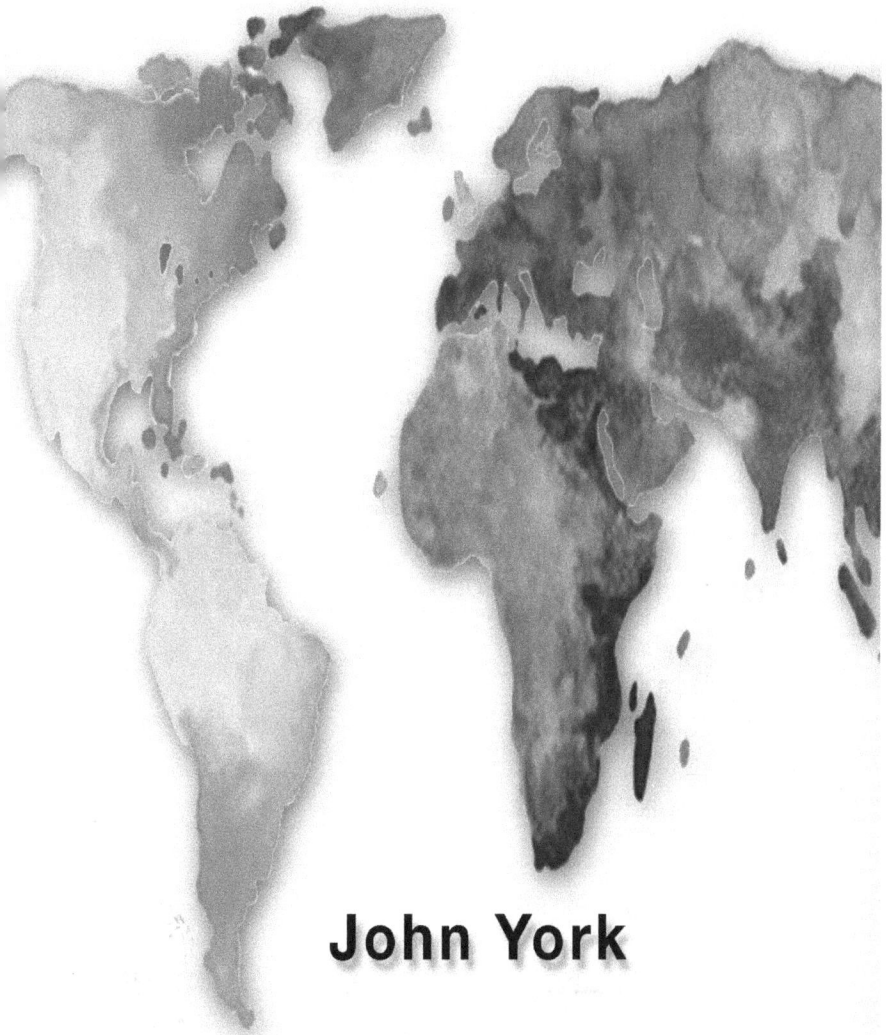

Las Misiones

en la era del

Espíritu

John York

Library of Congress Cataloging-in-Publication Data

York, John V. 1944-
 Missions in the age of the Spirit / John V. York; Stanley M. Horton, editor general.
 p. cm.
Incluye referencias bibliográficas e índice
ISBN 0-88243-464-0 (pbk.)
 1. Las misiones – Teoría – Enseñanza bíblica. 2. Las misiones – Enseñanza bíblica. 3. Las Asambleas de Dios – Doctrinas.
I. Horton, Stanely M. II Title.

BV2073.Y67 2000
266-dc21

Haga sus pedidos a RDM
3728 W. Chestnut Expy
Springfield, MO 65802

Impreso en los Estados Unidos de América
Las Misiones en la era del Espíritu (versión en español)
Traducción y diseño gráfico por personal de RDM   USA, 2004
RDM: 5309–00S1

Esto es una producción de SLC

SLC
SERVICIO DE
LITERATURA CRISTIANA

ISBN:
978-1-63368-026-5   Rustica

A mi esposa, con profunda gratitud y amor por su incansable asistencia y ayuda para que este libro se convierta en realidad.

Índice

Prólogo

Lo que el misionero y erudito John York ha predicado y enseñado en el continente africano durante los últimos 25 años finalmente fue impreso. Su pasión, que ha influido a miles, ha sido colocada en un volumen de riquezas que pueden ser extraídas a su gusto.

El Dr. York es claro en cuanto a su convicción—que la Biblia debe ser leída misiológicamente. Esta convicción ha sido reforzada por 25 años de experiencia misionera, vivida en un enfoque disciplinado y agudo de la verdad bíblica que lo motiva. "El plan de Dios siempre ha sido una bendición redentora de las naciones… [y] toda Escritura debe ser leída según su desarrollo del tema de la promesa de Dios de bendecir a las naciones" (introducción de la unidad 1).

Las Misiones en la era del Espíritu es un ejemplo maravilloso de literatura pentecostal. No ha sido escrita estando alejado del tema en cuestión. Ya sea en locales académicos en el Oeste o en los colegios bíblicos de África, la pasión de John York por la *missio Dei* es obvia. A causa de su creencia firme en la autoridad de las Escrituras, el Dr. York examina en la unidad 1 de este volumen el tema de misiones presente en toda la Biblia, lo cual él afirma es el lente de continuidad que ayuda a enfocar la Biblia correctamente. ¿Y cuál es la respuesta lógica y correcta a la *missio Dei* tan autoritariamente descrita en el texto bíblico? La participación.

El Dr. York no solamente ha "participado" en la *missio Dei*, sino que la pasión de su vida ha sido desafiar a cada cristiano a responder de la misma forma. Esto es verdaderamente literatura al puro estilo pentecostal. Tocados por Dios, buscamos en la Biblia una explicación de lo que nos ha ocurrido y la manera en que debemos responder. Descubrimos la misión que Dios ha tenido desde antes de la fundación del mundo y un poder que nos impulsa a unirnos a la *missio Dei* en la búsqueda redentora de las naciones. La reflexión bíblica pentecostal realizada en medio del ministerio agudiza la comprensión de la Biblia y refuerza el testimonio del Dios de todas las naciones.

Al ingresar en el siglo veintiuno, muchos líderes de la iglesia y agencias misioneras a través de todo el espectro cristiano están lidiando con la forma de su obra para el futuro. A veces el desafío del futuro ha despojado a los líderes misioneros de todo sentido de historia, pero los enfoques al futuro que no consideran la historia están destinados a fracasar desde el principio. En la unidad 2, el Dr. York afirma que Dios ha estado activo en su misión redentora entre la era de los apóstoles y la era de las misiones modernas. Y su perspectiva histórica testifica del valor de comprender el pasado para poder discernir el futuro, particularmente el del emprendimiento misionero.

La unidad 3 considera el futuro describiendo la ética misionera pentecostal, incluyendo el llamado personal y la vida del misionero. En estos capítulos, usted observará al autor mismo, cuyas palabras son escritas como resultado de una vida de experiencia misionera, una pasión por los perdidos, y una sólida creencia en la necesidad del bautismo del Espíritu Santo para capacitar a los candidatos de la *missio Dei*. Es mi oración que la pasión del misionero John York expresada en estas páginas corresponda con su corazón.

Las Misiones en la era del Espíritu propone un viaje desafiante. Las revelaciones bíblicas, las perspectivas históricas y misiológicas, y la apasionada espiritualidad pentecostal pueden llevar al lector a realizar una retro inspección. Y las palabras finales de este volumen hacen echo en la conciencia: "Que todos aquellos que contemplan la misión de Cristo sean llenos del Espíritu Santo, estén preparados en la mejor forma posible, tengan confianza en la bendición divina, y luego corran a la batalla. ¡Y que *corran para ganar*!"

Byron D. Klaus, D. Min.
Presidente
Seminario Teológico de las Asambleas de Dios
Springfield, Missouri, USA

Prefacio

Nunca olvidaré el entusiasmo de las convenciones misioneras en mi niñez: las películas, las exposiciones, y más que todo los sermones conmovedores misioneros seguidos de tiempos de oración para escudriñar el alma.

Aunque se ha realizado mucho trabajo misionero desde entonces, Cristo no ha regresado aún. Como Cristo ordenó a la iglesia completar Su misión de discipular a todas las naciones, la conclusión lógica es que la obra misionera de la iglesia todavía está incompleta y que su cumplimiento debe seguir siendo su mayor prioridad. Pero, ¿cuál es esta obra? ¿Cómo debe ser considerada? ¿Qué contribución pueden hacer los creyentes pentecostales a la comprensión de esta obra y su cumplimiento? Estas preguntas informan muchas discusiones sobre misiones, y son las preguntas que conducen este libro.

Mi esposa y yo tuvimos el privilegio de trabajar por muchos años en los ministerios de adiestramiento de las Asambleas de Dios de Nigeria. Estaríamos gustosamente sirviendo allí si no hubiéramos recibido el llamado de dirigir un ministerio de adiestramiento como parte del impulso continental de la Década de la Cosecha. Como parte de este ministerio, comencé enseñando sobre misiones, especialmente la teología bíblica de misiones, en programas graduados tanto en África como en los Estados Unidos. Aunque otros foros comenzaron a abrirse a este mensaje, fue una sorpresa cuando Loren Triplett, entonces el director ejecutivo de las Misiones Mundiales de las Asambleas de Dios, me pidió que escribiera este libro.

Es importante notar el ambiente receptivo en África, donde la gran parte de este material ha sido presentado a alumnos, maestros y líderes de iglesias. En las últimas décadas del siglo veinte, la iglesia africana en general se ha expandido rápidamente. Sin embargo, su deseo casi insaciable de evangelizar ha sido a menudo considerado con un entendimiento implícito que los que envían misioneros provienen principalmente del oeste mientras aquellos que los reciben viven en otros lugares. Cuando las personas en las crecientes iglesias africanas llegan a comprender los fundamentos bíblicos que ciñen la enseñanza de Cristo sobre la misión mundial, la noción de ser enviados alcanza una emoción de liberación. La naturaleza pentecostal de las iglesias en mi experiencia parece haberlas preparado para el desafío de las misiones en la misma manera que las iglesias pentecostales de la era apostólica.

Dos pensamientos tomados de la epístola misionera de Pablo a los colosenses explican la orientación de este libro. Primero, Pablo no duda en mencionar su propio llamado a la misión de Dios (1:1, 23, 25).[1] Este sentido de participación personal, con el cual yo me puedo identificar, continua siendo característico de gran parte de lo que se escribe sobre misiones. Segundo, Pablo identifica a "las riquezas de la gloria de este misterio" como "Cristo en vosotros, la esperanza de gloria" (1:27). Este versículo está tratando con la presentación del evangelio a los gentiles (incluyendo los lectores colosenses de Pablo). La presencia de Cristo en todas las naciones—judías y gentiles—hará que reciba la gloria que Él merece (Efesios 1:6, 14). Es en la búsqueda activa de esta gloria que la iglesia puede encontrar su misión.

---

[1] Vea Bernard Rossier, "Colossians," en *Galatians—Philemon*, ed. Stanley M. Horton, vol. 8 de *The Complete Biblical Library*: *The New Testament Study Bible* (Springfield, MO: the Complete Biblical Library in cooperation with Gospel Publishing House, 1986), 253.

Muchos en las Misiones Mundiales de las Asambleas de Dios y la red de Servicio de Adiestramiento Teológico Africano merecen un agradecimiento especial por haber alentado la culminación de este libro. Me gustaría también reconocer con agradecimiento las contribuciones espirituales y prácticas que la iglesia africana ha ofrecido a mi entendimiento de cómo las iglesias y los individuos deben responder al llamado de Cristo.

Que estas páginas provean un faro para los lectores indagantes que toman seriamente el desafío de las Misiones en la era del Espíritu.

John York
Director del Servicio de Adiestramiento
Teológico de África

Según el uso en la Versión Reina Valera y la Nueva Versión Internacional, "Señor" es usado con mayúsculas y pequeñas mayúsculas cuando el hebreo del Antiguo Testamento tiene el nombre personal y divino de Dios, Yahvé.[2]

En los versículos citados, las palabras que los autores desean subrayar están en itálicas.

Para una lectura más fácil, las palabras en hebreo, arameo y griego son escritas con letras inglesas.

---

[2] El hebreo se escribe solo con consonantes YHWH. Tradiciones posteriores siguieron el nuevo latín y agregaron vocales a la palabra hebrea para "Señor" para ayudarles a recordar leer *Señor* en lugar del nombre divino. Nunca se pretendió que sea leído "Jehová".

UNIDAD 1

Lectura de la Biblia con enfoque misionero

Los cristianos creen que Dios ha escogido revelarse a la humanidad a través de Su Palabra escrita, la Biblia. Tal como Pablo escribió en 2 Timoteo 3:16, "Toda la Escritura es inspirada por Dios, y útil para enseñar, para redargüir, para corregir, para instruir en justicia." La Biblia a su vez da testimonio de Jesucristo, el Verbo vivo. Jesús enseñó "Escudriñad las Escrituras; porque a vosotros os parece que en ellas tenéis vida eterna; y ellas son las que dan testimonio de mí" (Juan 5:39).

Las Escrituras además indican que Dios ha planeado que este testimonio de Jesucristo sea entregado a toda la tierra (Génesis 12:3; Mateo 24:14; 28:18-20). Mi postura es que este plan provee el tema general alrededor del cual la Biblia está organizada. Algunos consideran al "reino de Dios," "la salvación," o alguna otra frase o palabra como el tema principal de la Biblia. Dejando este debate a otros, yo creo que el avance del reino a través de la predicación del evangelio (antes que el "reino" en un sentido abstracto) es visto mejor como el tema principal. La Biblia cuenta esta historia de un reino progresivo, la misión del Dios trino: proveer redención, encontrar a los perdidos, y luego usarlos para entregar las bendiciones del reino a aquellos que aun están perdidos. En el estudio de misiones, el término latino para la misión de Dios, *missio Dei*, se refiere al plan de Dios para bendecir a las naciones por medio del evangelio de Jesucristo.

La unidad 1 trata con la misión de Dios diacronológicamente (*día* = a través, *cronos* = tiempo). O sea que la misión de Dios será trazada a través de períodos de tiempo sucesivos para poder demostrar que el plan de Dios siempre ha sido la bendición redentora de las naciones. El cumplimiento de esta bendición llegaría por medio de Jesucristo, la simiente (Hebreo: *Zera*, "semilla") prometida primero a Eva (Génesis 3:15), luego a Abraham (Génesis 22:18), a Isaac (Génesis 26:4) y a Jacob (Génesis 28:14).

Estoy de acuerdo con Walter C. Kaiser al considerar esta misión de Dios como el único *plan de promesa* unificando a toda la Escritura.[1]

Como Dios siempre ha tenido una misión, la Biblia debe ser leída misiológicamente. O sea, que toda Escritura debe ser leída considerando el desarrollo del tema de la promesa de Dios de bendecir a las naciones a través de su simiente prometida. A medida que los cristianos reconozcan la misión de Dios, ellos desearán participar en el cumplimiento de dicha misión. Por tanto, la primera tarea es trazar la *missio Dei* a través de las Escrituras.

---

[1] Walter C. Kaiser, *Toward an Old Testament Theology* (Grand Rapids: Zondervan Publishing House, 1978), 1-40.

CAPÍTULO 1

Missio Dei en el Pentateuco y los Libros Históricos: el plan de Dios revelado

El Pentateuco

La Creación

El libro de Génesis revela un acto intencional de creación por medio de un Dios con un propósito. Con pinceladas amplias y ligeras, se pinta un retrato de la creación en el cual Dios es el Soberano no creado cuyo dominio es universal, cuya voluntad es suprema, cuyo poder es ilimitado, y cuyo designio es perfecto. El resto de la Biblia repetidamente se refiere a la creación como el acto que estableció el derecho de Dios de gobernar como Rey sobre todo pueblo. Aquellos dispuestos a servir al Creador son invitados a participar del pacto en el "reino de luz" (Colosenses 1:12). Aquellos que se niegan a servir al Creador son considerados seguidores rebeldes de la "potestad de las tinieblas" (Colosenses 1:13). El acto de coronación de la creación es la humanidad, hombre y mujer, quienes son los únicos en toda la creación hechos a la imagen de Dios (Génesis 1:26-27).

La imagen de Dios

Existen dos grandes implicaciones misiológicas en la declaración de que la humanidad fue hecha a la imagen de Dios: Primero, demuestra la capacidad de la humanidad de tener comunión con Dios. Aunque este episodio ocurre antes de la Caída (Génesis 3), establece el fundamento para la futura reconciliación. Como los seres humanos son creados a la imagen de Dios, entonces la humanidad caída puede ser restaurada para tener comunión con Él. No puede haber ningún grupo de personas que por motivo de raza o ubicación estén fuera del alcance de Dios, incapaces de responder a las propuestas de la gracia divina.

Esta comprensión de la imagen de Dios se convierte en el fundamento para la Gran Comisión de Cristo en el Nuevo Testamento (Mateo 28:19-20). Como Dios ha hecho a todos a Su imagen, entonces Su Hijo desea incluir a todos en su mandamiento de hacer discípulos a "todas las naciones".

Aunque Dios es el Rey de toda la creación, el drama de Su Reino es relatado principalmente en términos de la extensión de Su reino sobre el mundo de seres humanos. Como toda persona es igualmente creada a Su imagen, todos deben necesariamente ser súbditos de Su reinado. Por tanto, debe haber una misión de Dios de proclamar la redención a toda persona, para que todos puedan tener la oportunidad de participar como súbditos leales.

La segunda gran implicación es que las personas son creadas con la capacidad de representar a su Creador. Cuando Dios creó a la humanidad a Su imagen, les ordenó, hombre y mujer, gobernar el mundo de la creación (Génesis 1:28). Este gobierno es ilustrado cuando Adán nombra a los animales (Génesis 2:19-20). En este texto, y aun en la mayoría de las culturas, nombrar implica autoridad. Cuando Dios trajo a los animales que había creado para que Adán les diera nombres, Dios le estaba asignando los privilegios de posesión como virrey.[1] Por tanto, Génesis 1:28 representa un antecedente del Antiguo Testamento a la enseñanza de Pablo en el Nuevo Testamento de que los creyentes cristianos son embajadores de Cristo (2 Corintios 5:20). Al declarar que todos los seres humanos son hechos a Su imagen, Dios estableció que todos son creados igualmente calificados para ser Sus representantes en cumplir los objetivos de Su reino. Más tarde, en el libro de los Hechos, tanto los creyentes judíos como los gentiles, son bautizados en el Espíritu Santo como evidencia de que todas las naciones comparten la misma Gran Comisión de servir como agentes de Dios en discipular el resto de las naciones.

---

[1] Eugene H. Merrill, "A Theology of the Pentateuch" in *A Biblical Theology of the Old Testament*, ed. Roy B. Zuck (Chicago: Moody Press, 1991), 14-16; Walter C. Kaiser, *Toward an Old Testament Theology* (Grand Rapids: Zondervan Publishing House, 1978), 73-76.

Para resumir, me gustaría decir que la creación de la humanidad a la imagen de Dios establece tanto el alcance como la agencia de la misión de Dios. La misión de Dios será para todo pueblo, y será lograda a través de los redimidos de todos los pueblos. Esperar menos sería omitir estas dos implicaciones fundamentales de la creación de los seres humanos a la imagen de Dios.

Missio Dei como bendición de las naciones

Tres eventos principales después de la creación sirven como preparación para la declaración de la misión de Dios. En cada caso, un aparente obstáculo para el logro de la misión de Dios es respondido con una fuerte palabra de promesa.

Primero, viene la trágica caída en pecado de la humanidad (Génesis 3:1-19), respondida con una "simiente" prometida de la mujer, quien herirá la cabeza de la serpiente (Génesis 3:15). Esta promesa se convierte en el fundamento del plan de Dios de bendecir a las naciones. Los eventos a continuación de la caída definen la misión de Dios en términos de Su redención de la humanidad, aún hecha a Su imagen, de la depravación en la cual ha caído.[2] El principal mensajero redentor será humano, un hombre ("simiente"[3]). El objetivo de Dios será alcanzar a todos los pueblos, y Sus enviados mismos serán aquellos creados a Su imagen.

Luego, viene la destrucción del mundo por medio del diluvio, seguido por una bendición sobre la casa de Sem (Génesis 6–9). En 9:26, Yahvé es llamado el "Dios [hebreo. *Elohim*] de Sem." La casa de Sem es por tanto apartada en un sentido especial como pueblo de Dios. Este tema

---

[2] En Génesis 5:3 y 9:6 se indica que la humanidad retuvo la imagen de Dios aún después de la caída. Aunque la imagen está manchada, es correcto aun referirse a la humanidad como creada a la imagen de Dios.

[3] (No se aplica en Español)

se expande en 9:27, donde se declara "Engrandezca Dios a Jafet, y habite en las tiendas de Sem, y sea Canaán su siervo". La Nueva Versión Internacional interpreta que el verbo "habite" se refiere a Jafet, implicando que Jafet compartiría las bendiciones prometidas a Sem.[4] Walter C. Kaiser ve en Génesis 9:27 una identificación de esta bendición en términos de la presencia de Dios morando en las tiendas de Sem. Esta opinión sostiene que el verbo se refiere a Dios, no a Jafet. Esta morada especial de Dios es lo que se convierte en el medio de Su bendición.[5] En ambas opiniones, Dios da una bendición a través de la casa de Sem como una proyección de esperanza para toda persona después del juicio del diluvio.

Tercero, sigue el juicio de la arrogancia humana en Babel (Génesis 11:1-9), seguido por la promesa de Dios de bendecir a todo pueblo en la tierra por medio de Abraham: "Pero Jehová había dicho a Abram: Vete de tu tierra y de tu parentela, y de la casa de tu padre, a la tierra que te mostraré. Y haré de ti una nación grande, y te bendeciré, y engrandeceré tu nombre, y serás bendición. Bendeciré a los que te bendijeren, y a los que te maldijeren, maldeciré; y serán benditas en ti todas las familias de la tierra" (Génesis 12:1-3).

La mesa de setenta naciones representantes ha sido anteriormente citada en Génesis 10 como antecedente de esta promesa de bendecir a todas las naciones. En Génesis 11:4, los habitantes de Babel dijeron, "Vamos, edifiquémonos una ciudad y una torre, cuya cúspide llegue al cielo; y hagámonos un nombre, por si fuéramos esparcidos sobre la faz de toda la tierra." Su deseo de hacerse un nombre" estaba opuesto al reino de Dios. El juicio que siguió incluyó

---

[4] John H. Sailhamer, "Génesis," en *The Expositor's Bible Commentary*, ed. Frank E. Gaebelein (Grand Rapids: Zondervan Publishing House, 1990), 2:97.

[5] Kaiser, *Old Testament Theology*, 80-82.

la dispersión de las personas por toda la tierra. Esto preparó el escenario para la gran declaración de Génesis 12:3 que a través de Abraham todas las "familias" ("naciones") serían bendecidas.

Al revelar la promesa de bendecir todas las naciones, Dios aclara que Su misión es el centro ardiente del resto de las Escrituras. Dios actuará en forma redentora para establecer Su reino en el cual todas las naciones serán bendecidas a través de la simiente prometida. Por tanto Génesis 1 al 12 provee la declaración fundamental de la *missio Dei*, desarrollada a partir de entonces diacronológicamente por el resto del Antiguo y Nuevo Testamento.

Missio Dei: **Desarrollo profundo**

La última línea de promesa de bendición a Abraham (Génesis 12:3) debe ser considerada como el ápice y motivo principal de la bendición: "*serán benditas en ti todas las familias de la tierra*"[6.] La bendición es acumulativa en el sentido de añadir provisiones hasta que el conjunto es lo suficientemente grande para lograr la bendición de todas las naciones. Tal como Kaiser observa: "Por cierto, la bendición mundial fue el propósito de la primera declaración de la promesa en 12:3."[7] Promesas siguientes, tales como la de la tierra (13:15) y un heredero (15:4), son igualmente el medio por el cual la promesa de bendecir a las naciones será lograda.

La certeza del plan de promesa de Dios es subrayada en Génesis 15:9-21. Cuando Abraham se pregunta cómo podría estar seguro de la promesa de un heredero y tierra, Dios respondió haciendo[8] un pacto con Abraham (v. 18). En esta teofonía, "una antorcha de fuego" pasó entre los

---

[6] Idem., 86 Sailhamer, "Genesis," 110.

[7] Kaiser, *Old Testament Theology*, 86; véase también Sailhamer, "Genesis," 111-12.

[8] El hebreo tiene "El Señor *cortó* un pacto," ya que involucraba un sacrificio.

pedazos de animales arreglados por Abraham (v. 17). Simbólicamente, Dios estaba prometiendo Su vida como garantía de Su palabra. Aunque la semilla y la tierra son el contexto inmediato de este pacto, el contexto más amplio es toda la promesa entregada a Abraham, especialmente la promesa de bendecir a todas las naciones (12:3). Según las palabras de Walter Kaiser, "Una bendición material o temporal como esa no debía ser separada del aspecto espiritual de la gran promesa de Dios."[9] La promesa de bendecir a todas las naciones es subrayada por su posición como la promesa final en 12:2-3 y por su repetición, primero a Abraham (Génesis 18:18, 22:18), luego a Isaac (26:4) y a Jacob (28:14). Es digno de ser notado que en 22:18, 26:4 y 28:14, la promesa es acompañada de provisiones específicas que la bendición de las naciones debe ser lograda a través de la simiente de Abraham.

Por tanto, la promesa de la simiente de la mujer (3:15) anticipa la promesa a Abraham, Isaac y Jacob de una simiente por medio de la cual todas las naciones serán benditas. Es dentro de este marco de una simiente de bendición prometida que la casa de Judá recibe la posición de líder (49:10) y más tarde David, de la casa de Judá, es prometido un reino eterno (2 Samuel 7, específicamente v. 16).

El Nuevo Testamento empieza señalando que Jesús es "hijo de David, hijo de Abraham" (Mateo 1:1), identificándolo como el heredero del reino eterno prometido y la simiente prometida de bendición a las naciones. Esta es la aclaración histórica necesaria para comprender los dos temas de la Gran Comisión de autoridad del *reino y todas las naciones* (Mateo 28:18-20).

---

[9] Kaiser, *Old Testament Theology*, 90.

Como la misión de Dios siempre ha sido a todas las naciones, no es sorprendente encontrar numerosas referencias directas e indirectas del amor de Dios por las naciones dentro de la historia de Israel. A continuación se dan algunos ejemplos.

Testigo del pacto

Una función de la ley entregada a Moisés es demostrar favorablemente la vida *en temor del Señor* (discutido más profundamente en el capítulo 2). Esta forma de vida distintiva fue un medio para instruir a las naciones. Todo el pacto en Sinaí debe ser comprendido como un tratado deliberadamente decretado de acuerdo al formato de tratados prevaleciente de esos días: un rey soberano estableciendo un pacto con un vasallo. Este formato incluía: (1) una identificación de las partes en el pacto, (2) un repaso de la historia que conduce al pacto, (3) declaraciones de provisiones generales y específicas del pacto, (4) una lectura pública y depósito de los términos del pacto, (5) la presencia de testigos (típicamente "deidades" testificantes), y (6) una declaración de bendiciones por el cumplimiento del pacto y maldiciones por la desobediencia.[10] Estos seis puntos son entregados desde Éxodo 20:1 hasta 23:33. Además de satisfacer la necesidad de una declaración formal de mandamientos mayores (Éxodo 20:3-17) y menores (Éxodo 20:22 al 23:13), la ley fue entregada para describir el estilo de vida de un pueblo unido por pacto a Yahvé. La razón, justicia y protección ofrecida bajo esta ley fueron destinadas a recomendar e invitar la participación de las naciones que aún no estaban dentro del pacto.

---

[10] Merrill, "Theology of the Pentateuch," 33-35

Un reino de sacerdotes

Este aspecto testimonial del pacto es demostrado en Éxodo 19:5-6 con una declaración que resuena a través del resto de las Escrituras. Dios afirma que aunque el mundo es Suyo, Israel a través de la obediencia puede convertirse en Su "tesoro especial," un "reino de sacerdotes, y gente santa." La intención de Dios de bendecir a las naciones ha sido conocida por mucho tiempo. El servicio sacerdotal implica servir como un intermediario por medio de la proclamación y la intercesión. Como la santidad implica necesariamente la separación para el propósito de Dios, es obvio que Dios estaba revelando Su voluntad de que Israel bendijera las naciones proclamando Su pacto con ellos e intercediendo por ellos.

Siglos más tarde, las repercusiones de este versículo son encontradas en las escrituras de Pablo, Pedro y Juan en el Nuevo Testamento. Pablo se refirió a la gracia que Dios le dio "para ser ministro de Jesucristo a los gentiles, ministrando el evangelio de Dios, para que los gentiles le sean ofrenda agradable, santificada por el Espíritu Santo" (Romanos 15:16). De manera similar, Pedro vio al nuevo pueblo de Dios, principalmente gentil, como "linaje escogido, real sacerdocio, nación santa, pueblo adquirido por Dios, para anunciar las virtudes de aquel que os llamó de las tinieblas a su luz admirable" (1 Pedro 2:9). Esta vida separada, como Pedro asegura a sus lectores, significaría que otros "glorifiquen a Dios en el día de la visitación, al considerar vuestras buenas obras" (1 Pedro 2:12). Juan también escribió a las iglesias de su tiempo usando las palabras de Éxodo 19:6: "Y Cristo nos hizo reyes y sacerdotes para Dios, su Padre" (Apocalipsis 1:6). Otros versículos parecidos se encuentran en Apocalipsis 5:10 y 20:6.

Shema

El famoso texto *Shema* (Deuteronomio 6:4-5) insiste en la unidad de Dios. "Oye Israel: Jehová nuestro Dios, Jehová uno es" (v. 4). Esto es completamente consistente con la auto revelación de Dios en los capítulos de creación de Génesis y tal como dichos capítulos, implica una misión futura a todas las naciones. Dios, con el carácter que posee y siendo el único Dios, nunca puede descansar hasta que Su creación reconozca y se someta a Su señorío.

Fórmula tripartita

Al decir "fórmula tripartita" me refiero a la frase "Y andaré entre vosotros, y yo seré vuestro Dios, y vosotros seréis mi pueblo." Los principios de esta frase aparecen primero en Génesis 17:7-8; y aparece repetidamente en forma completa o en parte en todo el Antiguo y luego en el Nuevo Testamento. Walter Káiser declara: "Esta fórmula se convirtió en sello oficial de toda teología bíblica en ambos testamentos."[11] El deseo de Dios de tener un pueblo que le sirva en fidelidad a un pacto es el centro de la *missio Dei*. Ese objetivo divino es finalmente logrado en Apocalipsis 21:3: "Y oí una gran voz del cielo que decía: He aquí el tabernáculo de Dios con los hombres, y él morará con ellos, y ellos serán su pueblo, y Dios mismo estará con ellos como su Dios."

Espíritu de profecía

En una interesante nota histórica registrada en Números 11:26-29, dos ancianos, Edad y Medad, profetizaron cuando el Espíritu reposó sobre ellos "en el campamento" (v. 26) en vez de alrededor del tabernáculo de reunión con el resto de los setenta, donde el Espíritu antes había reposado sobre ellos para dicho propósito (v. 16). Pero Moisés rehusó reprender la manifestación profética de ellos. En lugar de eso, aparentemente anticipando el gran día posteriormente profetizado por Joel, Moisés dijo: "Ojalá todo el pueblo de

---

[11] Kaiser, *Old Testament Theology*, 33.

Dios fuese profeta, y que Jehová pusiera su espíritu sobre ellos" (11:29). Esto mismo ocurrirá más adelante como el medio escogido de Dios para lograr Su misión.

Promesas del reino

Dios hizo importantes promesas al cambiar el nombre de Abram por Abraham en Génesis 17:1-8, incluyendo la promesa de que reyes saldrían del él. Aunque estos reyes incluirían a los líderes de las "naciones" procedentes de Abraham, estos también incluirían al linaje de reyes ordenado por Dios para gobernar a Israel. John H. Salihamer explica la frase "reyes saldrán de ti" (17:6b) de la siguiente manera: "Provee un enlace entre la promesa de bendición general a través de la simiente de Abraham y el enfoque subsecuente del autor de esa bendición en la casa real de Judá (Génesis 49:8-12; Números 24:7-9)... Aquí se ve obrando el mismo plan teológico detrás de la estructura de la genealogía de Mateo 1: 'El libro de la genealogía de Jesucristo, hijo de David, hijo de Abraham.' Manteniendo en mente la cercana asociación del término 'mesías' (*christos*) con el reinado en toda la literatura bíblica (ej. 1 Samuel 24:6, 10), hablar de una 'Cristología' de Génesis en esos pasajes no es algo muy lejano de la verdad."[12]

Más adelante Dios dio a Jacob una revelación parecida, incluyendo específicamente la provisión de que él sería padre de reyes (Génesis 35:11).

El plan de la promesa de Dios de bendecir a las naciones es indicado explícitamente en por lo menos otros tres pasajes en el Pentateuco. El primero de dichos pasajes es Génesis 49:10: "No será quitado el cetro de Judá, ni el legislador de entre sus pies, hasta que venga Siloh; y a él se congregarán los pueblos." Es particularmente importante a la luz de las

---

[12] Sailhamer, "Genesis," 139.

Escrituras posteriores que este versículo anticipa a Judá como la tribu reinante y al reinado rodeando las naciones. Aunque el tema de "bendecir a las naciones" ya era bien conocido entonces, el lector debe considerar la especificación de que Judá sería la tribu reinante por medio de la cual sería mediada la bendición como una añadidura al plan de promesa.

El segundo es el relato de Balaam (Números 22 al 24), que ofrece una mayor explicación profética del papel de Israel como teocracia y de la función real del Señor. Aunque Balaam era un adivino pagano (Josúe 13:22), la revelación de Dios a él y los oráculos que expresó son notables por su conocimiento de la bendición de Dios sobre Israel. Esto es especialmente importante en relación con las provisiones de bendición y maldición del pacto de Abraham. Como ha sido visto anteriormente, Abraham fue bendecido para poder bendecir a las naciones. Si Balaam hubiera triunfado en maldecir a Israel, las naciones no hubieran tenido la bendición de la revelación siendo mediada aun entonces a través de Israel, ni hubieran tenido la esperanza de compartir en la bendición prometida a través de la simiente de Abraham, el Mesías. Por tanto, al intentar contratar a Balaam, Balac rey de Moab estaba desafiando, aun sin saberlo, el plan completo de la promesa de Dios.

El tema en cuestión era el papel de Dios como Soberano de Israel y del resto de las naciones. Aunque Dios había dicho que tenía el poder para bendecir y maldecir (Génesis 12:3), Balac atribuyó este poder a Balaam (Números 22:6). La reputación de Balaam como adivino dependía de su habilidad para manipular espíritus. Sin embargo, cuando se enfrentó cara a cara con el Creador Soberano, se encontró con un oponente que no podía imaginar. Su incapacidad de manipular a Dios es demostrada tan completa y elaboradamente que es hasta cómico. Desde el principio, Dios prohibió a Balaam ir con la primera delegación de Moab, ya que Israel había sido bendecido y no podía ser maldecido (Números 22:12).

Cuando Balaam más tarde fue permitido acompañar la segunda delegación, la oposición del Señor en el camino parece mostrar que su verdadero propósito era cumplir con el pedido de Balac.[13] Después que el Señor "abrió los ojos de Balaam" (22:31), su viaje tomó un tono muy diferente al deseado por Balac: Balaam habló consistentemente palabras de bendición con respecto al futuro de Israel de parte del Señor, cuya soberanía es el enfoque principal en todo el pasaje.

De los oráculos de Balaam emergen varios puntos que subrayan el tema de la elección del Señor soberano de Israel como pueblo de promesa. En el primer oráculo, la bendición sobre Israel es reafirmada (Números 23:8), el destino singular de Israel entre las naciones es mencionado (23:9), y la exclamación de Balaam de que deseaba "la muerte de los rectos" insinúa la extensión de gracia a las naciones (23:10). El segundo oráculo enfoca a Dios, quien no es hombre para que mienta (23:19), quien cumplirá sus promesas (23:19), quien ha pronunciado una bendición sobre Israel (23:20), y quien es personalmente el Rey morando en medio de Israel (23:21). Y como Ronald B. Allen observa, "Como Jehová el Rey está en medio suyo, son invencibles ante cualquier ataque externo."[14] Finalmente, Israel devorará a sus enemigos porque no existe adivinación contra un pueblo bendecido por Dios (23:23-24).

El tercer oráculo (Números 23:27 al 24:14) se refiere una vez más a la bendición general sobre Israel (24:5-7a) y a la grandeza del Rey de Israel (24:7b), especialmente en referencia a las naciones hostiles (24:8-9), incluyendo una cita de Génesis 12:3 de los resultados de bendecir o maldecir

---

[13] Ronald B. Allen, "Numbers," in *The Expositor's Bible Commentary*, Ed. Frank E. Gaebelein (Grand Rapids: Zondervan Publishing House, 1990), 2:889.

[14] Ídem, 902.

a Israel.[15] El cuarto oráculo contiene una clara profecía mesiánica de una futura estrella que vendrá de Jacob, un cetro de Israel, y un rey de Jacob—quien derrotará completamente a todos los enemigos (24:15-19). Los oráculos quinto, sexto, y séptimo profetizan ruina a aquellas naciones hostiles a Israel (24:20-24).

El tercer pasaje específico del reino es la "ley del rey" que se encuentra en Deuteronomio 17:14-20. Este pasaje anticipa dramáticamente el futuro rey que algunos concluyen es de un período bastante posterior.[16] Sin embargo, no existe una razón predominante para dudar de este texto, especialmente a la luz de la *missio Dei* que hemos estado trazando. Ya era conocido que la bendición de las naciones estaría asociada con el cetro de un rey de Judá. En esta instancia Dios circunscribe la agencia del reino para cumplir Su plan de asegurar que la naturaleza de Su pacto entre soberano y vasallo permanezca firme—en contraste con los padrones de reinado comunes en Canaán.

---

[15] La New American Standard Bible tiene una nota para Números 24:9 para indicar que se cree que estas palabras son de Génesis 12:3.

[16] Para una discusión de este texto, véase J. A. Thompson, *Deuteronomy*, vol. 5 of *Tyndale Old Testament Commentaries*, ed. D. J. Wiseman (Downers Grove, Ill.: InterV arsity Press, 1974), 204-5.

Libros Históricos:
el Reino en *Missio Dei*

Josué

En el libro de Josué, el pueblo en el pacto con Dios pasó de un estilo de vida nómada a uno establecido en la Tierra Prometida. Este libro demuestra tres principios importantes para un pueblo dentro de un pacto con el Dios de la misión.

El primero es que la presencia manifiesta de Dios acompaña a aquellos que avanzan hacia Su reino de acuerdo a Su voluntad. En el libro de Josué, la voluntad de Dios es la posesión de la Tierra Prometida. Esto, a su vez, es el progreso hacia el establecimiento del reino ya anticipado en el Pentateuco. En Deuteronomio 31, Moisés había asegurado a Josué la presencia del Señor: "no temáis, ni tengáis miedo de ellos, porque Jehová tu Dios es el que va contigo; no te dejará, ni te desamparará... Y Jehová va delante de ti; él estará contigo, no te dejará, ni te desamparará" (vs. 6, 8). Después de la muerte de Moisés, el Señor mismo reafirmó la promesa: "Nadie te podrá hacer frente en todos los días de tu vida; como estuve con Moisés, estaré contigo; no te dejaré, ni te desampararé... Mira que te mando que te esfuerces y seas valiente; no temas ni desmayes, porque Jehová tu Dios estará contigo dondequiera que vayas" (Josue 1:5, 9).

Bajo Josué, el pueblo escogido de Dios avanzó audazmente para lograr la misión de su Dios y Rey; actuaron con la seguridad de que la presencia manifiesta de Dios estaba en medio de ellos. La promesa de Dios a Josué proveería más tarde las palabras básicas de afirmación de Jesús a sus discípulos al enviarlos en Su misión: "Por tanto, id, y haced discípulos a todas las naciones, bautizándolos en el nombre del Padre, y del Hijo, y del Espíritu Santo; enseñándoles que guarden todas las cosas que os he mandado; y he aquí yo estoy con vosotros todos los días, hasta el fin del mundo" (Mateo 28:19-20).

En el mismo espíritu, Jesús había asegurado antes a sus discípulos: "No os dejaré huérfanos; vendré a vosotros" (Juan 14:18). En cualquier época, aquellos llamados por Dios a cumplir Su propósito son asegurados de Su presencia manifiesta.

El segundo principio ilustrado en Josué es que todas las victorias verdaderas en el reino de Dios son logradas teniendo en cuenta la bendición de las naciones. Dos veces en Josué 3, Dios es llamado "Señor de toda la tierra": "He aquí, el arca del pacto del Señor de toda la tierra pasará delante de vosotros en medio del Jordán... Y cuando las plantas de los pies de los sacerdotes que llevan el arca de Jehová, Señor de toda la tierra, se asienten en las aguas del Jordán se dividirán; porque las aguas que vienen de arriba se detendrán en un montón" (vs. 11, 13).

A simple vista, parecería irónico que una misión destinada a bendecir a las naciones comience con una conquista militar. Pero para lograr esta bendición mundial, Israel necesitaba una base de operación.

"Específicamente, la conquista de Canaán, bajo el liderazgo de Josué provino del pacto de Abraham. Habiendo tratado con todas las naciones, Dios hizo a Abraham el centro de Sus propósitos y determinó alcanzar al mundo perdido a través de la simiente de Abraham."[17]

Como Dios creó al mundo y es el "Señor de toda la tierra," el texto asume Su derecho de distribuir la tierra como desee. Debería ser notado que la conquista de Canaán es ilustrada en las Escrituras como un castigo para las sociedades que merecían juicio; como había sido declarado anteriormente, la tierra había "vomitado" a sus habitantes (Levítico 18:28).

---

[17] John F. Walvoord and Roy B. Zuck, *The Bible Knowledge Commentary* (Wheaton, Ill.: Scripture Press Publications, 1985), 326.

Las conquistas de Israel fueron logradas con provisiones inferiores, más notablemente la carencia de carros, y aun así ganaron debido a la presencia del Señor. Además, Israel fue advertido de que si no permanecía en obediencia al pacto con Yahvé, ellos también serían vomitados—un destino más tarde cumplido por medio de las cautividades asirias y babilónicas (Levítico 18:28; 20:22).

Josué 3:11-13 anuncia que el arca del pacto del Señor de toda la tierra entraría en el Jordán delante de ellos. Estos versículos deben ser considerados como la preparación del fundamento para la conquista a continuación y para el futuro desarrollo del tema del Señorío de Dios sobre toda la tierra. Es a medida que las naciones se someten al Señorío de Dios que serán bendecidas. Algunas referencias posteriores al "Señor de toda la tierra" o referencias paralelas incluyen lo siguiente:

- "De Jehová es la tierra, y su plenitud; el mundo, y todos los que en él habitan" (Salmo 24:1).

- "Porque tu marido es tu Hacedor; Jehová de los ejércitos es su nombre; y tu Redentor, el santo de Israel; Dios de toda la tierra será llamado" (Isaías 54:5).

- "¿Quién no te temerá, oh Rey de las naciones? Porque a ti es debido el temor; porque entre todos los sabios de las naciones y en todos sus reinos, no hay semejante a ti" (Jeremías 10:7).

- "Levántate y trilla, hija de Sión, porque haré tu cuerno como de hierro, y tus uñas de bronce, y desmenuzarás a muchos pueblos; y consagrarás a Jehová su botín, y sus riquezas al Señor de toda la tierra" (Miqueas 4:13).

- "Terrible será Jehová contra ellos, porque destruirá a todos los dioses de la tierra, y desde sus lugares se inclinarán a él todas las tierras de las naciones" (Sofonías 2:11).

- "Y él dijo: Estos son los dos ungidos que están delante del Señor de toda la tierra" (Zacarías 4:14).

- "Y el ángel me respondió y me dijo: Estos son los cuatro vientos de los cielos, que salen después de presentarse delante del Señor de toda la tierra" (Zacarías 6:5).

- "Y Jehová será rey sobre toda la tierra. En aquel día Jehová será uno, y uno su nombre" (Zacarías 14:9).

Por tanto no es extraño que el libro de Josué afirme la siguiente razón para el milagroso cruce de Israel sobre el Jordán: "Para que todos los pueblos de la tierra conozcan que la mano de Jehová es poderosa" (Josué 4:24).

El tercer gran principio relacionado con la misión de Dios enseñado por Josué es distribución. Este concepto es demostrado en Josué a través de la división de Canaán entre las tribus de Israel. Después de las victorias iniciales en las campañas del centro, sur y norte (Josué 6 al 12), todavía permanecían grandes áreas a ser tomadas (Josué 13:1). El plan general de distribución es indicado en Josué 13:6: "Todos los que habitan en las montañas desde el Líbano hasta Misrefotmaim, todos los sidonios; yo los exterminaré delante de los hijos de Israel; solamente repartirás tú por suerte el país a los israelitas por heredad; como te he mandado." Esta instrucción es a su vez consistente con lo que Moisés había mandado a Josué: "Y llamó Moisés a Josué, y le dijo en presencia de todo Israel: Esfuérzate y anímate; porque tú entrarás con este pueblo a la tierra que juró Jehová a sus padres que les daría, y tú se la harás heredar" (Deuteronomio 31:7).

Luego el texto trata con Judá y las dos tribus de José en Josué 13 al 17, donde se entrega una instrucción más detallada para el procedimiento de distribución para las tribus restantes:

Y Josué dijo a los hijos de Israel: ¿Hasta cuándo seréis negligentes para venir a poseer la tierra que os ha dado Jehová el Dios de vuestros padres? Señalad tres varones de cada tribu, para que yo los envíe, y que ellos se levanten y recorran la tierra, y la describan conforme a sus heredades, y vuelvan a mí. Y la dividirán en siete partes; y Judá quedará en su territorio al sur, y los de la casa de José en el suyo al norte. Vosotros, pues, delinearéis la tierra en siete partes, y me traeréis la descripción aquí, y yo os echaré suertes aquí delante de Jehová nuestro Dios...

Levantándose, pues, aquellos varones, fueron; y mandó Josué a los que iban para delinear la tierra, diciéndoles: Id, recorred la tierra y delineadla, y volved a mí, para que yo os eche suertes aquí delante de Jehová en Silo. Fueron, pues, aquellos varones y recorrieron la tierra, delineándola por ciudades en siete partes en un libro, y volvieron a Josué al campamento en Silo (Josué 18:3-6, 8-9).

Con cada declaración de lo que debía hacerse venía la orden de que el trabajo debía ser subdivido y distribuido de acuerdo a la división tribal. Por consiguiente, cuando Dios especifica una tarea a ser realizada por Su pueblo, Él espera que su liderazgo identifique la tarea completa, la divida en componentes, y las distribuya en sistemas y subsistemas que puedan ser identificados. La responsabilidad para su cumplimiento puede ser entonces determinada con reportes a los diferentes niveles de liderazgo. Este principio es consistente con el entendimiento fundamental de que las personas son creadas a la imagen de Dios (Génesis 1:27) y por tanto son capaces de representarlo. La naturaleza de Dios es de confiar a los seres humanos, aquellos que ha creado, con misiones específicas como medios para el cumplimiento de Su gran designio para la historia.

El Señor había anteriormente determinado la naturaleza y extensión del trabajo, o sea, la tierra a ser poseída. Era comprendido que la membresía en el pueblo de Dios requería la participación en completar la tarea asignada. Se esperaba la completa victoria a pesar de los obstáculos (Josué 17:14-18). Aunque la iglesia del presente carece de la autoridad central de Israel en el tiempo de la conquista de Canaán, grupos de creyentes con semejantes creencias en todo el mundo se han comprometido a la aplicación del principio de distribución con respecto a la evangelización de pueblos aun no alcanzados.

Aunque las naciones occidentales han realizado a menudo un seguimiento de su investigación de pueblos no alcanzados con el pedido de voluntarios para "adoptar a pueblos", otras partes del mundo algunas veces están más abiertas a simplemente asignar la responsabilidad por tales pueblos no alcanzados, al estilo de Josué. En Nigeria, por ejemplo, las Asambleas de Dios han asignado grupos de pueblos no alcanzados a distritos e iglesias con el posterior establecimiento exitoso de iglesias.

Jueces y Rut

En los libros de Jueces y Rut, el reino de Dios es anticipado de tal manera como si fuera ofrecido a los gentiles. La frase clave de Jueces: "Jehová señoreará sobre vosotros" (8:23), es central en su estructura literaria ascendiente y descendiente.[18] El plan de Dios es contrastado con la frivolidad de la vida fuera de Su reino, y sirve para preparar al pueblo para los vice–regentes davídicos divinamente nombrados quienes pronto gobernarán en nombre del Señor. El poder del Espíritu Santo es eficaz para mantener una conciencia del reino de Dios aun durante los tiempos más difíciles (Jueces 6:34).

En Rut, la narración anticipa el reinado davídico a través del lente histórico de un redentor familiar actuando a favor de una mujer gentil. En una importante genealogía, el libro de Rut termina enlazando a Fares el hijo de Judá con David (4:18-22). De este modo, Jueces y Rut están ambos conectados con sus antecedentes de Génesis y el reino davídico posterior.

---

[18] Kenneth Barker, ed., *The NIV Study Bible* (Grand Rapids: Zondervan Publishing House, 1985) 327.

El reino Davídico

En una dramática conversación entre el Señor y David por medio de Natán, David ofrece edificar una casa (o sea, un templo) para Dios. Después de aceptar la idea, Natán regresa a David con un mensaje del Señor: David no edificará la casa para Dios, sino que Dios edificará una casa (o sea, una dinastía) para David (2 Samuel 7:11). Notablemente, Dios declara, "Y será afirmada tu casa y tu reino para siempre delante de tu rostro, y tu trono será estable eternamente" (2 Samuel 7:16).

La respuesta de David a esta revelación es digna de ser notada: "¿Es así como procede el hombre, Señor Jehová?" (7:19). La palabra clave en este pasaje "así" (hebreo: *torah*) literalmente significa "enseñar" y es más a menudo usada en el sentido de la instrucción o leyes de Dios. En este caso, David parece usar *torah* en el sentido de un título.[19] El una la nueva revelación de un reino eterno con el plan de Dios para las naciones anteriormente revelado y concluye que tal reino debe ser por cierto el título (*torah*) para toda la humanidad (hebreo: *'adam*). Este reino eterno conferido a la casa de David (2 Samuel 7:1-17, 1 Crónicas 17:1-15) se convierte en el medio para cumplir las anteriores expectativas proféticas del Pentateuco. El reino de Dios, tanto eterno como universal, sería por tanto identificado con la casa de David.

Los reyes davídicos fueron por consiguiente, vice-regentes representando al gran Creador soberano quien había ordenado a través de Abraham que vendría una simiente y un reino de sacerdotes destinados a bendecir a las naciones. Cualquier intento por parte de los judíos o sus líderes de utilizar el reino para su beneficio personal era por tanto infidelidad al gran Rey y su propósito para las naciones. La comprensión de un reino de sacerdotes fue el concepto

---

[19] Kaiser, *Old Testament Theology*, 154-55.

fundamental para los libros históricos subsecuentes y fue gozosamente celebrada en los Salmos. La vida en el reino fue descrita en los libros de Sabiduría y los profetas hicieron al rey y al pueblo responsables por cumplir el pacto.

Preguntas de repaso

1. ¿Cuál es el significado del término "diacrónico"?

2. En este estudio, ¿qué significa el término *missio Dei*?

3. ¿De qué maneras sirve el relato de la creación como base para una teología de misiones?

4. Explique las dos implicaciones misiológicas principales de la declaración de que la humanidad es creada a la imagen de Dios (Génesis 1:26-27).

5. Explique la progresión de pensamiento de Génesis 1 al 11 que lleva a la promesa de bendecir a todas las naciones en Génesis 12:3.

6. ¿En qué sentido fueron misiológicos el pacto y la ley entregados en Éxodo?

7. Explique el significado misiológico de lo siguiente: Un reino de sacerdotes, *shema*, fórmula tripartita, Espíritu de profecía, promesas del reino.

8. Basándose en el libro de Josué, explique la importancia de tres principios fundamentales de un pueblo unido por un pacto al Dios de la misión.

9. En 2 Samuel 7, Dios promete a David un reino eterno. ¿Qué función tiene esta promesa dentro del Antiguo Testamento? ¿De qué manera es fundamental para el Nuevo Testamento?

CAPÍTULO 2

Missio Dei en los Libros Poéticos y los Profetas: celebración, pleito del pacto y nuevos comienzos

Libros Poéticos

El tema de la *missio Dei* es muy evidente en los Libros de Sabiduría del Antiguo Testamento. Una variedad de términos de pacto, palabras claves, y formas literarias celebran la relación exaltada entre el Creador y Su creación. Esta "vida en el reino" fue destinada a atraer a las naciones irresistiblemente dentro de la relación de pacto con el único Dios de toda la tierra.

Job

La presencia de Job en el canon judío de las Santas Escrituras debería ser reconocida como misiológicamente importante. (1) Existe una notable ausencia de referencia al sistema legal mosaico, indicando una era pre–mosaica. (2) El escenario de Job es patriarcal, demostrado por prácticas tales como el papel del padre como cabeza espiritual de la familia.[1]

Durante este período pre–mosaico, Dios mantuvo una relación cercana con personas de familias que no eran ancestros de la nación de Israel. Algunos conceptos claves de Job consistentes con el resto del Antiguo Testamento incluyen un fuerte énfasis en Dios como el Creador y Controlador universal de la historia quien considera a los seres humanos moralmente responsables durante su vida y el futuro tiempo de resurrección. Este mensaje es consistente con los profetas judíos posteriores quienes a menudo indicaron que el Dios Creador sería de nuevo adorado en toda la tierra.

---

[1] Roy B. Zuck, "A Theology of the Wisdom Books and the Song of Solomon," in *A Biblical Theology of the Old Testament*, ed. Roy B. Zuck (Chicago: Moody Press, 1989), 208; Walter C. Kaiser, *Toward and Old Testament Theology* (Grand Rapids: Zondervan Publishing House, 1978), 97.

Salmos

En los Salmos, el gobierno universal de Dios es un tema principal—confirmando que Israel consideraba que el Pentateuco enseñaba la inclusión de todas las naciones en el plan de bendición de Dios. Se debe notar que los salmos reales generalmente van más allá del reino del rey davídico gobernante a una visión de las glorias del Rey mesiánico. Esta asociación naturalmente dirige a una consideración de las naciones, que por necesidad debe ser parte del reino mesiánico. Por tanto existe una fuerte conexión entre los salmos reales y las repetidas referencias a las naciones en los salmos.

Los salmos con un tema específico de salvación para las naciones son los siguientes: 2, 9, 18, 22, 33, 45, 46, 47, 48, 49, 57, 65, 67, 68, 72, 76, 77, 79, 82, 83, 86, 87, 94, 95, 96, 97, 98, 99, 100, 102, 103, 105, 108, 114, 117, 118, 126, 138, 139, 144, 145, 146, 150. Selecciones de esta lista son expresadas a continuación.

> ¿Por qué se amotinan las gentes, y los pueblos piensan cosas vanas? Se levantarán los reyes de la tierra, y príncipes consultarán unidos contra Jehová y contra su ungido, diciendo: Rompamos sus ligaduras, y echemos de nosotros sus cuerdas. El que mora en los cielos se reirá; el Señor se burlará de ellos. Luego hablará a ellos en su furor, y los turbará con su ira. Pero yo he puesto mi rey sobre Sion, mi santo monte. Yo publicaré el decreto; Jehová me ha dicho: Mi hijo eres tú; yo te engendré hoy. Pídeme, y te daré por herencia las naciones, y como posesión tuya los confines de la tierra. Los quebrantarás con vara de hierro; como vasija de alfarero los desmenuzarás. Ahora, pues, oh reyes, sed prudentes; admitid amonestación, jueces de la tierra. Servid a Jehová con temor, y alegraos con temblor. Honrad al Hijo, para que no se enoje, y perezcáis en el camino; pues se inflama de pronto su ira. Bienaventurados todos los que en él confían (Salmo 2:1-12).

El Salmo 2 es típico de muchos salmos reales ya que celebra el reinado de un rey divinamente nombrado sobre toda la tierra. Es un salmo de coronación, en el cual el nuevo rey coronado es invitado a pedir las naciones como herencia, los confines de la tierra como posesión. Se demuestra que este salmo es mesiánico por el contraste entre la magnitud del reino que celebra (el mundo entero) y las limitaciones divinas colocadas sobre el tamaño de la nación de Israel (Génesis 15:18-21; Deuteronomio 1:7; 11:24; 34:1-4; Josúe 1:4).

Posiblemente fue una inclinación a ignorar esta restricción territorial lo que dirigió al castigo de David en cuanto al censo del pueblo (2 Samuel 24:11-17). Realizar un censo normalmente indicaba una inminente campaña militar involucrando el reclutamiento y la imposición de impuestos adicionales. Si, como parece ser el caso, la extensión del reinado de David ya había sido alcanzada, entonces su censo podría indicar una intención no autorizada de expandirse más allá de los límites de Dios—una ofensa de gravedad extrema. También es posible considerar la ofensa de David como orgullo por el tamaño que su reino había alcanzado.

En cualquiera de dichos casos, ¿cómo se puede explicar el Salmo 2 y muchos como éste que celebran una extensión mundial del reino? Algunos simplemente descartan estos salmos como la hipérbole de nacionalistas exuberantes. Pero es preferible interpretarlos a la luz de la teología del Pentateuco antecedente. Lejos de compartir en un orgullo profano o nacionalismo étnico, los salmistas fueron profetas que anticiparon el día ya anunciado cuando todas las naciones serían bendecidas a través de la simiente de Abraham. Además, los salmistas también estaban conscientes de la naturaleza eterna del reino de David. Esto es demostrado por el Salmo 89, en el cual el salmista sostuvo la aparente destitución del reino davídico durante el exilio babilónico como inconsistente con la promesa a David de un reino eterno.

Aunque podamos sentirnos perplejos por el aparente conflicto entre las limitaciones geográficas colocadas sobre el reino en el Pentateuco y el reino mundial anticipado en los salmos, los salmistas no parecían estar extremadamente preocupados por este supuesto problema. Poseyendo el mismo Espíritu profético que había hablado a Abraham, ellos celebraron un reino tanto eterno como universal.

Por supuesto, cuando llegamos al Nuevo Testamento, el problema es fácilmente resuelto. El "Hijo" (Salmo 2:7) no es David ni cualquiera de sus sucesores inmediatos. Más bien, el Hijo es Jesús, cuyo papel de Hijo eterno es declarado a través de Su resurrección de los muertos (Hechos 13:33). Es importante notar que el papel de hijo de Jesús no comenzó en la Encarnación, como algunos han supuesto al leer estos versículos. Más bien, la cita de Salmo 2:7 en Hechos 13:33 indicaría que la resurrección fue equivalente a una inauguración. La proclamación pública de todas las naciones del señorío eterno de Cristo comienza con Su resurrección de los muertos. Derek Kidner escribe sobre el Salmo 2:7-9 lo siguiente: "Las órdenes de nuestro Señor a los apóstoles después de Su resurrección enfatizaron a *las naciones y lo último de la tierra*, llevando explícitamente esta promesa al rey recientemente autentificado. Continua lanzando empeños misioneros cada vez que su fuerza toca a la iglesia."[2]

> Del río sus corrientes alegran la ciudad de Dios, el santuario de las moradas del Altísimo. Dios está en medio de ella; no será conmovida. Dios la ayudará al clarear la mañana. Bramaron las naciones, titubearon los reinos; dio él su voz, se derritió la tierra. Jehová de los ejércitos está con nosotros; nuestro refugio es el Dios de Jacob (Salmo 46:4-7).

Luego viene la amonestación del Salmo 46:10, "Estad quietos, y conoced que yo soy Dios; seré exaltado entre las naciones, y enaltecido seré en la tierra." Este salmo muestra que Dios está en control a pesar de las incertidumbres que parecen haber incluido una amenaza seria a la seguridad y paz de Jerusalén. El versículo 7 fue la base para el famoso himno

---

[2] Derek Kidner, *Psalms* 1-72, Vol. 14a of *Tyndale Old Testament Comentaries*, ed. D. J. Wiseman (Downers Grove, Ill.: InterVarsity Press, 1973), 51, énfasis de Kidner.

de Lutero "Nuestro Refugio es Jehová". El pensamiento principal es que la seguridad de Jerusalén lleva a la exaltación de Dios entre las naciones de la tierra. Según las escrituras precedentes, dicha exaltación entre las naciones debe ser comparada con su bendición e incluye la manera en la cual Dios reina sobre ellas. El hecho de que Jerusalén era el centro de adoración ordenado por Dios para su pueblo de pacto no implicaba que Él solamente reinaba sobre Israel. Por el contrario, a través del contacto tanto pacífico como hostil con las naciones, la perspectiva mundial de Israel sería ensanchada para comprender que el Reino de Dios es sobre toda la tierra. La frase "estad quietos" podría ser traducida "deténganse" o "es suficiente." La visión del pueblo de una Jerusalén segura era demasiado pequeña. Más bien, la protección paternal de Dios sobre Israel era para mostrar el temor del Señor viviendo en Israel hasta la exaltación del Señor en toda la tierra.

> Pueblos todos, batid las manos; aclamad a Dios con voz de júbilo. Porque Jehová el Altísimo es temible; Rey grande sobre toda la tierra. El someterá a los pueblos debajo de nosotros, y a las naciones debajo de nuestros pies. El nos elegirá nuestras heredades; la hermosura de Jacob, al cual amó. Subió Dios con júbilo, Jehová con sonido de trompeta. Cantad a Dios, cantad; cantad a nuestro Rey, cantad: porque Dios es el Rey de toda la tierra; cantad con inteligencia. Reinó Dios sobre las naciones; se sentó Dios sobre su santo trono. Los príncipes de los pueblos se reunieron como pueblo del Dios de Abraham; porque de Dios son los escudos de la tierra; El es muy exaltado (Salmo 47:1-9).

El Salmo 47 celebra la coronación de un rey davídico incluyendo audazmente a todas las naciones en la bendición implicada por el pacto de Abraham (vs. 7-9). Como fue notado anteriormente, este tema doble de *reino* y *nación* es llevado hasta el Nuevo Testamento. Mateo une a Jesús con David (reino) y Abraham (naciones) al principio de su evangelio (1:1) simbolizando el clímax de su evangelio, donde el reino (o sea "autoridad") es de nuevo unido con las "naciones" (28:18-19).

Los comentarios de Derek Kidner sobre este salmo son muy útiles:

> Ahora, con una sola palabra, el verdadero fin entra en perspectiva. Los innumerables *príncipes* y *pueblos* serán un solo *pueblo*; y ya no serán extraños sino que participarán en el pacto; esto es implicado al ser llamados *pueblo del Dios de Abraham.* Es el cumplimiento abundante de la promesa de Génesis 12:3; anticipa lo que Pablo expresa de la inclusión de los gentiles como hijos de Abraham (Romanos 4:11; Gálatas 3:7-9).

> Pero característicamente el salmo relaciona esto con su tema, la gloria real de Dios. Su comentario no es que "las naciones tendrán paz", sino más bien que *El es muy exaltado...* Entre tanto, el evangelio revelará el inesperado tipo de "exaltación" que iniciará el proceso de "reunir" a los pueblos: "Y si yo fuere levantado de la tierra, a todos atraeré a mí mismo" (Juan 12:32).[3]

El Salmo 67 interpreta la bendición de Aarón de Números 6:24-26 como la salvación de las naciones. Israel fue bendecido para ser de bendición a las naciones quienes a su vez se unen a Israel en la celebración gozosa de alabanza a Dios.

> Dios tenga misericordia de nosotros y nos bendiga; haga resplandecer su rostro sobre nosotros; para que sea conocido en la tierra tu camino, en todas las naciones tu salvación. Te alaben los pueblos, oh Dios; todos los pueblos te alaben. Alégrense y gócense las naciones, porque juzgarás los pueblos con equidad, y pastorearás las naciones en la tierra. Te alaben los pueblos, oh Dios; todos los pueblos te alaben. La tierra dará su fruto; nos bendecirá Dios, el Dios nuestro. Bendíganos Dios, y témanlo todos los términos de la tierra. (Salmo 67:1-7).

Se debería notar que los salmos tal como estén sirven como ventana a través de la cual podemos ver la intención del Pentateuco. Los planes de Dios conocidos en el Pentateuco fueron interpretados y celebrados a través de los salmos en el calendario litúrgico de Israel. Como es demostrado por este salmo, se comprendía que el plan de Dios era la bendición de las naciones a través de Israel.

---

[3] Ídem, 178, Énfasis de Kidner.

Fue cuando Israel infringió los tres primeros mandamientos teniendo otros dioses, haciendo imágenes para adorar y profanando el nombre del Señor que abandonó la perspectiva mundial del Pentateuco y adoptó la opinión limitada de sus vecinos paganos. En los Salmos 115:8 y 135:18 los impíos son culpados por ser como los ídolos que servían. Oseas 4:7 habla de Israel cambiando "su gloria en afrenta," refiriéndose a un ídolo. En Oseas 9:10, el pecado de Israel en el tiempo de Números es que se "hicieron abominables como aquello que amaron." Solo cuando Israel sostuvo en alta estima a Dios, tal como es enseñado en el Pentateuco y los Salmos, ella mantuvo el sentido de su destino, ilustrado en el Salmo 67, de la radiante gloria de Dios entre las naciones. El Salmo 67 es una de las principales referencias para especificar el enfoque sobre las naciones, fundamental para la fe de Israel.

> Su cimiento está en el monte santo. Ama Jehová las puertas de Sion más que todas las moradas de Jacob. Cosas gloriosas se han dicho de ti, ciudad de Dios. Yo me acordaré de Rahab y de Babilonia entre los que me conocen; he aquí Filistea y Tiro, con Etiopía; este nació allá. Y de Sion se dirá: Este y aquél han nacido en ella, y el Altísimo mismo la establecerá. Jehová contará al inscribir a los pueblos; este nació allí. Y cantores y tañedores en ella dirán; todas mis fuentes están en ti. (Salmo 87:1-7).

Según la escritura anterior, sería difícil diferir con la interpretación cristiana tradicional de estos versículos tal como la ofrecida por Derek Kidner: "Un ejemplo representante del mundo gentil está siendo enlistado en la ciudad de Dios... Para con Dios, ellos son considerados como *aquellos que me conocen*, una designación aun más elevada que 'aquellos que me temen' (Jeremías 31:34). Para con el pueblo de Dios, no son meros prosélitos: ellos pueden declarar, como lo hizo Pablo de su posición romana, 'lo soy de nacimiento' (Hechos 22:28). Esta es la era del evangelio, no menos... Este [v. 6] es Su 'libro de la vida' escrito con Su propia mano (c.f. La entrada correcta a la ciudad, a la cual los reyes de la tierra traerán su gloria, en Apocalipsis 21:24-27)."[4]

> Cantad alegres a Dios, habitantes de toda la tierra. Servid a Jehová con alegría; venid ante su presencia con regocijo. Reconoced que Jehová es Dios; El nos hizo y no nosotros a nosotros mismos; pueblo suyo somos, y ovejas de su prado. Entrad por sus puertas con acción de gracias, por sus atrios con alabanza; alabadle, bendecid su nombre. Porque Jehová es bueno; para siempre es su misericordia, y su verdad por todas las generaciones" (Salmo 100:1-5).

Los Salmos 93 al 100 están agrupados por el tema común del reino justo de Dios sobre las naciones. Aunque el lenguaje del Salmo 100 describe la adoración de Israel, el llamado a adorar se extiende a "toda la tierra" (v. 1). Toda la tierra debe gritar con gozo y adorar al Señor con júbilo reconociendo que el Señor es Dios, su creador (Salmo 24:1). Este grito de reconocimiento del reinado del Señor es el único requisito para entrar en la adoración de Yahvé, una anticipación de la enseñanza del Nuevo Testamento de justificación por medio de la fe.

"El ruido gozoso no es la contribución especial de los sordos, y mucho menos de los festejantes, sino el equivalente en adoración al grito de homenaje o procesión (Salmo 98:6) para un rey, como en 95:1 o el casi idéntico versículo 66:1. Esta palabra proclama al mundo para Dios."[5]

En el Salmo 100, toda la tierra está bajo el llamado divino a adorar, ya que la adoración es asociada con la creación (v. 3). Los verbos principales son paralelos ("cantad," "servid," "venid," "reconoced," "entrad," "bendecid," "alabad"). Por tanto, todos los habitantes de la tierra que le adoran son los

---

[4] Derek Kidner, *Psalms* 73-150, vol. 14b of *Tyndale Old Testament Commentarires*, ed. D. J. Wiseman (Downers Grove, Ill.: InterVarsity Press, 1973), 315, Énfasis de Kidner.

[5] Ídem., 356.

llamados ovejas de su prado, los invitados a entrar por sus puertas con acción de gracias y en sus atrios con alabanza, y aquellos que disfrutarán de la bondad del amor eterno del Señor. Kidner comenta lo siguiente sobre el versículo 4: "La simpleza de esta invitación puede ocultar su maravilla, porque los *atrios* son realmente *suyos*, no nuestros (como Isaías 1:12 tuvo que recordar a los impíos), y Sus *puertas* están cerradas para los impíos (Apocalipsis 21:27). Mas no solamente sus atrios sino que también el Lugar Santísimo mismo es abierto 'por el nuevo camino vivo,' y nosotros somos bienvenidos."[6]

Alabad a Jehová, naciones todas, pueblos todos alabadle, porque ha engrandecido sobre nosotros su misericordia, y la fidelidad de Jehová es para siempre. Aleluya (Salmo 117:1-2).

El Salmo 117 tiene una importancia especial, ya que ordena a las naciones (hebreo *goyim*) a alabar a *Yahvé*, el nombre de pacto que Israel usaba para Dios. En este breve salmo, "nosotros" se debe referir a todas las naciones que son instadas a alabar al Señor o al pueblo de Israel cuya vida bajo el pacto sirve para invitar a otros a la comunión del pacto. En cualquiera de dichos casos, el salmo es claramente dirigido a las naciones. En Romanos 15:8-11, Pablo escoge el Salmo 117 como uno de los textos del Antiguo Testamento que resume mejor la promesa de que los gentiles (o las naciones) serían bendecidas a través de Israel: "Pues os digo, que Cristo Jesús vino a ser siervo de la circuncisión para mostrar la verdad de Dios, para confirmar las promesas hechas a los padres, y para que los gentiles glorifiquen a Dios por su misericordia, como está escrito: Por tanto, yo te confesaré entre los gentiles, y cantaré a tu nombre... Y otra vez: alabad al Señor todos los gentiles, y magnificadle todos los pueblos."

La piedra que desecharon los edificadores ha venido a ser cabeza del ángulo. De parte de Jehová es esto, y es cosa maravillosa a nuestros ojos Este es el día que hizo Jehová; nos gozaremos

---

[6] Ídem., 357, Énfasis de Kidner.

y alegraremos en él. Oh Jehová, sálvanos ahora, te ruego; te ruego, oh Jehová, que nos hagas prosperar ahora. Bendito el que viene en el nombre de Jehová; desde la casa de Jehová os bendecimos. Jehová es Dios, y nos ha dado luz; atad víctimas con cuerdas a los cuernos del altar. Mi Dios eres tú, te alabaré; Dios mío, te exaltaré. Alabad a Jehová, porque él es bueno; porque para siempre es su misericordia (Salmo 118:22-29).

El Salmo 118:22-29 es una unidad que sirve como anuncio y celebración de un día futuro que el Señor hará para el cumplimiento de sus propósitos redentores. Aunque el uso litúrgico de este salmo celebraba la bendición conocida a través de los reyes davídicos, el enfoque es claramente futuro y mesiánico. En referencias tales como Mateo 21:42; Marcos 12:10-11; Lucas 20:17; Hechos 4:11; Efesios 2:20 y 1 Pedro 2:7 es demostrado que esto no fue pasado por alto por los escritores del Nuevo Testamento.

El versículo principal de esta sección es el 24, "Este es el día que hizo Jehová; nos gozaremos y alegraremos en él." Este "día" comienza con el rechazo de Cristo ("la piedra que desecharon los edificadores," v. 22). Luego el día pasa al grito de *hosanna* ("Oh Jehová, sálvanos," v. 25), que literalmente significa "por favor, sálvanos" o "¡sálvanos ahora!" y es seguido por una oración por su prosperidad. Finalmente el día concluye con la declaración de victoria inherente en las palabras "Bendito el que viene en el nombre de Jehová" (v. 26). Aunque estas palabras fueron usadas en la entrada triunfal (Mateo 21:9), Cristo más tarde identificó su significado completo al referirse al tiempo de Su segunda venida (Mateo 23:39). Por tanto, el día que hizo el Señor incluye la cruz, el tiempo de éxito en la proclamación de la redención, y el regreso del Señor triunfante.

Es especialmente importante que el grito de *hosanna* es seguido por la petición intercesora, "Te ruego, oh Jehová que nos hagas prosperar ahora" (v. 25). Durante el día que hizo Jehová, desde la crucifixión hasta la segunda venida, la comunidad del pacto anuncia la salvación al interceder por el éxito en el cumplimiento de la misión de Dios.

Realmente los Salmos celebran el cumplimiento de la *missio Dei*, la misión de Dios de tener un pueblo redimido entre las naciones.

Proverbios

La función de los proverbios dentro de la sociedad antigua, así como también su contenido, los hace destacarse como faros para que aquellos de entre las naciones puedan encontrar el camino de sabiduría. El relato de Salomón demuestra como eran buscados los hombres sabios y su sabiduría era examinada por visitantes lejanos. Este hecho común de la sociedad antigua tomó una nueva dimensión cuando aquellos que compartían sabiduría caminaron en el temor de Jehová. En este caso, la sabiduría que compartían contenía la cualidad del testimonio apropiado del destino divino del pueblo de pacto de Dios. De hecho, el intercambio de sabiduría era una de las maneras más aceptables para Israel de relacionarse con las naciones que iban a bendecir.

La vida de sabiduría vivida en el temor de Jehová proveyó un ofrecimiento universal de instrucción; por su naturaleza misma, la sabiduría trasciende las culturas. Como los israelitas creían que servían al Creador de todas las cosas, dichos reclamos eran exclusivos. Otras religiones servían a ídolos indignos. La literatura de sabiduría proveyó de una vez el mensaje de vida, la invitación a ese mensaje, y la forma cultural común por medio de la cual dicho mensaje sería comunicado.

El concepto del temor del Señor sería bien considerado como el aspecto esencial de la fe de Israel más característico en su vida y testimonio. Es un tema repetitivo en el libro de Proverbios, que trata con el respeto por el nombre del Señor, su ley ("instrucción"), y la manera de vivir agradable al Señor. Cada uno de los temas tratados en Proverbios de una manera u otra contribuye al entendimiento de cómo vivir la vida en el temor de Jehová.

Eclesiastés

La importancia de Eclesiastés para la *missio Dei* se encuentra tanto en su contraste entre la vanidad de la vida por un lado y el temor del Señor por otro, y también en su formato como literatura de sabiduría. El libro es establecido como la instrucción de *Koheleth*, el maestro (amo) de la asamblea. Es por naturaleza el tipo de instrucción ofrecida a todos los pueblos: Todos los que están cerca y lejos son invitados a considerar la vanidad de la vida, aunque noblemente vivida, sin el temor del Señor. Un concepto notable es expresado en 3:11, 14: "Todo lo hizo hermoso en su tiempo; y ha puesto eternidad en el corazón de ellos, sin que alcance el hombre a entender la obra que ha hecho Dios desde el principio hasta el fin... He entendido que todo lo que Dios hace será perpetuo; sobre aquello no se añadirá, ni de ello se disminuirá; y lo que hace Dios, para que delante de él teman los hombres."

Estos versículos contrastan con las palabras bien conocidas al principio del capítulo, de que "todo tiene su tiempo" (3:1). Tal como se comenta en la *Biblia de Estudio Full Life*, "Dios ha colocado en el corazón humano un deseo inherente para más que solo lo terrenal... Consecuentemente, las cosas materiales, las actividades seculares, y los placeres de esta tierra nunca lo satisfacerán por completo."[7] Este sentido de la eternidad debe ser comparada con la imagen de Dios según la cual la humanidad es creada, haciéndolo un concepto innato común para todos.

---

[7] Donald C. Stamps, ed., *The Full Life Study Bible* (Grand Rapids: Zondervan Publishing House, 1992), 949.

Cantar de los Cantares

Existen por lo menos tres maneras en que se considera que Cantar de los Cantares contribuye a la *missio Dei.* Primero, ofrece la protección de la bendición de Dios dentro de las relaciones matrimoniales de la comunidad del pacto, eliminando la sensación de vacío que dirige a la tentación sexual. Segundo, ofrece un testimonio para el mundo exterior de la fuerza y belleza del amor matrimonial dentro del pacto de Dios para demostrar la inferioridad del amor falso típico de tradiciones tales como la adoración a Baal. Tercero, tal como este libro ha sido interpretado alegóricamente desde los tiempos más antiguos, se puede decir que su declaración idealizada del amor humano testifica a las naciones describiendo la relación de amor entre el Señor y Su pueblo.

El Dios que creó la vida ofrece un vislumbre sagrado de la más íntima de las relaciones para proveer una interpretación del compromiso mutuo bendecido por Dios que protegería a la comunidad del pacto contra la conducta sexual ilícita, para testificar a sus vecinos de lo que significa ser bendecido por Dios, y para demostrar el amor de Dios por Su pueblo elegido.

Los Profetas

Los profetas del Antiguo Testamento avanzaron el tema de la *missio Dei* en tres maneras principales: Primero, ellos expusieron algo parecido a un pleito de pacto contra el pueblo de Dios. Al hacer esto, ellos a menudo miraron más allá de la inmediata advertencia de juicio para ver un tiempo de restauración. Este tiempo de restauración a menudo incluía específicamente la bendición de las naciones.

Segundo, los profetas del Antiguo Testamento consideraron que el reinado de Dios incluía a toda la tierra. Las naciones son responsables ante el Juez moral del universo aunque no hayan participado en los pactos históricos del pueblo de Israel. Los profetas hacen repetidas referencias al juicio de Dios sobre todas las naciones, tanto gentiles como judías.

Tercero, los profetas profetizaron el día de un nuevo pacto. Bajo este nuevo pacto vendrían las bendiciones de restauración (nombradas anteriormente). En este nuevo día, el Espíritu de gracia de Dios sería derramado sobre toda carne, resultando en la salvación y dirección al día escatológico cuando todos vivirán en armonía bajo el reinado de Dios.

Pleito del pacto

Una función principal de los profetas era hacer responsables a los israelitas—la realeza, líderes religiosos, todos—delante de Dios por sus responsabilidades dentro del pacto. Cada pacto tiene sus obligaciones delante de Dios. Pero el principal punto de referencia para los profetas era la ley escrita (hebreo: *torah*), indicando las responsabilidades del pueblo bajo los términos del pacto de Sinaí. Uno de los medios para exponer el caso de Dios contra Israel es una forma de pleito de pacto (hebreo: *riv*). El libro de Miqueas es un ejemplo específico. Considere especialmente 6:1-2, en el cual el Señor expresa su caso contra Israel delante de los montes: "Oíd ahora lo que dice Jehová: Levántate, contiende contra los montes, y oigan los collados tu voz. Oíd, montes, y fuertes cimientos de la tierra, el pleito de Jehová; porque Jehová tiene pleito contra su pueblo, y altercará contra Israel."

Se presenta luego un resumen de la historia de Israel para establecer la culpa, y se requiere a Israel recordar eventos específicos. Con la culpa establecida, Israel es ilustrada como entregando varias ofrendas de paz, solo para escuchar que Dios solo está interesado en que hagan justicia, amen la misericordia y se humillen ante Él (6:1-16).

Juicio sobre todas las naciones

Dios juzgó a Israel porque violó obligaciones específicas de Su pacto. ¿Fueron excluidas las demás naciones de la regla moral y el juicio de Dios a causa de su carencia de un pacto con Dios? No de acuerdo a los profetas. Por el contrario, cada nación fue hecha responsable por sus propias violaciones de la regla moral de Dios. Jeremías recibió la explicación de que la palabra profética de Dios juzgaría a todas las naciones de la siguiente manera:

> Porque así me dijo Jehová Dios de Israel: Toma de mi mano la copa del vino de este furor, y da de beber de él a todas las naciones a las cuales yo te envío. Y beberán, y temblarán y enloquecerán, a causa de la espada que yo envío entre ellas. Y tomé la copa de la mano de Jehová, y di de beber a todas las naciones, a las cuales me envió Jehová: a Jerusalén, a las ciudades de Judá y a sus reyes, y a sus príncipes, para ponerlos en ruinas, en escarnio y en burla y maldición, como hasta hoy; a Faraón rey de Egipto, a sus siervos, a sus príncipes y a todo su pueblo; a toda la mezcla de naciones, a todos los reyes de la tierra de Uz, y a todos los reyes de la tierra de Filistea, a Ascalón, a Gaza, a Ecrón y al remanente de Asdod; a Edom, a Moab y a los hijos de Amón; a todos los reyes de Tiro, a todos los reyes de Sidón, a los reyes de las costas que están de ese lado del mar; a Dedán, a Tema y a Buz, y a todos los que se rapan las sienes, a todos los reyes de Arabia; a todos los reyes de pueblos mezclados que habitan en el desierto; a todos los reyes de Zimri, a todos los reyes de Elam, a todos los reyes de Media; a todos los reyes del norte, los de cerca, los de lejos, los unos con los otros, y a todos los reyes del mundo que están sobre la faz de la tierra; y el rey de Babilonia beberá después de ellos.
>
> Tú, pues, profetizarás contra ellos todas estas palabras y les dirás: Jehová rugirá desde lo alto, y desde su morada santa dará su voz; rugirá fuertemente contra su morada; canción de lagareros cantará contra todos los moradores de la tierra. Llegará el estruendo hasta el fin de la tierra, porque Jehová tiene juicio contra las naciones; él es el Juez de toda carne; entregará los impíos a espada, dice Jehová. (Jeremías 25:15-26, 30-31).

Como ninguna corte puede gobernar más allá de su jurisdicción, estos cargos legales son primero una declaración del reinado universal de Dios y luego una apelación a Su pueblo elegido a advertir a estas naciones de su inminente destrucción dándoles la oportunidad de arrepentirse. Las profecías de Isaías de juicio contra las naciones incluyen 10:5-19; 13; 14:4-32; 16:6 al 21:17; 23; 24; 31; y 34. Con una cadencia creciente, Isaías 24:1-6 explica el hecho de responsabilidad internacional ante la justicia de Dios de la siguiente manera:

> He aquí que Jehová vacía la tierra y la desnuda, y trastorna su faz, y hace esparcir a sus moradores. Y sucederá así como al pueblo, también al sacerdote; como al siervo, así a su amo; como a la criada, a su ama; como al que compra, al que vende; como al que presta, al que toma prestado; como al que da a logro, así al que lo recibe. La tierra será enteramente vaciada, y completamente saqueada; porque Jehová ha pronunciado esta palabra. Se destruyó, cayó la tierra; enfermó, cayó el mundo; enfermaron los altos pueblos de la tierra. Y la tierra se contaminó bajo sus moradores; porque traspasaron las leyes, falsearon el derecho, quebrantaron el pacto sempiterno. Por esta causa la maldición consumió la tierra, y sus moradores fueron asolados; por esta causa fueron consumidos los habitantes de la tierra, y disminuyeron los hombres.

Otras referencias al juicio internacional incluyen Ezequiel 25 al 30; 32; 35; 38 al 39; Amós 1:3 al 2:5; los libros completos de Abdías y Jonás; y Sofonías 2:4-15.

El nuevo pacto

Entre las profecías más importantes revelando la misión de Dios a los gentiles son aquellas sobre el nuevo pacto y el futuro derramamiento del Espíritu de Dios.

> "He aquí que vienen días, dice Jehová, en los cuales haré nuevo pacto con la casa de Israel y con la casa de Judá. No como el pacto que hice con sus padres el día que tomé su mano para sacarlos de la tierra de Egipto; porque ellos invalidaron mi pacto, aunque fui yo un marido para ellos, dice Jehová. Pero este es el pacto que haré con la casa de Israel después de aquellos días, dice Jehová: Daré mi ley en su mente, y la escribiré en su corazón; y yo seré a ellos por Dios, y ellos me serán por pueblo" (Jeremías 31:31-33).

El nuevo pacto, aunque ofrecido en el contexto de Israel y de Judá, será de hecho la base para el ingreso de los gentiles a la salvación visto en otros lugares por los profetas.

La misión de Dios de bendición según los Profetas

Los profetas también contienen notables profecías de restauración, incluyendo un día futuro en el cual las naciones estarán entre los redimidos. Existen numerosas referencias específicas a la inclusión de los gentiles en el nuevo pacto. Considere las siguientes:

> Para que se sepa desde el nacimiento del sol, y hasta donde se pone, que no hay más que yo; yo Jehová, y ninguno más que yo" (Isaías 45:6).

> "Mirad a mí, y sed salvos, todos los términos de la tierra, porque yo soy Dios, y no hay más" (Isaías 45:22).

> "Poco es para mí que tú seas mi siervo para levantar las tribus de Jacob, y para que restaures el remanente de Israel; también te di por luz de las naciones, para que seas mi salvación hasta lo postrero de la tierra" (Isaías 49:6).

> "Porque de mí saldrá la ley, y mi justicia para luz de los pueblos... Cercana está mi justicia, ha salido mi salvación, y mis brazos juzgarán a los pueblos" (Isaías 51:4-5).

> "Jehová desnudó su santo brazo ante los ojos de todas las naciones, y todos los confines de la tierra verán la salvación del Señor nuestro" (Isaías 52:10).

> "Yo los llevaré a mi santo monte, y los recrearé en mi casa de oración; sus holocaustos y sacrificios serán aceptos sobre mi altar; porque mi casa será llamada casa de oración para todos los pueblos" (Isaías 56:7).

> "En aquel día yo levantaré el tabernáculo caído de David, y cerraré sus portillos y levantaré sus ruinas, y lo edificaré como en el tiempo pasado; para que aquellos sobre los cuales es invocado mi nombre posean el resto de Edom, y a todas las naciones, dice Jehová que hace esto" (Amos 9:11-12).

> "Terrible será Jehová contra ellos, porque destruirá a todos los dioses de la tierra, y desde sus lugares se inclinarán a él todas las tierras de las naciones" (Sofonías 2:11).

> "Canta y alégrate, hija de Sion; porque he aquí vengo y moraré

en medio de ti, ha dicho Jehová. Y se unirán muchas naciones a Jehová en aquel día, y me serán por pueblo, y moraré en medio de ti; y entonces conocerás que Jehová de los ejércitos me ha enviado a ti. Y Jehová poseerá a Judá su heredad en la tierra santa, y escogerá aún a Jerusalén. Calle toda carne delante de Jehová; porque él se ha levantado de su santa morada" (Zacarías 2:10-13).

La profecía de Amós 9:11-12 es especialmente significativa a causa de su importancia en el concilio de Jerusalén; Santiago, el hermano del Señor, la usa en conexión con la inclusión de los gentiles en el pueblo de Dios después de la restauración del trono de David. Santiago considera la resurrección de Jesús como una declaración pública del reino renovado y el tiempo correcto para recibir a los gentiles en la comunidad de fe (Hechos 15:15-19). Es especialmente importante que el concilio de Jerusalén no resolvió la disputa doctrinal basado en el testimonio, ni siquiera en el testimonio conjunto de Pedro y Pablo. Más bien, Santiago apeló a Amós 9:11-12 para resolverlo, no como prueba escrita, sino como texto representante de un extenso grupo de textos pertinentes del Antiguo Testamento.

El Siervo de Dios

En los cuatro cánticos de Isaías, el enfoque se traslada entre la nación como siervo y el futuro Mesías como siervo. En ambos casos, uno de los enfoques del ministerio de siervo es de ser uno para las naciones (42:6; 49:6; 51:4).[8] Cristo cumplió perfectamente el papel de siervo del Mesías, lo cual es bien ilustrado en los Evangelios y convincentemente resumido en Filipenses 2:5-11.

---

[8] Kaiser, *Old Testament Theology*, 216.

El Espíritu Santo será derramado sobre toda carne

El profeta Joel vio el derramamiento del Espíritu sobre toda persona, hijos e hijas, ancianos y jóvenes, resultando en la salvación de todo aquel que clama al Señor: "Y después de esto derramaré mi Espíritu sobre toda carne, y profetizarán vuestros hijos y vuestras hijas; vuestros ancianos soñarán sueños, y vuestros jóvenes verán visiones. Y también sobre los siervos y sobre las siervas derramaré mi Espíritu en aquellos días... Y todo aquel que invocare el nombre de Jehová será salvo; porque en el monte de Sion y en Jerusalén habrá salvación, como ha dicho Jehová, y entre el remanente al cual él habrá llamado" (Joel 2:28-29, 32).

Esta profecía de Joel es importante por su conexión con el plan general de promesa del Antiguo Testamento. Richard D. Patterson resume esta conexión de la siguiente manera:

> Se debe notar también que el derramamiento del Espíritu es una característica acompañante de la promesa divina básica entregada a Abraham y los patriarcas, ratificada por medio de David, reafirmada en los términos del nuevo pacto, y garantizada en la persona y obra de Jesús el Mesías (Génesis 12:1-3; 15; 17; 2 Samuel 7:11-29; Salmo 89:3-4, 27-29 [4-5, 28-30 MT]; Jeremías 31:31-34; Hechos 2:29-36; 26:6-7; Gálatas 3:5-14; Efesios 1:10-14; Hebreos 6:13-20; 9:15).

> En Pentecostés, por tanto, dos corrientes tributarias de profecía fueron juntadas y mezcladas: La promesa profética de Cristo fue directamente cumplida; la profecía de Joel fue cumplida pero no consumida. Esta espera su cumplimiento total, pero fue provisoriamente aplicable a Pentecostés y las eras del Espíritu como paso inicial en dichos días postreros que culminarán con las señales milagrosas profetizadas anunciando el Día del Señor y los eventos distintivos para la nación de Israel.[9]

---

[9] Richard D. Patterson, "Joel," en *The Expositor's Bible Commentary*, ed. Frank E. Gaebelein (Grand Rapids: Zondervan Publishing House, 1985), 7:258.

A menudo se considera que la frase "toda carne" de Joel 2:28 se refiere a "todo Israel" a causa de las palabras "vuestros hijos y vuestras hijas" que vienen a continuación.[10] Aunque estas palabras deben ser consideradas en la interpretación de este pasaje, no constituyen en ningún modo la historia completa. La intención del pasaje es expandir, no limitar, la presencia del Espíritu. En lugar que el Espíritu venga sobre individuos elegidos para hechos específicos, el Espíritu ahora sería derramado sobre toda clase y grupo de personas. Por consiguiente, el cumplimiento realmente comenzó con los hijos e hijas de Israel, pero rápidamente se extendió a un público más amplio. La futura era del Espíritu alcanzaría a todas las personas, en lugar de separarse de ellas.

Un concepto en cierto modo paralelo puede ser encontrado en el "nuevo pacto" de Jeremías 31:31. Aquí, el nuevo pacto parece ser para la casa de Israel. Pero la corriente profética ya había arrastrado a Jeremías a ser llamado el "profeta a las naciones" (1:5) De hecho, se demostró consecuentemente que el nuevo pacto era el medio para la participación gentil total como pueblo de Dios. Por tanto, en este pasaje (Joel 2:28-29), aunque el enfoque profético puede haber estado inicialmente sobre los hijos e hijas de Israel, luego es extendido a todo el mundo.

Tal como Patterson ha sugerido anteriormente, la importancia de esta revelación es que muestra que una era futura del Espíritu es parte del plan de Dios de bendecir a las naciones a través de la simiente prometida de Abraham (Génesis 12:3). Este derramamiento del Espíritu Santo, como dijo Joel, sería hecho sin acepción de raza (si se permite que "toda carne" signifique más que "todo Israel"), género, nivel social, o edad (vs. 28-29) y resultaría en la

---

[10] David Allan Hubbard, *Joel and Amos*, vol. 22b of *Tyndale Old Testament Commentaries*, ed. D. J. Wiseman (Downers Grove, Ill.: InterVarsity Press, 1989), 69.

salvación de todo aquel que invocare el nombre del Señor (v. 32). Como Israel había sabido por mucho tiempo que debía mediar la bendición de Dios a las naciones, la provisión de que todo aquel que invocare el nombre del Señor sería salvo debe haber sugerido la inclusión de los gentiles: Un gran día tal como el que Joel profetizó ciertamente atraería su atención—y aquellos que clamaren al Señor serían salvos. Lo único que faltaba era la anunciación de que este gran día había llegado. El escenario estaba preparado para Pedro, quien sirvió como mensajero escogido de Dios, para su declaración en el día de Pentecostés (Hechos 2).

Estas palabras ayudan a "desmarginar" al pentecostalismo moderno. Joel identificó el derramamiento Pentecostal del Nuevo Testamento y subsiguiente reunión de entre todas las naciones como la corriente principal del río profético. Aunque todo movimiento de avivamiento está sujeto a la debilidad humana y puede necesitar corrección, el grado en el cual el pentecostalismo moderno es la extensión del cumplimiento de las palabras de Joel en Hechos, es el mismo grado en el cual se encuentra en el centro de la *missio Dei*.

Jonás

El libro de Jonás ocupa un lugar singular en el desarrollo del Antiguo Testamento de la *missio Dei*, tanto por el requisito de Dios de un profeta para un pueblo gentil como por la subsecuente respuesta de dicho pueblo a Su mensaje.

Aunque la misión de Dios había sido conocida por mucho tiempo (Jonás ministró en el siglo ocho A.C., más de mil años después de Abraham), existen varios factores importantes. Primero, él fue enviado en una misión redentora a una ciudad gentil, Nínive. En lugar de ofrecerle una noción vaga de cómo Israel bendeciría a las naciones o de la bendición centrípeta (acercándose a Jerusalén), Jonás fue ordenado ir a Nínive. Segundo, el reino de la naturaleza universal de Dios es mostrado en varias maneras: Jonás no puede escapar del dominio de Dios tomando su propio camino. La misma verdad del mensaje de Jonás negaba su razón para escapar. Luego, las experiencias a bordo del barco demostraron el poder de Dios sobre la naturaleza, sobre los marineros gentiles, y sobre la renuencia judía de bendecir a las naciones. Finalmente, el problema de Jonás fue claramente demostrado como el fracaso en actuar de acuerdo a su conocimiento, antes que la carencia de dicho conocimiento. Con su oración dentro del gran pez, Jonás demuestra que conocía tanto la vanidad de la adoración a ídolos, como la posibilidad de gracia para los gentiles (Jonás 3:8).

Se demuestra que la ciudad de Nínive estaba bajo el reinado de Dios en varias formas. Jonás fue enviado allí, indicando que la ciudad era considerada moralmente responsable por el Dios soberano. Dios aceptó su arrepentimiento y su juicio fue prevenido. Aun los animales son mencionados como objetos de preocupación por Dios (4:11).

La historia de la vid en el capítulo 4 demuestra la extensión de la preocupación de Dios por Nínive. Cuando Jonás exhibió más compasión por la enramada seca que por el pueblo de Nínive, Dios le preguntó si tenía derecho de estar enojado (v. 9). Jonás respondió que tenía derecho de estar enojado hasta la muerte. Sin embargo, él no tenía derecho sobre la tierra donde creció la enramada. Él no había comprado o plantado la semilla, ni había cultivado o defendido la tierra. Pero como la planta le daba placer, cuando ésta se secó se sintió enojado hasta el punto de morir. Dios, por otro lado, había invertido en el pueblo de Nínive, a quien Jonás repudiaba. Dios los había creado a Su imagen, les dio lluvia y sol para sus cultivos, colocó el concepto de eternidad en sus corazones, no dejó de mostrarles su testimonio, y pasó por muchos problemas para enviarles un profeta renuente. De hecho, Dios había invertido más en el ganado de Nínive de lo que Jonás había invertido en la enramada (4:11). Por tanto, el amor de Dios por los pueblos gentiles afuera del pacto es firmemente expresado en este libro. Con razón Jesús se refirió a Jonás como la señal para Sus sufrimientos y consecuente resurrección (Mateo 12:39-41).

Resumen

Como Dios ordenó a Sus profetas recordar al pueblo sus obligaciones del pacto, los profetas no solamente repitieron dichas obligaciones sino que las expandieron. Su mensaje contiene una fuerte afirmación de la misma *missio Dei* desarrollada anteriormente en las Escrituras.

Por cierto, el testimonio uniforme a través del Antiguo Testamento del plan de Dios de redimir a los gentiles es un firme testimonio de la unidad del Antiguo Testamento y la inspiración de las Escrituras.

Preguntas de repaso

1. Compare el Salmo 2:7 con Hechos 13:33. ¿Por qué se dice que la resurrección fue equivalente a una inauguración? ¿De qué manera provee este salmo un fundamento teológico para las misiones en el Nuevo Testamento?
2. Explique el pensamiento principal del Salmo 46:10, "Estad quietos, y conoced que yo soy Dios; seré exaltado entre las naciones; enaltecido seré en la tierra."
3. Describa los pensamientos misiológicos claves de los Salmos 47; 67 y 87. Ubique por lo menos cinco salmos no mencionados en el texto que expresan pensamientos similares.
4. Explique la importancia misiológica del Salmo 100:1.
5. ¿Cuál es la sorpresa teológica del Salmo 117? ¿De qué modo es este elemento sorpresivo consistente con la *missio Dei* de los libros históricos? ¿De qué modo es un fundamento para la revelación del Nuevo Testamento en cuanto al lugar de las naciones en el reino de Dios?
6. Describa el día que hizo el Señor (Salmo 118:24) dentro de su contexto. ¿De qué modo anticipa este Salmo las misiones del Nuevo Testamento?

7. En Proverbios y otros libros poéticos, ¿De qué manera actúa "el temor del Señor" como un tema con implicaciones misiológicas?

8. Describa la importancia del concepto de un pleito de pacto dentro del mensaje de los profetas. ¿De qué manera adversa afectó a las naciones el fracaso de Israel en guardar el pacto? Mencione una evidencia de que las naciones, aun estando fuera del pacto de Dios con Israel, eran de todos modos moralmente responsables ante Dios.

9. Explique la importancia misiológica de los pasajes de siervo de Isaías, de la profecía de Jeremías de un nuevo pacto, de la profecía de Joel del derramamiento del Espíritu sobre toda carne, y de las experiencias de Jonás.

10. Los profetas están llenos de referencias a la bendición de Dios sobre las naciones. Explique esto diacronológicamente. ¿Cómo había preparado el camino la revelación anterior de Dios para dicha visión profética?

CAPÍTULO 3

Missio Dei en los Evangelios: la proclamación de un Rey

En los evangelios, tenemos un vistazo del Rey mismo modelando el carácter de Su reino viviendo en medio de sus súbditos en la tierra. El motivo de la *missio Dei* desarrollado en el Antiguo Testamento es ahora personificado por el Mesías, Jesús, explicado por Su enseñanza, y profetizado en declaración directa y parábola indirecta.

Los pasajes reales

Del Antiguo Testamento aprendimos que la misión de Dios fue definida por el reino eterno prometido a David (2 Samuel 7:16; 1 Crónicas 17:12-14; Salmo 89:36-37). Además, la simiente prometida de Abraham iba a bendecir a todas las naciones (Génesis 12:3; 18:18; 22:18); véase también 26:4 y 28:14).

Por tanto, es muy importante el hecho que Mateo inicia su evangelio con las palabras: "Libro de la genealogía de Jesucristo, hijo de David, hijo de Abraham" (1:1). Con esta breve declaración, Mateo invoca la memoria del reino eterno prometido a David a través del cual sería cumplida la bendición de las naciones prometida a Abraham.

El resto de Mateo, y por cierto el resto de los evangelios, se basan en esta anticipación doble. Primero, el reino largamente esperado había llegado en la persona de Jesucristo, el hijo de David. Segundo, la bendición largamente esperada de las naciones iba a ser realizada a través de la autoridad y el poder de Jesús, el rey Davídico.

La comprensión de este punto es la clave para la lectura de los evangelios ya que expone la misión de Dios. Sin una "organización previa" tal como en el texto Mateo 1:1, dependeríamos de nuestra propia capacidad para organizar lo que parecería ser una acumulación al azar de dichos y hechos de Jesús.

Las parábolas

Una función importante de las parábolas es de ofrecer luz en cuanto a este tema doble del reino y las naciones. Verdaderamente, la frase de introducción usual de una parábola es "El reino de los cielos es semejante a" (Mateo 13:24). La parábola continúa luego con alguna expresión de cosecha o expansión. Entonces, ¿cómo es el reino de Dios? Observemos algunos ejemplos.

Es como el sembrador quien sembró las semillas en varios tipos de tierra (Mateo 13:1-15, 18-23; Marcos 4:3-20; Lucas 8:4-15). La interpretación de Jesús de esta parábola comienza con la declaración, "El sembrador es el que siembra la palabra" (Marcos 4:14). Esta declaración conecta a los Testamentos: Durante el período del Antiguo Testamento Dios había sido conocido por Su palabra. Todo aquel que tuvo contacto con el Señor en el Antiguo Testamento, sea israelita o no, lo hizo a través de Su palabra. Las narraciones del Antiguo Testamento, la ley, los libros de sabiduría, y el discurso profético son todos referidos en el Nuevo Testamento como Escritura, o la Palabra de Dios (2 Timoteo 3:16). Como he tratado de demostrar, la declaración de propósito de dicha palabra era las palabras habladas a Abraham: "Serán benditas en ti todas las familias de la tierra" (Génesis 12:3). Este principio organizativo del Antiguo Testamento es la promesa de una simiente a través de la cual vendría el reino eterno de Dios y la bendición de las naciones.[1]

La actividad incesante del sembrador resulta en la distribución cabal de la semilla sobre todo tipo de tierra.[2] Por tanto cuando este mensaje de Cristo y el plan que representa es dado a conocer a la humanidad, las respuestas varían de

---

[1] Walter C. Kaiser, *Toward an Old Testament Theology* (Grand Rapids: Zondervan Publishing House, 1978), 39.

[2] Walter W. Wessel, "Mark," en *The Expositor's Bible Commentary*, ed. Frank E. Gaebelein (Grand Rapids: Zondervan Publishing House, 1981), 9:648.

acuerdo a los tipos de tierra mencionados en la parábola. Esta parábola es central para la enseñanza de Jesús y por lo tanto para comprender el reino de Dios. Es colocado al principio de tres parábolas principales en los tres evangelios sinópticos. Y Jesús pregunta: "¿No sabéis esta parábola? ¿Cómo, pues, entenderéis todas las parábolas?" (Marcos 4:13).[3]

Se puede llegar a dos conclusiones en cuanto a la parábola del sembrador. Primero, la cosecha es central para la enseñanza de Jesús y para el reino de Dios. Lejos de ser una metáfora accidental sugerida por un medio ambiente rural, la cosecha es más bien el núcleo de la naturaleza de Dios. Según toda la enseñanza del Antiguo Testamento, esta cosecha debe incluir la dispersión del evangelio a todas las naciones. La siembra de la semilla representa una iniciativa divina forjada sobre la tierra. La semilla será sembrada para que todos tengan la oportunidad de ser bendecidos a pesar de su condición de receptividad. Segundo, la Palabra de Dios siempre dividirá a la humanidad en diferentes grupos dependiendo de su recepción del mensaje. Así fue en los días de Jesús, y continúa de esa manera.

Con esta parábola sirviendo como clave, la parábola de la cizaña puede ser revelada (Mateo 13:24-30, 36-43). Al declarar que "el campo es el mundo" (Mateo 13:38), Jesús una vez más está reclamando todo lo que Él creó. La enseñanza falsa es el resultado de transgresores ilegales, y Él eventualmente reunirá las cizañas y las quemará, y su reinado universal no podrá ser desafiado. De este modo, la promesa antigua de una simiente para bendecir a todas las naciones es final y totalmente cumplida.

O, el reino de los cielos es conocido a través de la parábola de los obreros de la hora undécima (Mateo 19:30

---

[3] R. Alan Cole, Mark, vol. 2 de *Tyndale New Testament Commentaries*, ed. Leon Morris (Grand Rapids: Wm. B. Eerdmans, 1989), 149-50.

al 20:16). Esta parábola es marcada por la declaración "Pero muchos primeros serán postreros, y postreros, primeros" (20:16; cf. 19:30). Con las otras parábolas ya interpretadas por Cristo, el dueño de la viña es rápidamente visto como Cristo mismo. Él es el héroe de la parábola, regresando diligentemente una vez tras otra durante el día para llamar a los obreros que trabajarán basados en su confianza en Él. Después del ingreso de un grupo más de obreros, quienes lastimosamente habían estado ociosos todo el día, el día termina con una hora final de trabajo.

La pregunta del Amo a este último grupo de obreros es lo que une la parábola a Mateo 1:1 y la *missio Dei*: "¿Por qué estáis aquí todo el día desocupados?" (Mateo 20:6). Jesucristo es verdaderamente el hijo de David y de Abraham, y el tiempo para extender Su reinado real a todas las naciones ha llegado. En una atmósfera como tal, no trabajar por falta de un contrato de trabajo formal es despreciable, hasta impensable, y esa es la razón para la pregunta "¿Por qué?" Aun más abrumadora es la actitud de los obreros anteriores quienes ignoraron la gloriosa revelación de la *missio Dei*, escogiendo en su lugar considerar que el progreso de la gracia divina en todo el mundo es poco más que una experiencia social y un boleto para comer. Su actitud naturalmente da lugar a los celos por la inclusión de obreros "fuera de la unión" cuando dichos obreros son pagados generosamente.

Se deben notar varias características de esta parábola: Los obreros de la primera hora son los únicos con un contrato formal, la paga normal de un denario por día. El regreso del dueño para llamar a más obreros durante el día es digno de ser notado y es consistente con su preocupación por la cosecha y el pedido de discípulos para orar por más obreros (Mateo 9:38). Cuando Jesús prometió pagar a los obreros posteriores lo que era "justo" (griego *dikaion*, 20:4), Él puede haber estado sugiriendo Su propia justicia.

Varios factores al final de la historia parecen indicar que la última hora fue la más exitosa. Primero, el pago de un denario por solo una hora de trabajo muestra el cambio de postura del dueño. Desde el momento en que los primeros obreros fueron enviados hasta este punto, el dueño se había negado a malgastar su tiempo discutiendo asuntos tan mundanos como las finanzas. Su preocupación total era la cosecha con el entendimiento de que su justicia garantizaba un trato justo, y por tanto no había tiempo ni energía para gastar con contratos. Ahora que la cosecha ha culminado, por la primera vez se relaja y demuestra su complacencia con el generoso pago de los últimos obreros. El placer pudo haber sido producido por la cantidad que pudieron cosechar, por su habilidad de cosechar cuando otros no tuvieron éxito en hacerlo, o tal vez por su servicio sacrificado para culminar el proceso de la cosecha. En cualquiera de estos casos, el pago generoso es deliberadamente subrayado al ser pagados primero.

Cuando los obreros anteriores expresaron objeciones, Jesús usa una palabra para amigo (Griego *hetaire*, v. 13) usada solamente aquí, para el invitado sin vestido de boda (Mateo 22:12), y para Judas Iscariote (Mateo 26:50). Al igual que el hermano mayor en otra parábola (Lucas 15:11-32), ellos rehusaron unirse al regocijo general de dicha ocasión, escogiendo en su lugar enojarse por el supuesto maltrato. Pero ellos realmente no fueron maltratados porque recibieron lo prometido. Simplemente mostraron su preferencia de preocuparse por su propio bienestar o en mantener el estatus en lugar de preocuparse por el dueño y su cosecha. Al preguntar, "O tienes tú envidia porque yo soy bueno?" (Mateo 20:15), las preguntas del dueño son literalmente "Yo... yo soy" (griego *Ego eimi*). Esta es la misma construcción usada por Jesús en sus siete declaraciones "Yo soy" en Juan, donde se considera que implican un reclamo a la divinidad. Esto mismo puede ser el caso en esta instancia. En lo mínimo, proveen un énfasis, o sea, *Yo mismo* soy "bueno" (v. 15; Griego *agathos*), probablemente expresado en contraste con la maldad de espíritu con que los primeros obreros estaban quejándose.

El escenario inmediato de esta parábola ofrece claves de lo que significó para aquellos que la escucharon primero.

Los niños, aunque en muchas maneras últimos socialmente, fueron hechos los primeros (19:13-15). Luego, el joven rico, aunque socialmente primero, salió último (19:16-30). Pedro y el resto de los discípulos fueron sorprendidos por la insistencia de Jesús de que es difícil para los ricos (los primeros) entrar en el cielo (19:24-25). Jesús luego prometió un lugar especial, cuando el Hijo del hombre se siente en su glorioso trono, para los doce que lo habían seguido y para todos aquellos que abandonen todo y le sigan (19:28). Por tanto, estos doce se pudieron haber identificado con los "últimos" de la parábola de Jesús (20:16). Ellos también pudieron haber visto su papel en seguir a Jesús como insignificante en comparación con el de aquellos de días anteriores—patriarcas como Abraham, Isaac, y Jacob, el Rey David, o uno de los profetas. Después de todo, ellos no trajeron ningún reino, sino que solo siguieron a Jesús, sin siquiera tener un lugar donde reposar sus cabezas.

Pasando a la aplicación presente, el principio de "último—primero" que encierra la parábola provee su significado principal y tiene aplicación en toda época. Históricamente, las misiones fueron consideradas principalmente como la preservación de las naciones occidentales políticamente poderosas. Recientemente, las iglesias crecientes del Tercer Mundo han enviado misioneros y ahora ellos consisten la mayoría de aquellos sirviendo en la actualidad. Sin embargo, algunas iglesias no han ingresado significativamente en las misiones, debido a las restricciones financieras u otras razones. La parábola de Jesús habla a dichas iglesias, y a todos aquellos que se sienten incapaces de ir. Aquellos que escuchan Su voz y van encontrarán un ambiente de éxito increíble, a pesar de las persecuciones, al completar la hora undécima de la cosecha. Ellos también hallarán una increíble recompensa cuando la cosecha haya sido completada.

Otras referencias gentiles

Aparte de las parábolas, el tema doble del reino de David y la bendición de las naciones es sugerido por pasajes gentiles en los evangelios.

Cuando el Cristo recién nacido fue presentado en el templo, Simeón declaró: "Porque han visto mis ojos tu salvación, la cual has preparado en presencia de todos los pueblos; luz para revelación a los gentiles, y gloria de tu pueblo Israel" (Lucas 2:30-32).

Simeón conocía la frase "luz de las naciones" de Isaías 42:6 y 49:6. Los "pueblos" están compuestos tanto por gentiles como israelitas, la gloria brillando como luz de Israel a las naciones como había sido profetizado por siglos.

Fueron los magos "del oriente" quienes vinieron a adorar (Mateo 2:1; 2:2-12), anticipando el día en que muchos vendrían "del oriente y del occidente" (Mateo 8:11).

Fue un centurión gentil quien tuvo una fe más grande de aquella encontrada en Israel (Mateo 8:10; Lucas 7:9). Esto empujó a Jesús a anunciar que el reino incluiría a gentiles de todo el mundo (Mateo 8:11). Fue una "mujer cananea" cuya respuesta tocó a Jesús de tal manera que Él se refirió a su gran fe (Mateo 15:22; v. 28). En una de las parábolas más famosas de Jesús, el héroe inverosímil fue un samaritano (Lucas 10:25-37).

Aunque la comisión de Mateo 10 fue para una misión judía en el futuro inmediato, una gran parte del capítulo trata con la misión gentil que la seguiría. Como ejemplo de esto, Jesús dijo que los discípulos debían esperar una seria persecución que resultaría en el testimonio delante de gobernadores, reyes y gentiles (Mateo 10:17-18). Pero no hay evidencia de que esto ocurrió durante la misión que vino a continuación. Más bien, esta instrucción vio más allá de la misión inmediata a Israel, hacia la inminente misión gentil.

Al denunciar las ciudades judías que no se habían arrepentido, Jesús declaró que el juicio sería más soportable para las ciudades gentiles de Tiro y Sidón, e incluso Sodoma, que para ellos (Mateo 11:21-24).

De las referencias a Isaías 56:7 en los evangelios, Marcos cita el fin del versículo como para no omitir su enfoque gentil: "Y les enseñaba, diciendo: ¿No está escrito: Mi casa será llamada casa de oración para las naciones? Mas vosotros la habéis hecho cueva de ladrones" (Marcos 11:17; véase también Mateo 21:12-13; Lucas 19:45-46; Juan 2:13-17). Estas palabras son citadas en el contexto de la purificación de la corte de gentiles en el templo judío realizada por Jesús. Era esta área, reservada para la adoración de gentiles, que había sido entregada a propósitos comerciales. El enojo de Jesús indicó indignación contra una afrenta tan brutal a Su intención de que todas las naciones debían ser bendecidas.

El vocabulario del Evangelio de Juan incluye términos que anticipaban una misión más allá de Israel. El término "mundo" (griego *kosmos*) se refiere principalmente a la tierra deshabitada y aparece treinta y seis veces en veintisiete versículos en Juan. Otras palabras griegas agregan otras cuarenta y dos usos de la palabra española "mundo". Muchas de estas referencias son importantes misiológicamente. Por ejemplo, Juan 1:9 declara, "Aquella luz verdadera, que alumbra a todo hombre, venía a este mundo" (griego *kosmos*). Los dos puntos principales teológicamente en este versículo son que Jesús estaba viniendo al mundo y que su venida era importante para todo pueblo en todo lugar. Juan 1:10 añade al peso de Juan 1:9 indicando que Jesús hizo al mundo: Aunque Él viviría en Israel, Su misión redentora era para todo el *kosmos*. En Juan 3:16-17, la palabra *kosmos* se usa tres veces para describir la misión del Hijo, enviado por Dios para traer vida eterna antes que "condenar al mundo" (v. 17; griego *kosmos*). La palabra "todos" se usa en un sentido que implicaría a los gentiles en Juan 1:7 y 12:32. El término "todo aquel" se usa seis veces en el Evangelio de Juan en el sentido tradicional de personas de cualquier origen.

También en Juan, fue a una mujer samaritana a quien Jesús dio una clara declaración mesiánica (Juan 4:26). Jesús utilizó esta ocasión para explicar a Sus discípulos: "Mi comida es que haga la voluntad de aquel que me envió, y que acabe su obra" (Juan 4:34), porque los campos ya estaban "blancos para la siega" (Juan 4:35). En esta misma ocasión, los samaritanos, reconociendo que ellos también estaban incluidos en el reino de Dios, exclamaron: "sabemos que verdaderamente éste es el Salvador del mundo, el Cristo" (v. 42; griego *kosmos*). Ciertamente, Jesús tenía "otras ovejas" que serían incluidas: "Habrá un rebaño, y un pastor" (Juan 10:16). Jesús profetizó que atraería a "todos" cuando Él fuera "levantado" (o sea, en una cruz, Juan 12:32).

En una referencia inusual, la profecía del sumo sacerdote Caifás sobre la muerte de Jesús es interpretada por Juan como para ser para todo pueblo, quienes entonces son hecho uno: "Entonces Caifás, uno de ellos, sumo sacerdote aquel año, les dijo: Vosotros no sabéis nada; ni pensáis que nos conviene que un hombre muera por el pueblo, y no que toda la nación perezca. Esto no lo dijo por sí mismo, sino que como era el sumo sacerdote aquel año, profetizó que Jesús había de morir por la nación; y no solamente por la nación, sino también para congregar en uno a los hijos de Dios, que estaban dispersos" (Juan 11:49-52).

Cuando los griegos que asistieron a la fiesta en Jerusalén pidieron una audiencia con Jesús, Él usó la ocasión para decir que un grano de trigo debe morir para poder producir "mucho fruto" (Juan 12:24). De esta manera, Él estaba anticipando el beneficio para los gentiles como resultado de Su propia muerte (Juan 12:20-26).

Significativamente, Juan consideró el logro de la anticipada cosecha de Cristo como siendo cumplida a través del poder convincente del Espíritu Santo: "Y cuando él venga, convencerá al mundo de pecado, de justicia y de juicio. De pecado, por cuanto no creen en mí; de justicia, por cuanto voy al Padre, y no me veréis más; y de juicio, por cuanto el príncipe de este mundo ha sido ya juzgado" (Juan 16:8-11).

La Gran Comisión

Los pasajes de la gran comisión al final de cada evangelio son la conclusión lógica para el motivo doble del reino y las naciones (Mateo 28:18-20; Marcos 16:15-18; Lucas 24:46-49 junto con Hechos 1:8; Juan 20:21). Como Isaías había profetizado, la restauración del reino de David introduciría un día en el cual el reino sería extendido a los gentiles. La era del reino de "solo judíos" sería incapaz de contener la gloria de ese gran día (Isaías 49:6).

Los pasajes de la gran comisión concuerdan con el motivo de reino y naciones en las siguientes maneras: Primero, la comisión es entregada basada en la autoridad de Cristo (griego *exousia*), una referencia al reino. Es el Cristo resucitado quien tiene total autoridad real y por tanto pasa rápidamente a incluir a todo Su dominio—"todas las naciones" de Mateo 28:19. Todos los súbditos del reino de Cristo deben recibir el anuncio real del evangelio (Marcos 16:15); la palabra "predicad" en Marcos 16:15 puede ser usada en la proclamación de un rey ("proclamad" en otras versiones). Además, "todas las naciones" deben ser discipuladas y enseñadas a observar todos los reglamentos del reino, "todas las cosas que os he mandado" (Mateo 28:19-20; Mateo 5 al 7). El bautismo en el nombre del Padre, del Hijo y del Espíritu Santo (Mateo 28:19) implica la misión del Dios trino y una comprensión de dicha misión por parte de aquellos siendo bautizados. Todos aquellos que prosiguen a las naciones como embajadores del Rey son los primeros en recibir el gran poder del propio Espíritu del Rey (Lucas 24:49; Hechos 1:8).

Tal vez Juan registra el significado más comprensivo de la comisión: "Como me envió el Padre, así también yo os envío" (Juan 20:21). El Padre había enviado a Jesús como el Hijo divino de David para traer el reino de Dios a la tierra. En esta declaración de apostolado transferido, Jesús justamente coloca Su misión del reino sobre los hombros de Sus apóstoles. Así como Jesús cumplió Su misión de morir por los pecados del mundo, también la iglesia es ordenada a cumplir su misión de hacer discípulos a todas las naciones. Así como Jesús actuó en el poder del Espíritu Santo, también los discípulos deben actuar en el poder del mismo Espíritu Santo. Así como Jesús representó la voluntad de Su Padre con actos de compasión y atención a los oprimidos, también la iglesia debe ser caracterizada por dichos actos. Así como Jesús preparó a la iglesia para la evangelización mundial a través de declaraciones escatológicas, también la iglesia debe usar estos discursos proféticos para movilizarse y cumplir el testimonio de Cristo en toda la tierra. Así como Jesús pasó por encima de las estructuras de poder de Su tiempo llamando y llenando de poder a pescadores comunes para ser Sus discípulos, también la iglesia debe retener una confianza simple en el poder de Dios en medio de personas comunes para lograr todo lo que Dios ha deseado.

Si la comisión de Cristo no se extendió a todas las naciones de los gentiles, entonces Él sería más un jefe de tribu que un rey. La misma esencia del reino es que debe ser mundial. La búsqueda de Satanás de ser igual a Dios ha dirigido a este continuo intento de obtener el reconocimiento de su propio reino; este fue aparentemente uno de sus objetivos al tentar a Jesús. Juntar a personas de todas las naciones para servir a Cristo despoja al reino falso de Satanás de la pretensión de legitimidad. Cualquier substracción de creyentes de todos los pueblos es por tanto la reducción de la naturaleza esencial del reino de Cristo al nivel de una falsificación. Para que el reino sea el reino debe estar compuesto de todas las naciones. Cuando el Jesús resucitado declaró que toda autoridad fue dada a Él, estaba anunciado a Sus seguidores que había llegado el tiempo de reclamar todos los grupos de personas como Su herencia legítima (Mateo 28:18; Salmo 2:8).

Una nota adicional: Ya se ha señalado que la gran comisión de Juan está en 20:21, "Como me envió el Padre, así también yo os envío." Este versículo debe ser leído como una continuación de 17:4: "Yo te he glorificado en la tierra; he acabado la obra que me diste que hiciese." Ya que la iglesia es enviada tal como Jesús lo fue, y Jesús completó Su obra yendo hasta la cruz, también la iglesia debe terminar su trabajo asignado de predicar el evangelio a todo el mundo. ¿Cómo podría ser de otro modo?

Enseñanza

Las enseñanzas éticas y morales de Jesús deben ser consideradas igualmente en el contexto de Su reino. Estas enseñanzas invitan a los hambrientos de las naciones, a aquellos trabajados y cansados, a entrar en el reino de Jesús y encontrar descanso, protección y propósito. Los interminables ciclos de temor brutal y la manipulación de espíritus comunes entre los gentiles contrastan con la vida simple de fe y honestidad enseñada por Cristo. Las enseñanzas de Cristo representan el cumplimiento de la ley y la perfección de la sabiduría del Antiguo Testamento. Si la comunidad del pacto del Antiguo Testamento tuvo una vida mucho mejor que la de sus vecinos, ¿cuán mayor es ahora la diferencia entre aquellos cuyas vidas realmente reflejan el reino de Cristo y aquellos cuyas vidas trágicamente yerran el blanco? Esta diferencia sirve como validación del evangelio proclamado por la iglesia.

Profecía

Las porciones proféticas son dadas igualmente como declaraciones del futuro alcance y poder del reino. Como el Rey reinará sobre todas las naciones, aquellos en rebelión deben rendirse rápidamente al Rey divino y ser incluidos como súbditos leales. De otro modo, serán cortados de Su reino (Mateo 13:41).

Se debe notar que Jesús hace una fuerte correlación entre la culminación exitosa de Su misión a todas las naciones y la llegada del fin. Mateo 24:14 lee: "Y será predicado este evangelio del reino en todo el mundo, para testimonio a todas las naciones; y entonces vendrá el fin." Marcos 13:10 expresa el mismo pensamiento: "Y es necesario que el evangelio sea predicado antes a todas las naciones."

En la Biblia de Estudio Full Life aparece una nota útil sobre Mateo 24:14: "Solamente Dios sabrá cuándo este trabajo es logrado de acuerdo a Su propósito. La tarea del creyente es de alcanzar fiel y continuamente 'a todas las naciones' hasta que el Señor regrese para llevar a Su iglesia al cielo... Debemos vivir en una tensión entre la inminencia del regreso de Cristo y el hecho de que Cristo nos ha ordenado continuar esparciendo el evangelio."[4]

Los grupos de personas aún no alcanzados indican algo incompleto antes que "el fin" (griego: *telos*, "consumación") al cual el reino se dirige. La iglesia debe tratar estas brechas en el cumplimiento del reino para que la imperfección sea removida y el destino del reino sea cumplido. La iglesia no tiene otra elección que continuar asociando, tal como lo hizo Jesús, la expansión geográfica y étnica de la predicación del evangelio con el cumplimiento de su trabajo (Mateo 24:14).

Aquellos que tienen un anhelo santo por el cumplimiento del reino de Cristo son motivados a honrar a su rey extendiendo Su reinado actual hasta las porciones más remotas o resistentes de la tierra. La profecía entregada por Jesús sirve como el anuncio de que la misión será completada exitosamente. Esto motiva a Sus seguidores a ofrecerse voluntariamente a Su servicio para lograr Su misión. Según el punto de vista mundial de Jesús, las misiones y la escatología estaban íntimamente relacionadas.

---

[4] Donald C. Stamps, ed., *The Full Life Study Bible* (Grand Rapids: Zondervan Publishing House, 1992), 1454.

Preguntas de repaso

1. Explique por qué se considera Mateo 1:1 como un versículo "organizador" del resto del Nuevo Testamento, según escrituras anteriores.

2. ¿Por qué se considera la parábola del sembrador como la clave para comprender todas las parábolas de Jesús? ¿Cómo se conecta este entendimiento de la parábola con las escrituras anteriores del Antiguo Testamento? ¿Qué dice en cuanto a la misión de Dios en la era del Nuevo Testamento?

3. ¿Qué mensaje transmite la parábola de Jesús de los obreros de la undécima hora a aquellos en nuestra época que sienten que han sido excluidos de la participación en la cosecha de la tierra?

4. Demuestre basado en los evangelios sinópticos y el evangelio de Juan que Cristo consideraba Su misión como una para todas las naciones.

5. Explique los textos de la gran comisión, con la cual cada evangelio culmina, en cuanto a su relación con la misión continua de Dios en la historia.

6. Explique la declaración, "Según el punto de vista mundial de Jesús, las misiones y la escatología estaban íntimamente relacionadas."

CAPÍTULO 4

Missio Dei en Hechos y las Epístolas Paulinas: la Iglesia en acción

El libro de Hechos y las Epístolas registran el cumplimiento inicial de la profecía de Cristo, "Edificaré mi iglesia" (Mateo 16:18). Muestran lo que Él continuó haciendo a través de los creyentes por el poder del Espíritu Santo. En medio de dificultades y oposición, la Iglesia fue triunfante.

Testigos

Con la declaración a los discípulos de que iban a ser Sus testigos, Jesús estableció el fundamento para la dispersión del evangelio. Tocaría a Jerusalén, Judea y Samaria en su camino "hasta lo último de la tierra" (Hechos 1:8). Por tanto, la misión es la misma *missio Dei* que he estado trazando.

Con la crucifixión y resurrección de Cristo, había llegado el tiempo para que el evangelio se dispersara rápidamente, y eso es exactamente lo que hizo. El papel de los apóstoles fue simplemente el de testigos, y ellos no pudieron hacer nada menos que contar lo que habían visto y escuchado (Hechos 4:33; 1 Juan 1:1-3).

Note su comisión y responsabilidad: Fue Dios quien actuó primero, enviando a Jesús al mundo y levantándolo de los muertos, proclamando así las dimensiones universales de Su reino. Luego fue Dios el Espíritu Santo dirigiendo el drama del testimonio mundial. Por su parte, los apóstoles debían avanzar obedientemente entre las naciones del mundo como testigos para todos los pueblos. En cada caso, el énfasis está sobre la misión de Dios lograda por sus siervos obedientes a la visión celestial—o sea, bajo la dirección de Dios (Hechos 26:19).

Lenguas gentiles

Un flujo de lenguas gentiles—señalando la dispersión mundial del testimonio del evangelio que vendría a continuación—marcó el derramamiento inicial del Espíritu Santo sobre los apóstoles.[1] Notablemente, la expresión de lenguas por los gentiles ocurre en todo el libro de Hechos a medida que sucesivos grupos de personas escuchan el mensaje, lo creen y son incorporados a la iglesia (Hechos 8:14-19 [por inducción]; 10:46; y 19:6).

Cada grupo de personas alcanzado con el evangelio es por tanto considerado como participantes en la misión de llevar el evangelio al resto de las personas del mundo.

Don Richardson analiza la importancia del milagro de Pentecostés de la siguiente manera:

> Pero esperen un momento—en cuanto al derramamiento del poder del Espíritu Santo—¡suponga que Dios le hubiera contratado a usted como experto en relaciones públicas para planear este evento para Él! Suponga que le haya dado una sola especificación—debe ocurrir en una manera que sea absolutamente clara aun para el discípulo más tonto de que el poder a ser investido no es meramente para la bendición o exaltación personal de los recipientes, sino más bien para capacitarlos para llevar el evangelio alrededor del mundo a todos los pueblos.

> Aunque fuera el consultor de relaciones públicas más ingenioso de todos los tiempos, usted probablemente no se hubiera imaginado una manera más clara de expresar dicho punto que la siguiente...

> El poder del Espíritu Santo derramándose sobre los apóstoles y otros seguidores fieles de Jesús los hizo hablar milagrosamente en las muchas lenguas gentiles representadas en la multitud de judíos y gentiles convertidos reunidos entonces en Jerusalén. ¿Por qué?...

---

[1] Don Richardson, *Eternity In Their Hearts* (Ventura, California: Regal Books, 1981), 156-57.

Considerado dentro del contexto del ministerio de Jesús y Sus planes claramente articulados para todo el mundo, la investidura de dicha explosión milagrosa de idiomas *gentiles* pudo haber tenido un solo propósito principal: ¡poner muy claro que el poder del Espíritu Santo fue y es investido con la meta específica de la evangelización de todos los pueblos en consideración! [2]

El libro de Hechos registra lo que parece ser un avance renuente de la iglesia del Nuevo Testamento más allá de las barreras sociales y políticas. Aunque los creyentes tenían en común una experiencia pentecostal, las ramificaciones misiológicas de esa experiencia parecen solo haber sido comprendidas gradualmente.

Si, tal como sugiere Richardson, las lenguas pentecostales proveyeron una importante lección práctica para la iglesia primitiva, tal vez haya una correlación entre la práctica de hablar en lenguas y el crecimiento de las iglesias entre los pentecostales modernos. En cualquier caso, las iglesias pentecostales son notables por enfatizar el poder del Espíritu Santo otorgado a todos los creyentes para poder realizar la cosecha de los últimos días. La experiencia pentecostal profetizada por Joel ha resultado en iglesias que ganan a los perdidos en un país tras otro alrededor de todo el mundo. Muchos han insistido que las vidas cambiadas son la mejor recomendación del Cristianismo para el mundo no cristiano que los observa. Del mismo modo, los testigos cristianos llenos del Espíritu Santo pueden ser la mejor recomendación de la experiencia pentecostal para los cristianos de tradiciones no pentecostales que los observan. Aquellos que experimentan hoy día lo que los apóstoles experimentaron en Pentecostés han tomado un paso importante hacia dicho testimonio de poder.

---

[2] Ídem, Énfasis de Richardson

Toda Carne

Pedro, en su sermón de Pentecostés,[3] citó la profecía de Joel de un derramamiento del Espíritu Santo sobre toda carne. Aunque en Hechos 2 todavía no fue el tiempo para que Pedro lo presentara, Joel profetizó claramente la dimensión mundial futura del reino de Dios.

Este evento de Pentecostés y la exposición bíblica de Pedro (Hechos 2:14-36) son la base para su predicación al gentil Cornelio y su casa (Hechos 10). Él resumió el mensaje de todos los profetas para los gentiles reunidos diciendo "que todos los que en él creyeren, recibirán perdón de pecados por su nombre" (Hechos 10:43, en aparente referencia a Joel 2:32). En este punto Dios intervino sobrenaturalmente para confirmar el mensaje de Pablo derramando el Espíritu Santo sobre ellos (Hechos 10:44-46). El hecho de que los gentiles hablaron en lenguas fue aceptado como evidencia de que habían recibido la misma experiencia que los judíos tuvieron en Pentecostés (10:45-46; 11:15-17). Aunque este evento no resolvería el debate sobre la circuncisión (véase Hechos 15), es una clara declaración de que Dios había aceptado a los gentiles dentro de la comunidad de fe. Al hacerlo, Dios había abierto la puerta para la total participación gentil en Su misión.

En Hechos 2:16, Pedro había expresado que la escena vista por la multitud reunida fue lo que Joel había profetizado. En Hechos 11:17, Pedro declara que Cornelio y los otros gentiles recibieron "el mismo [griego *isen*, "idéntico"] don" que aquél que recibieron los judíos en el día de Pentecostés. Por tanto se puede concluir que lo que fue recibido por la casa de Cornelio

---

[3] Realmente no es un sermón en el sentido moderno sino una manifestación del don de profecía del Espíritu Santo: Pedro habló espontáneamente a medida que el Espíritu Santo le inspiraba. Se usa el mismo verbo para el discurso de Pedro y para el hablar en lenguas en Hechos 2:4.

fue aquello profetizado por Joel. Se puede concluir además que similares manifestaciones del Espíritu Santo a través de la historia son parte de esta misma tradición. Aunque nadie parecido a Pedro está presente para testificar tanto del fenómeno del Nuevo Testamento como el de este tiempo, el movimiento moderno pentecostal se considera como el cumplimiento actual de lo que Joel profetizó. El enfoque está en la cosecha, los obreros vienen de "toda carne" (Joel 2:28) que está recibiendo el Espíritu Santo prometido en todo el mundo, y la anticipación del juicio declarado por Joel continúa impartiendo un sentido de urgencia. Todas las naciones reciben poder como miembros del testimonio de Cristo y el servicio a la iglesia para cumplir cada palabra profética de las Escrituras expresadas concerniente a nuestros tiempos.

Otro Profeta

Después de sanar al paralítico en Hechos 3, Pedro cita Deuteronomio 18:15, 18-19: "Porque Moisés dijo a los padres: El Señor vuestro Dios os levantará profeta de entre vuestros hermanos, como a mí; a él oiréis en todas las cosas que os hable; y toda alma que no oiga a aquel profeta, será desarraigada del pueblo" (Hechos 3:22-23).

Pedro usa este pasaje para señalar a su audiencia que la respuesta favorable a Jesús no es algo opcional. La única manera de permanecer a favor con Dios es recibiendo a su anhelado Mesías. Pedro luego continua identificando "estos días" como el tiempo profetizado por "todos los profetas desde Samuel en adelante" (Hechos 3:24). Finalmente, él cita Génesis 22:18: "Vosotros sois los hijos de los profetas, y del pacto que Dios hizo con nuestros padres, diciendo a Abraham: En tu simiente serán benditas todas las familias de la tierra. A vosotros primeramente, Dios, habiendo levantado a su Hijo, lo envió para que os bendijese, a fin de que cada uno se convierta de su maldad" (Hechos 3:25-26).

Aunque el auditorio de Pedro es judío, su mensaje contiene lo que I. Howard Marshall se refiere como "una insinuación suave" de la futura bendición a los gentiles.[4] Marshall continua declarando: "La palabra *primeramente* no debe ser pasada por alto. Esta es la primera declaración explícita en Hechos de que históricamente el evangelio vino primero a los judíos. Pero la promesa en el versículo anterior sugiere que el pensamiento 'y también para los gentiles' es implícito, y que muy bien puede ser una advertencia de que si los judíos fallaban en responder, la misión cristiana pasaría a los gentiles."[5]

Cuando los versículos son considerados como un compuesto, la "insinuación suave" se expande para sugerir que el profeta al igual que Moisés, iniciará un nuevo día con la bendición de los gentiles, y aquellos que se opongan serán cortados. Hechos subsecuentemente muestra que esto es exactamente lo que ocurrió.

Esteban: *Missio Dei* como defensa

En Hechos 7 la respuesta de Esteban a sus acusadores es una brillante defensa de la misión de Dios. Aunque él respondió a los cargos en su contra, su declaración fue destinada más para contar el plan de Dios que para obtener el perdón de los cargos.

El cargo de que Esteban había blasfemado contra Moisés y contra Dios es expresado en Hechos 6:11. Este cargo es repetido en 6:13, cambiando "Moisés" por "Ley" y "Dios" por "este lugar santo" (o sea, el templo, ya que se creía que era la morada sagrada de Dios).

---

[4] I. Howard Marshall, *Acts*, vol. 5 of *Tyndale New Testament Commentaries*, ed. Leon Morris (Leicester, England: InterVarsity Press, 1989), 96.

[5] Ídem, Énfasis de Marshall.

La defensa de Esteban demuestra, según la ley, que Dios ha estado siempre en una misión, y que aquellos que rehusan avanzar con Él son los verdaderos rebeldes. Aunque Esteban fue asesinado, los escritos teológicos de Pablo en cuanto a Dios, el Mesías y la iglesia son consistentes con los fundamentos establecidos en el discurso de Esteban. Ciertamente, la naturaleza del apostolado de Pablo puede ser considerada como la extensión lógica del discurso de Esteban.

Una de las principales preocupaciones de Esteban era demostrar que el dominio de Dios incluía a toda la tierra, no solamente a la tierra de Israel. ¿Dónde se había aparecido Dios primero a Abraham? Fue en Mesopotamia, aun antes de viajar a Harán, ninguno de los cuales se encontraba en Israel. Más bien, Él le dio una relación basada en una promesa y simbolizada por la marca del pacto de la circuncisión. Los descendientes de Abraham estarían contentos con esta promesa por 400 años. Más tarde, el descendiente de Abraham, José, llegó a ser un gran hombre. La fuente de su grandeza fue que "Dios estaba con él" (Hechos 7:9), y el lugar donde Dios estuvo con él fue Egipto, no Israel. Por tanto, Abraham y José demuestran que el Dios soberano manifiesta Su presencia a aquellos cumpliendo Su misión en el mundo aunque vivan lejos de Israel.

Cuando se acercó el tiempo para que la promesa sea cumplida, Dios se apareció a Moisés—no en Israel, sino en la tierra de Madián. Dios inclusive declaró que el lugar donde se apareció a Moisés, aunque lejos de Israel, era tierra "santa" (v. 33). Luego Moisés hizo "prodigios y milagros" por cuarenta años—no en Israel, sino en Egipto, en el Mar Rojo, y en el desierto (v. 36). "Este Moisés es el que dijo a los hijos de Israel: Profeta os levantará Dios de entre vuestros hermanos" (v. 37). Este también fue el mismo Moisés que estuvo con el ángel y recibió la ley, en Sinaí, no en Israel.

Por supuesto, Esteban insistió, nuestros padres se negaron a obedecer a Moisés y rechazaron la presencia de Dios que fue manifestada en el tabernáculo del Testimonio durante su viaje por el desierto. Aunque Josué trajo este tabernáculo a la tierra prometida y David deseó construir una casa permanente para éste, fue Salomón quien edificó la casa para Dios. Luego Esteban citó referencias del Antiguo Testamento sobre el templo consistentes con la historia de la *missio Dei* que acababa de recitar. Sorprendentemente, Dios había declarado que no habitaba en casas hechas por hombres, sino que era soberano sobre toda la creación (vs. 48-50, citando Isaías 66:1-2; véase también 1 Reyes 8:27; 2 Crónicas 2:6). ¿Cómo podría la gente usar materiales hechos por la mano de Dios para restringir Su presencia de buscar activamente Sus intereses en todo lugar (vs. 48-50)? Los verdaderos rebeldes son aquellos quienes, al igual que sus padres, no habían circuncidado sus corazones y oídos y que habían resistido, perseguido y matado a aquellos que verdaderamente representaban al Dios creador universal. Es al Espíritu Santo a quien ellos resistieron, porque insistieron en creer en el concepto pagano de una deidad estática. Ellos habían incluso matado al Justo, o sea, aquél profetizado por Moisés a quien pretendían obedecer. Mientras que Esteban seguía al Dios móvil, sus críticos intentaron redefinir la esfera del reino de Dios hasta ser poco más que una deidad tribal.

Aunque Esteban fue asesinado, la fuerza de su argumento fue reconocida por sus oponentes, incluyendo a Saulo de Tarso, y ha continuado sonando a través de los siglos. Dios es un Dios activo y móvil que rechaza todo esfuerzo humano de restringir Su misión. Este movimiento tiene dirección: pasando de aquellos dentro del pacto a aquellos que todavía no son parte del mismo. Aquellos que le sirven deben aceptar esta misión.

Pablo: la promesa como defensa

A través del libro de Hechos, Lucas considera la dispersión del evangelio a las naciones como el cumplimiento de la promesa.

El Espíritu Santo es derramado sobre todos porque "para vosotros es la promesa, y para vuestros hijos, y para todos los que están lejos; para cuantos el Señor nuestro Dios llamare" (Hechos 2:39). En los días antiguos, Dios mantuvo Su promesa a Abraham (Hechos 7:17), y en Hechos se anuncia que ahora Él ha cumplido Su promesa enviando a Jesús el Salvador (13:23). La resurrección de Jesús de los muertos se considera como el cumplimiento de la promesa de Dios a David (13:32-37).

Sin embargo, la promesa va más allá de los hechos concernientes a la muerte y resurrección de Jesús. También incluye la proclamación de este evangelio a las naciones del mundo. En Hechos 26:6-7 Pablo atribuye específicamente su arresto a su creencia ferviente en la habilidad de Dios para guardar esta promesa. Más, al leer Hechos 21:28 es aparente que la porción de la promesa más responsable por el arresto de Pablo fue la determinación de Dios (o promesa) de que el evangelio alcanzara a los gentiles. De hecho, el motivo gentil es una de las características más importantes en estos capítulos.

En Hechos 21:27-29 fue la hermandad de Pablo con el gentil Trófimo lo que ocasionó su arresto. Es digno de notar la manera en que el auditorio judío de Pablo toleró su defensa (Hechos 22:1-21), incluyendo un detallado relato de su conversión y las primeras experiencias después de ésta. Ellos no le interrumpieron aunque hizo referencias a Jesús de Nazaret (v. 8), la sanidad divina (v. 13), la enseñanza cristiana (o sea, la enseñanza de Pablo) siendo identificada con "El Dios de nuestros padres" (v. 14), Jesús como el "Justo" (v. 14), el bautismo en agua como expresión de fe en Él (v. 16), la futura persecución (v. 18), y el martirio de Esteban (v. 20). Sin embargo, fue violentamente interrumpido cuando relató su comisión específica de ir a los gentiles (vs. 21-22). Sugerir que el pacto de Dios se había expandido a los gentiles molestó tanto al auditorio judío que estaban listos para quitar "de la tierra a tal hombre" (v. 22). Pablo tuvo que ser rescatado por el comandante romano.

Por tanto, cuando Pablo cuenta al gentil Agripa "Y ahora, por la esperanza de la promesa que hizo Dios a nuestros padres soy llamado a juicio... Por esta esperanza, oh rey Agripa, soy acusado por los judíos" (26:6-7), se debe reconocer que la porción de la promesa a los padres, específicamente a Abraham (Génesis 12:3), más ofensiva para los acusadores de Pablo fue su inclusión de los gentiles. Pablo está atribuyendo su arresto específicamente a esa parte de la promesa del Antiguo Testamento que predijo la bendición a través de Cristo a gentiles como Agripa. Pablo luego cuenta cómo él también se había opuesto a los creyentes cristianos hasta su experiencia en el camino a Damasco, en el cual Jesús específicamente lo envía a los gentiles para que puedan ser perdonados de sus pecados y recibir un lugar entre el pueblo de Dios (26:17-18). Finalmente, en 26:23 Pablo afirma audazmente que está diciendo solo aquello enseñado por Moisés y los profetas, "que el Cristo había de padecer, y ser el primero de la resurrección de los muertos, para anunciar luz al pueblo y a los gentiles" (v. 23). Pablo, tal como lo hizo Esteban antes que él, está tomando su posición dentro del judaísmo histórico y por tanto no es culpable bajo la ley romana de proclamar una nueva (y por tanto ilícita) religión. La defensa de la "promesa" de Pablo es una brillante declaración de que realmente hay un solo plan de promesa a través de la historia, un plan que encuentra su cumplimiento en la actual revelación de la misión de Dios a los gentiles.

La insistencia de Pablo de que Jesús resucitaría de los muertos para "anunciar luz al pueblo y a los gentiles" (Hechos 26:23) sorprendió de tal manera a Festo que él gritó diciendo que Pablo estaba loco (v. 24). La idea de la resurrección era locura para él. Y como era pagano y aceptó ciegamente la validez de una multitud de dioses, cada uno con sus devotos nacionales, creo que la insistencia de Pablo en un plan único de salvación para todas las personas debe haber parecido radical para él.

Ahora viene la parte sorprendente. Lejos de echarse para atrás ante la demostración de Festo, Pablo apeló al conocimiento de Agripa de las Escrituras para apoyar su mensaje sobre la muerte y resurrección de Jesús y su ofrecimiento de Salvación a todas las personas. El contó con la habilidad de Agripa de ver la verdad y de este modo confirmar que aunque Pablo predicaba a los gentiles, todavía adoraba al Dios de sus padres como es permitido por Roma y por tanto no estaba sujeto a un juicio criminal.

La subsecuente respuesta de Agripa indica que Pablo tuvo éxito en este argumento (26:32).

El "ciclo paulino"

El proceso utilizado por Pablo para iniciar iglesias en el libro de Hechos ha sido llamado el "ciclo paulino".[6] Al estudiar el crecimiento de la iglesia en Hechos, uno puede identificar etapas de desarrollo. Típicamente, Pablo hizo un intento deliberado de comenzar una asamblea local. Él y su grupo reunían datos, hacían contactos, presentaban el evangelio, reunían y enseñaban a los convertidos. La asamblea madura luego enviaba a sus propios obreros al campo de cosecha. El cuadro normal de Hechos y las epístolas es de las asambleas crecientes cumpliendo su destino reproduciéndose intencionalmente.

Los milagros

El libro de Hechos retoma donde los evangelios terminaron con respecto al lugar de los milagros en la experiencia de los creyentes. Jesús había dicho: "De cierto, de cierto os digo: Él que en mí cree, las obras que yo hago, él las hará también; y aun mayores hará, porque yo voy al Padre" (Juan 14:12). Hechos registra el crecimiento de la Iglesia desde Jerusalén "hasta lo último de la tierra" (1:8),

---

[6] Para un detallado tratamiento de "Pauline Cycle", vea David Hesselgrave, *Planting Churches Cross-Culturally* (Grand Rapids: Baker Book House, 1980), 58-63.

y cada capítulo de ese crecimiento implica la presencia del Espíritu Santo para realizar los milagros.

Desde el principio en Hechos la sanidad del hombre nacido cojo se convirtió en ocasión para la proclamación del evangelio, y el resultado fue que "el número de los varones era como cinco mil" (4:4), y los líderes de los judíos recibieron un fuerte testimonio. Hechos 5 registra la manifestación del poder del Señor en el juicio de Ananías y Safira y en la sanidad de las multitudes que trajeron a sus enfermos a las calles esperando que tan solo la sombra de Pedro los tocara. En Hechos 8, grandes señales y milagros ocurrieron cuando Felipe predicó a los samaritanos. En el siguiente capítulo, la conversión de Pablo es marcada primero por la luz y voz milagrosa, y más tarde por su sanidad, cuando Ananías impuso sus manos sobre él. En el mismo capítulo, Eneas fue sanado después de una parálisis de ocho años y luego Tabita fue levantada de los muertos. Pedro fue milagrosamente liberado de la cárcel en el capítulo 12, y luego Herodes fue fatalmente castigado como juicio de Dios.

El resto de Hechos cubre el ministerio de Pablo, un ministerio que consiste de predicación y enseñanza activada por el Espíritu y acompañada de milagros. Los enfermos eran sanados y los demonios expulsados; Dios habló por medio de visiones y protegió a Pablo y su grupo contra hombres perversos, los elementos de la naturaleza y picadura de víboras. Hechos 19:11-12 registra "Y hacía Dios milagros extraordinarios por mano de Pablo, de tal manera que aun se llevaban a los enfermos los paños o delantales de su cuerpo, y las enfermedades se iban de ellos, y los espíritus malos salían."

Tan grande fue el éxito de Pablo que exorcistas ambulantes judíos intentaron apropiarse del nombre de Jesús como era predicado por él. El registro dice que "todos los que habitaban en Asia, judíos y griegos, oyeron la palabra del Señor Jesús" (19:10).

Epístolas misioneras

Pablo escribió sus epístolas para instruir a las iglesias e individuos en los temas teológicos y prácticos importantes para las jóvenes iglesias de la misión. En otras palabras, él escribió como lo haría un misionero. Por esa razón, yo llamo a sus cartas epístolas misioneras.

Romanos es un libro universal. Todos pecaron (3:23) y son culpables ante Dios (3:19). Dios es el Dios de judíos y gentiles (3:29). La salvación es por medio de la fe por tanto puede estar rápidamente disponible para gentiles así como también para judíos (4:16). Hay un Señor para judíos y gentiles (10:12). Pablo luego describe el proceso común por medio del cual judíos o gentiles deben ser salvos. "Porque todo aquel que invocare el nombre del Señor, será salvo. ¿Cómo, pues, invocarán a aquel en el cual no han creído? ¿Y cómo creerán en aquel de quien no han oído? ¿Y cómo oirán sin haber quién les predique? ¿Y cómo predicarán si no fueren enviados? Como está escrito: ¡Cuán hermosos son los pies de los que anuncian la paz, de los que anuncian las buenas nuevas!" (10:13-15). Este proceso implica la participación intencional de la iglesia en el cumplimiento de la misión de Dios.

Aunque Pablo mantiene cuidadosamente su amor apasionado por Israel (9:1-5; 10:1), también valora su ministerio como "apóstol a los gentiles" (11:13). Estos no son incompatibles ya que el ministerio gentil mismo resultará en la eventual salvación de los judíos (11:13-14). Después que haya sido completado el número de gentiles, toda Israel será salva (11:25-26). En vista de tan majestuoso plan, los redimidos en Roma deben ofrecerse como sacrificios vivos para cumplir la misión de Dios (12:1).

Las promesas hechas a los patriarcas aseguran la conversión de los gentiles (15:8), su inclusión como pueblo de Dios, un pueblo gobernado por la raíz de Isaí (15:9-12).

Basándose en Éxodo 19:5-6, Pablo declara que su deber sacerdotal es la proclamación del evangelio para que los gentiles puedan ser aceptables a Dios (Romanos 15:16). De este modo, aquellos que no han visto, verán (15:21, véase Isaías 52:15). Dicha misión es digna de apoyo monetario (Romanos 15:24) y apoyo de oración (15:30). De esta manera será cumplida la orden de Dios de que todas las naciones deben escuchar el evangelio (16:26; véase también 10:14-15). Romanos 16:26 debe ser considerado como una referencia paulina a la gran comisión: El misterio de Dios "ha sido manifestado ahora, y que por las escrituras de los profetas, según el mandamiento del Dios eterno, se ha dado a conocer a todas las gentes para que obedezcan a la fe."

Las cartas a los corintios ilustran la aplicación universal del evangelio ya que se tratan firmemente varios problemas singularmente gentiles. Para comenzar, ¿ha muerto realmente Jesús por los gentiles? En 2 Corintios 5:14-15, Pablo declara dos veces que Cristo "murió por todos". Dios nos ha dado el ministerio de la reconciliación (2 Corintios 5:18), ya que "Dios estaba en Cristo reconciliando consigo al mundo" (2 Corintios 5:19). Tan grande es el amor de Dios por las naciones que "nosotros" somos nombrados embajadores para implorar a las naciones a reconciliarse con Dios (2 Corintios 5:20). Los Corintios son instados a no recibir la gracia de Dios en vano (2 Corintios 6:1). Ellos forman una iglesia genuina, capaces de participar en un proyecto de ayuda internacional (2 Corintios 8 y 9). Su madurez liberará a Pablo para servir en "lugares más allá de vosotros" (2 Corintios 10:16; véase también Romanos 15:20).

En Gálatas, las Escrituras sobre Abraham en Génesis son interpretadas en referencia a Cristo. Dos puntos son especialmente importantes. Primero, Pablo declara que el evangelio fue predicado a Abraham: "Y la Escritura, previendo que Dios había de justificar por la fe a los gentiles, dio de antemano la buena nueva a Abraham, diciendo: En ti serán benditas todas las naciones" (Gálatas 3:8). Pablo había expresado antes que existe un solo evangelio (1:6-8). Esto nos trae al segundo punto: Cristo fue aquel profetizado: "Ahora bien, a Abraham fueron hechas las promesas, y a su simiente. No dice: Y a las simientes, como si hablase de muchos, sino como de uno: Y a tu simiente, la cual es Cristo" (Gálatas 3:16). Esto es consistente con las palabras de Jesús: "Abraham vuestro padre se gozó de que había de ver mi día; y lo vio, y se gozó" (Juan 8:56).

El punto es que la revelación de Dios en Génesis de que todas las naciones serían bendecidas a través de Abraham era realmente un resumen del evangelio refiriéndose a Cristo y fue comprendido de esa manera por Abraham. En vista de una promesa de tal extensión, se advierte a los creyentes gentiles a permanecer como hijos de esa promesa (Gálatas 4:21-31) y no ser inducidos a regresar a la pedagogía del legalismo judío (4:1-7).

Efesios discute la unidad de la iglesia de Cristo como un solo cuerpo sin respeto de origen judío o gentil. Esto se debe a que ambos comparten equitativamente en un simple plan de promesa: "que los gentiles son coherederos y miembros del mismo cuerpo, y copartícipes de la promesa en Cristo Jesús por medio del evangelio" (Efesios 3:6). Dicha iglesia unida demostrará la sabiduría del propósito eterno de Dios (3:10-11). Este cuadro soporta la descripción posterior de dones en el ministerio (4:11). Una iglesia no orientada a cumplir la misión de Dios tiene poca necesidad de tales dones, a menos que sean dones de corrección.

Para tales creyentes, sean judíos o gentiles, aun la persecución ayudará a avanzar el evangelio (Filipenses 1:12) a medida que los creyentes se identifiquen con la humillación de Cristo (2:5-11) y esperen pacientemente Su regreso del cielo (1 Tesalonicenses 1:10; 2:19; 3:13; 4:13-18; 5:23).

La actitud de siervo de aquellos que cumplen la misión de Dios debe ser la misma de Cristo, como es descrita por Pablo:

"Haya, pues, en vosotros ese sentir que hubo también en Cristo Jesús, el cual, siendo en forma de Dios, no estimó el ser igual a Dios como cosa a que aferrarse, sino que se despojó a sí mismo, tomando forma de siervo, hecho semejante a los hombres; y estando en la condición de hombre, se humilló a sí mismo, haciéndose obediente hasta la muerte, y muerte de cruz. Por lo cual Dios también le exaltó hasta lo sumo, y le dio un nombre que es sobre todo nombre, para que en el nombre de Jesús se doble toda rodilla de los que están en los cielos, y en la tierra, y debajo de la tierra; y toda lengua confiese que Jesucristo es el Señor, para gloria de Dios Padre." (Filipenses 2:5-11)

Colosenses trata con el problema de una cristología diluida, el resultado del ambiente no cristiano en el cual la iglesia había sido fundada. Pablo escribió a sus asociados jóvenes para discipularlos. Primera y Segunda de Timoteo y Tito específicamente tratan con las cualidades para la vocación misionera, cómo dirigir los asuntos de la iglesia local, y las preocupaciones prácticas que resultan de una escatología equivocada.

La imagen de Dios

Las epístolas se refieren al concepto de Génesis de la humanidad hecha a la imagen de Dios. Colosenses 3:10, por ejemplo, dice que uno es "revestido del nuevo (hombre), el cual conforme a la imagen del que lo creó se va renovando hasta el conocimiento pleno." Esto indicaría que, aunque todos somos creados a la imagen de Dios en el sentido de que somos capaces de llegar a conocer a Dios, el crecimiento en la gracia es igual al crecimiento en una representación más perfecta de Su imagen. En una declaración similar, Efesios 4:22-24 habla de despojarnos de la conducta antigua y vestirnos del "nuevo hombre" (v. 24). Segunda de Corintios 3:18 expresa: "Por tanto, nosotros todos, mirando a cara descubierta como en un espejo la gloria del Señor, somos transformados de gloria en gloria en la misma imagen, como por el Espíritu del Señor."

Preguntas de repaso

1. ¿Cuál fue la importancia de la manifestación de lenguas gentiles en el Día de Pentecostés? ¿Cómo se relaciona este fenómeno con Hechos 1:8?

2. Relacione Hechos 1:8 con los siguientes episodios en Hechos: La defensa de Esteban, el "Cciclo paulino", la función de los milagros, y la defensa de "promesa" de Pablo.

3. Explique por qué las epístolas paulinas son llamadas "epístolas misioneras". Incluya referencias específicas a las naciones (o gentiles). Explique la relación de la iglesia y las misiones en Efesios.

4. ¿Por qué se considera que Romanos contiene un argumento para las misiones? Resuma los argumentos para la responsabilidad moral universal y la responsabilidad universal de los creyentes de proclamar el evangelio a todos aquellos que no lo han escuchado.

5. Explique cómo Gálatas 3:8 y 16 interpretan la promesa de Dios a Abraham en el libro de Génesis.

CAPÍTULO 5:

Missio Dei en las Epístolas Generales y Apocalipsis: misión cumplida

Epístolas generales

Las epístolas generales ofrecen un firme testimonio de la *missio Dei*. Aunque el libro de Hebreos es dirigido a cristianos judíos, es profundamente un libro Neo Testamentario. El escritor demuestra la desunión entre el antiguo y nuevo pacto, subrayando que el nuevo es "mejor" (Hebreos 7:19, 22). Una vez que los creyentes judíos acepten al nuevo pacto como "mejor", la misión de Dios los dirigirá a Su completa voluntad.

Aunque las misiones no es el enfoque del libro de Hebreos, de todos modos es totalmente consistente con las epístolas misioneras de Pablo (predominantemente dirigidas a las iglesias gentiles): Su insistencia en una nueva y mejor economía divina encuentra argumentos similares en las epístolas de Pablo. Al igual que en dichas epístolas, Hebreos hace saber al lector que la alianza con el Cristo resucitado resultará en su total preparación para hacer Su voluntad de la manera que a Él le agrada (Hebreos 13:20-21)—y por supuesto eso invariablemente dirigirá a las naciones.

Santiago es uno de los primeros libros del Nuevo Testamento de sabiduría práctica que tiene un tema semejante a los libros de sabiduría del Antiguo Testamento y el Sermón del monte de Jesús. El mundo cargado de pecado es atraído a tal sabiduría, especialmente cuando caracteriza a una iglesia donde ocurren diariamente sanidades y milagros (Santiago 5:13-18). Santiago también incluye una referencia a "la imagen de Dios" (Génesis 1:27): "Con ella [la lengua] bendecimos al Dios y Padre, y con ella maldecimos a los hombres, que están hechos a la semejanza de Dios" (Santiago 3:9).

Pedro asegura a los "expatriados" y "elegidos" de Dios (1 Pedro 1:1) que aunque no eran un pueblo, ahora son el pueblo de Dios (2:9-10). Con este pasaje Pedro expande el tema de "mi pueblo—no es mi pueblo" de Oseas, y aquí se refiere a los creyentes gentiles en tierras extrañas quienes ahora son el pueblo de pacto de Dios. Su referencia al "real sacerdocio" (1 Pedro 2:9) es igualmente una aplicación a Éxodo 19:5-6 al presente pueblo de Dios, ya sea judío o gentil. De la misma manera en que Éxodo y Pablo usan este tema (Romanos 15:16), Pedro busca que sus lectores vean su posición sacerdotal como una plataforma para alabar al Dios que los rescató de su anterior "tiniebla" (1 Pedro 2:9). Él considera que la predicación que dirigió a su fe cumple directamente la profecía del Antiguo Testamento, entregada por "el Espíritu Santo enviado del cielo" (1 Pedro 1:12). En vista de la cercanía del "fin de todas las cosas" (1 Pedro 4:7), Pedro insta que las varias formas de dones espirituales entonces comunes en la asamblea local sean usadas para "ministrar unos a otros" (1 Pedro 4:10).

En su segunda epístola, Pedro une directamente la venida de Cristo con la paciencia de Dios, prolongando la oportunidad de salvación para los perdidos:

> Más, oh amados, no ignoréis esto: que para con el Señor un día es como mil años, y mil años como un día. El Señor no retarda su promesa, según algunos la tienen por tardanza, sino que es paciente para con nosotros, no queriendo que ninguno perezca, sino que todos procedan al arrepentimiento...

> Puesto que todas estas cosas han de ser deshechas, ¡cómo no debéis vosotros andar en santa y piadosa manera de vivir, esperando y apresurándoos para la venida del día de Dios, en el cual los cielos, encendiéndose, serán deshechos, y los elementos, siendo quemados, se fundirán!...

> Y tened entendido que la paciencia de nuestro Señor es para salvación; como también nuestro amado hermano Pablo, según la sabiduría que le ha sido dada, os ha escrito. (2 Pedro 3:8-9, 11-12, 15).

Esta no es una negación del inminente retorno de Cristo. Más bien es una declaración de que aquellos que esperan el regreso de Cristo deben vivir según su propósito, considerando el aparente retraso como compasión de Dios por los perdidos. Algunos temen que este versículo puede ser interpretado como una reducción de la soberanía de Dios: permitir que las personas determinen cuándo Cristo regresará. Dichos temores pasan por alto el tema de la *missio Dei*. Dios, quien siempre ha buscado apasionadamente a los perdidos, ha creado a la humanidad a Su imagen para servir como agentes suyos en el cumplimiento de Su misión. A medida que la iglesia se mueve para completar el plan de Dios de traer salvación (2 Pedro 3:15) a los perdidos, demuestra la compasión de Dios (v. 9)—que será satisfecha antes que Dios culmine esta era.

Al mismo tiempo, la burla por el "retraso" de Cristo es anticipada (véase 2 Pedro 3:3-4). En este contexto se insta a los creyentes a vivir vidas santas "esperando y apresurándoos para la venida del día de Dios" (3:12). Como el retraso ha sido ligado a la prolongada oportunidad para el arrepentimiento, "apresurándoos" debe relacionarse en algún modo con la reunión de las almas por las que el Señor aguarda pacientemente.[1] Por tanto, este pasaje corresponde con la enseñanza de Cristo de que el fin seguirá a la proclamación del evangelio como testimonio a todas las naciones (Mateo 24:14: Marcos 13:10).

Las epístolas de Juan anhelan la doctrina correcta y la vida santa en vista de los desafíos bramantes a ambos. La respuesta a estos desafíos se encuentra guardándose del mundo al mismo tiempo que se ministra al mundo. En un versículo importante para el tema de misiones, 1 Juan 2:2 declara: "Y él es la propiciación por nuestros pecados; y no solamente por los nuestros, sino también por los de todo el mundo" (griego *kosmou*). En otra referencia usando kosmou, 1 Juan 4:14 expresa: "Y nosotros hemos visto y testificamos que el Padre ha enviado al Hijo, el Salvador del mundo." Estas palabras, una vez confesión del samaritano (Juan 4:42), son usadas ahora como confesión de la iglesia.

---

[1] Para lectura adicional, véase las notas útiles en 2 Pedro 3:12 en el libro de Donald C. Stamps, ed. *The Full Life Study Bible* (Grand Rapids: Zondervan Publishing House, 1992), 1970; y en Kenneth L. Baker, ed., *The NIV Study Bible* (Grand Rapids: Zondervan Publishing House, 1985), 1903.

Apocalipsis

Finalmente, en el libro de Apocalipsis, Jesús revela a Juan el cumplimiento del largo viaje hasta "lo ultimo de la tierra".

Primero, el motivo del reino tan dominante en el Antiguo Testamento y los Evangelios es invocado a través del libro: Por ejemplo, el trono es mencionado en Apocalipsis 1:4 y se convierte en un tema dominante. Juan se refiere a los creyentes como "reyes y sacerdotes" en 1:6, un tema expandido en 5:9-10: "y cantaban un nuevo cántico, diciendo: Digno eres de tomar el libro y de abrir sus sellos; porque tú fuiste inmolado, y con tu sangre nos has redimido para Dios, de todo linaje y lengua y pueblo y nación; y nos has hecho para nuestro Dios reyes y sacerdotes, y reinaremos sobre la tierra."

En estos versículos, las personas de cada tribu, lengua, pueblo y nación comprada con la sangre son las primeras identificadas como reyes y sacerdotes que reinarán con Cristo. Antes de la conclusión de la historia de la salvación, la misión sacerdotal que Dios dio al pueblo de Israel en Éxodo 19:5-6 será hecha universal: La *missio Dei* será *de* todas las naciones para todas las naciones. Aquellos que de este modo representaron al reino de Cristo en su etapa de sufrimiento representarán entonces al reino de Cristo en su etapa de reinado. En una referencia final a este tema, Apocalipsis 20:6 expresa que aquellos que son parte de la "primera resurrección" serán "sacerdotes de Dios y de Cristo" y "reinarán con él mil años." La referencia al reinado completa el concepto del reino típicamente asociado con la función sacerdotal del pueblo de Dios.

Las siete iglesias mencionadas en los capítulos 2 y 3 están en la provincia de Asia y por tanto pueden ser consideradas como "iglesias de las misiones." Un punto importante es que el drama de Apocalipsis es revelado delante de las iglesias en el campo misionero del primer siglo. Las iglesias siendo instadas a amar, obedecer, arrepentirse, soportar la persecución aun hasta el martirio, y a realizar heroicas obras son las iglesias de lo que había sido recientemente considerado como la vanguardia del evangelio. Este fenómeno ilustra la completa integración de cada pueblo nuevo dentro del drama de la redención.

En medio de esta expansión de la iglesia, el Señor habla a la iglesia de Tiatira (2:26): "Al que venciere y guardare mis obras hasta el fin, yo le daré autoridad sobre las naciones." La voluntad de Cristo específicamente incluía su resistencia a las influencias paganas, tanto en un tiempo inmediato como remoto, para continuar siendo Su iglesia entre las naciones, sobre las cuales fue destinada a reinar.

Citando repetidamente a la gente del mundo, Juan indica que la batalla entre los reinos de la luz y las tinieblas también involucra a todos los pueblos. Aquellos redimidos por la sangre del Cordero son de "todo linaje y lengua y pueblo y nación" (5:9). De nuevo, en 7:9 la gran multitud es de "todas naciones y tribus y pueblos y lenguas." Más tarde, la Bestia fue dada autoridad sobre "toda tribu, pueblo, lengua y nación" (13:7). Luego un ángel predica el evangelio eterno "a los moradores de la tierra, a toda nación, tribu, lengua y pueblo" (14:6).

Una abundancia de títulos reales comienza en Apocalipsis 1:5, donde Cristo es llamado el "soberano de los reyes de la tierra." En 3:7 como el "que tiene la llave de David," Él abre y cierra las puertas de la oportunidad según su deseo. En unos versículos más adelante (v. 14) Cristo es llamado "el principio de la creación de Dios." Luego en 3:21, Él dice a aquél que vence, "le daré que se siente conmigo en mi trono, así como yo he vencido, y me he sentado con mi Padre en su trono." Como fue señalado en el capítulo 3, el evangelio de Juan registró a Jesús transfiriendo Su apostolado a los discípulos (Juan 20:21). La asociación con Cristo ahora va más allá de la etapa de trabajo, sufrimiento y martirio, a la etapa de la victoria y autoridad del reino. Aquellos fieles en esta vida reinarán con Cristo en el porvenir. Es el

León de Judá, la Raíz de David, quien es capaz de abrir los sellos (Apocalipsis 5:5). Apocalipsis 11:15 anuncia el cumplimiento final de la misión de Cristo: "Los reinos del mundo han venido a ser de nuestro Señor y de su Cristo; y él reinará por los siglos de los siglos." Con razón que el jinete del caballo blanco tiene este nombre escrito: "REY DE REYES Y SEÑOR DE SEÑORES" (19:16).

La promesa del plan de Dios concluye de este modo en una gran nota de triunfo. Los temas dobles de bendición de las naciones (Génesis 12:3) y el reino eterno (2 Samuel 7:16) son unidos en las naciones adorando al rey eterno, Cristo.

El único plan de promesa evidente a través del Antiguo y el Nuevo Testamento será logrado por el poder de Dios obrando principalmente en Su iglesia y por medio de ella. Sí, ven, Señor Jesús.

Preguntas de repaso

1. Evalúe las contribuciones de Hebreos y Santiago al tema de la *missio Dei*.

2. ¿Cómo son los "expatriados" de 1 Pedro 1:1 un ejemplo del progreso del plan de Dios en la era del Nuevo Testamento?

3. Explique la frase "apresurándoos para la venida" de 2 Pedro 3:12 en relación con antecedentes bíblicos o textos paralelos, incluyendo Mateo 24:14.

4. ¿En qué maneras promueven las epístolas de Juan el tema de un solo plan de salvación mundial?

5. Explique cómo el tema de "reino de sacerdotes" (Éxodo 19:6) llega a una conclusión en el libro de Apocalipsis.

6. ¿Cómo concluye Apocalipsis los temas familiares de "todas las naciones" y el "reino"?

UNIDAD 2:

Las Misiones a través de los siglos

Dos enfoques erróneos a las misiones son comunes en nuestro día. Algunos siguen las corrientes de tradición misionera tan exactamente que hay poco lugar para las ideas creativas, poca tolerancia para el cambio, y se permite a las tradiciones del pasado definir el futuro. Otros enfocan las misiones como empresarios y filósofos con poca consideración por el pasado. A veces, este último grupo considera las misiones con una actitud al borde de la arrogancia. Por ejemplo, un movimiento de avivamiento o empresa misionera en particular es considerado como si fuera la primera manifestación de actividad redentora desde el tiempo de los apóstoles.

¿Cómo se pueden evitar estos extremos? Esta unidad analiza los paradigmas principales de la historia misionera con la intención de proyectar los resultados de las prácticas misioneras particulares.

La opinión expresada a través de la unidad es que un paradigma pentecostal de misiones contribuirá definitivamente al logro de la *missio Dei* si se considera en relación con el desarrollo histórico de las misiones. Los pentecostales deben comprender la continuidad o falta de continuidad de su movimiento considerando las misiones de otras épocas. Al comprender la dinámica de las épocas apostólicas, medievales, de la reforma y la presente, la autenticidad del pasado y los desafíos del presente se unificarán como misión en la era del Espíritu.

CAPÍTULO 6

Enfoque de la historia de las Misiones

El Nuevo Testamento termina con la iglesia primitiva en movimiento: proclamando a Jesús como Señor y Cristo en todo lugar, discipulando a nuevos creyentes, y soportando la persecución de la religión y el estado mientras que esperan Su regreso.

Los evangelios dan un testimonio uniforme de que Jesús dejó a Sus seguidores con una orden de hacer discípulos a todas las naciones y una promesa de que regresaría. El mandamiento de hacer discípulos y la promesa de su regreso fueron hechos dentro del contexto de Su reino. Ese reino que ya se había aparecido en la persona de Jesús de Nazaret, Mesías y Rey, pero que todavía debía aparecer en su totalidad. De hecho, la autoridad real del Cristo resucitado fue la base para la comisión de Sus discípulos a hacer aun más discípulos—de todas las naciones. Él les aseguró que Su presencia manifiesta acompañaría el cumplimiento de este reino "hasta el fin del mundo" (Mateo 28:20).

Marcos termina con los discípulos yendo a todas partes en obediencia al mandamiento de Jesús de ir "por todo el mundo y predicar el evangelio a toda criatura" (Marcos 16:15). Desde Su trono a la diestra de Dios, el Señor les ayudó "confirmando la palabra con las señales que la seguían" (Marcos 16:20).

Lucas registra que después que Jesús resucitó de los muertos, Él abrió sus mentes para comprender el testimonio de las escrituras del Antiguo Testamento en cuanto a tres cosas: que Él debía sufrir, Su resurrección de los muertos, y que ellos debían predicar el arrepentimiento y el perdón de los pecados en Su nombre "comenzando desde Jerusalén" (Lucas 24:47, vs. 45-46). "En esta ocasión Jesús hizo más que mostrar cómo la profecía fue cumplida en Su pasión y resurrección. Fue también cumplida en la predicación del *arrepentimiento y el perdón de pecados.*"[1] Esto concuerda con los registros del Antiguo Testamento. En varios Salmos, por ejemplo, y en la segunda parte de Isaías, es claramente profetizado que el propósito principal de la revelación divina era que las buenas nuevas de la salvación sean entregadas a todos los pueblos. [2]

El cristiano moderno puede inclinarse a ignorar la iglesia que existió entre la época del Nuevo Testamento como es descrito por Lucas y una época más reciente: por ejemplo, la Reforma Protestante del siglo dieciséis, o el avivamiento pentecostal a principios del siglo veinte, o un fenómeno más reciente tal como el avivamiento del establecimiento y crecimiento de una específica iglesia nacional o local. Aquellos que inician su consideración de las misiones en tales puntos de referencia, tienden a ignorar la obra de Dios en el mundo a través de toda la historia de la iglesia.

Existen problemas con tales enfoques. Para comenzar, suponer que Dios haya dejado al mundo esencialmente sin testimonio en algún punto es insustancial según la profecía bíblica o la historia registrada. Otro problema con dicho enfoque es que limitando la consideración de la iglesia del pasado, la iglesia del presente tiene desventajas serias para lograr su misión bíblica. A través de la consideración del pasado aprendemos lecciones positivas y negativas en cuanto al papel de la iglesia en su ambiente inmediato, con respecto a su misión para con el mundo en general, e inclusive con respecto a su doctrina y política interna.

---

[1] Leon Morris, *Luke*, rev. ed., vol. 3 de *Tyndale New Testament Commentaries*, ed. Leon Morris (Grand Rapids: Wm. B. Eerdmans, 1992), 374, Énfasis de Morris

[2] Norval Geldenhuys, *The Gospel of Luke*, en *The New International Commentary on the New Testament*, ed. F. F. Bruce (Grand Rapids: Wm. B. Eerdmans, 1993), 641.

Paradigmas

Una manera de enfocar la historia de las misiones es agrupando eventos importantes en períodos de tiempo, prestando atención especial al motivo controlador, o grupo de suposiciones, característicos de cada período de tiempo. El misiólogo David J. Bosch, siguiendo el ejemplo de Hans Kung, se refirió a estas suposiciones como "paradigmas"[3] y las agrupó de la siguiente manera:

1. El paradigma apocalíptico del cristianismo primitivo.

2. El paradigma helenístico del período patrístico

3. El paradigma medieval católico romano.

4. El paradigma protestante (reforma)

5. El paradigma moderno del Siglo de las Luces

6. El paradigma ecuménico emergente[4]

Analizar estos ejemplos y enfocar la tarea presente con un entendimiento de precedencia histórica puede ayudar a la iglesia en su tarea actual.

---

[3] Los conceptos de *paradigma y cambio de paradigma* son normalmente acreditados a Thomas Kuhn y su *Structure of Scientific Revolutions* (véase Lawrence T. McHargue, "The Christian and Natural Science," en *Elements of a Christian Worldview*, ed. Michael D. Palmer [Springfield, Mo.: Logion Press, 1998], 170).

[4] David J. Bosch, *Transforming Mission: Paradigm Shifts in Theology of Mission* (Maryknoll, N.Y.: Orbis Books, 1991), 181-89. Bosch, a su vez, acredita a Hans Kung el desarrollo de estas categorías. Note con respecto a su sexto paradigma que Bosch ignora la resistencia conservadora evangélica y pentecostal al ecumenismo, la relativa ineficacia del movimiento liberal ecuménico, y el crecimiento de las misiones pentecostales en tiempos recientes.

Podemos reconocer ejemplos notando la manera en que la iglesia en cualquier período ha definido su propósito y enfocado su misión. Aunque la identificación de la causa y del efecto es compleja, podemos reconocer tendencias y relacionarlas con la creencia y práctica de la iglesia en cuestión. Debemos también considerar la relación de la iglesia con el estado y la sociedad, ya que la iglesia existe dentro de un ambiente más amplio. La relación de la iglesia con el gobierno, su aceptación o rechazo de las normas sociales corrientes, y el grado en el cual asimila las nociones populares de filosofía y religión afectará su sentido de misión.

Considerado de esta manera, cada período histórico es algo parecido a un laboratorio misionero. El investigador encuentra información suficiente para indicar la percepción de la iglesia de su misión y cómo dicha percepción afectó a aquellos profesando ser cristianos. Esta información puede incluir registros sobre doctrinas, sobre la comprensión de la iglesia de su papel dentro de la sociedad, sobre la comprensión de la iglesia de su misión, y sobre la influencia del cambiante terreno político. El objetivo es sugerir el fenómeno de la causa y efecto. Considerado de este modo, el alumno compone una hipótesis de dos partes:

1. Cuando la iglesia

   Creyó en cierta doctrina, o

   Practicó un cierto método de expansión, o

   Consideró la vida en cierto modo, o

   Vivió bajo cierta forma de gobierno eclesiástico o civil,

2. Entonces la iglesia

   Creció rápidamente, o

   Fracasó en crecer, o

   Se volvió sincretista, o

   Creció en piedad y propósito bíblico.

¿Cómo, entonces, debe un alumno realizar dichas observaciones? Kenneth Scott Latourette ha sugerido siete preguntas que deben de hacer en cada período de tiempo con respecto a la expansión de la iglesia. La consideración de estas preguntas ayudará a interpretar las observaciones de *cuando* en relación con los resultados de *entonces*. Las preguntas de Latourette son las siguientes:

1. ¿Cuál fue el cristianismo que se dispersó?

2. ¿Por qué se dispersó el cristianismo?

3. ¿Por qué el cristianismo ha sufrido cambios, y a veces tuvo solo un éxito parcial?

4. ¿Por medio de qué procesos se dispersó el cristianismo?

5. ¿Qué efecto ha tenido el cristianismo sobre su medio ambiente?

6. ¿Qué efecto ha tenido el medio ambiente sobre el cristianismo?

7. ¿Qué relación tienen los procesos por medio de los cuales el cristianismo se dispersa con el efecto del cristianismo en su medio ambiente, y el del medio ambiente en el cristianismo?[5]

Aprendiendo de los paradigmas

En la era moderna hasta finales del siglo veinte, la gran mayoría del trabajo misionero fluyó del Oeste a otras regiones, o dos tercios del mundo. A causa de esto, ha sido natural que nuevas agencias misionera, ya sea del Oeste o del resto del mundo, consideren los paradigmas del reciente pasado occidental como normas. Sin embargo, usando preguntas como las de Latourette para reflexionar en los paradigmas históricos, el alumno obtendrá una opinión más amplia de los

---

[5] Kenneth Scott Latourette, *A History of the Expansion of Christianity* (New York: Harper & Brothers, 1937), 1:x-xv.

ejemplos misioneros. Basándose en estos, los planificadores de misiones pueden también obtener revelación para formar modelos apropiados para las empresas misioneras modernas. Esto es especialmente importante tanto para los practicantes de misiones como para aquellos que los adiestre. Al mismo tiempo, aquellos que están desarrollando modelos misioneros no deben permitir limitarse por los ejemplos que están estudiando. Más bien, dichos modelos deben ser usados solo como un punto de inicio a partir del cual se puedan desarrollar síntesis y nuevos modelos.

Tanto los factores negativos como los positivos de los paradigmas históricos deben informar a su enfoque misionero. Las siete preguntas de Latourette deben ser un medio para lograr la definición de paradigmas misioneros. La diversidad de las respuestas de la iglesia a estas preguntas a través de los siglos identifica un cambio en cómo la iglesia percibió y practicó las misiones. El objetivo del alumno debe ser el de reconocer los enfoques históricos a las misiones, incluyendo los puntos fuertes y débiles consecuentes de cada enfoque. Esto ayudará al alumno a prever resultados posibles de estrategias misioneras actuales o futuras.

Aunque este bosquejo tratará cada paradigma que Bosch y Kung han sugerido, lo hará siguiendo el agrupamiento de eventos de Latourette en tres principales períodos de tiempo. El bosquejo será el siguiente:

PERÍODO	FECHA	DESCRIPCIONES PRINCIPALES DE PARADIGMAS
Período 1	La iglesia primitiva hasta 500 d.C.	Apostólico, apocalíptico, espontáneo, helenístico
Período 2	500-1500 d.C.	Católico Romano Medieval
Período 3	1500-2000 d.C.	Reforma, Siglo de las Luces, ecuménico, evangélico, pentecostal

Aunque no se sigue las siete preguntas de Latourette en orden, estas deben ser consideradas como consideraciones para información en los resúmenes que presento.

Preguntas de repaso

1. Cite los tres puntos principales que Lucas registra como la enseñanza de Jesús del Antiguo Testamento después de su resurrección

2. ¿Qué problemas resultan al ignorar las lecciones de la historia de la iglesia?

3. ¿Qué preguntas sugiere Latourette que debemos hacer para obtener entendimiento de la expansión del cristianismo en cada período de la historia de las misiones?

CAPÍTULO 7

La Iglesia apostólica y las Misiones

Período 1:
La Iglesia Primitiva hasta el año 500 d.C., Apostólica, Apocalíptica, Espontánea, Helenística

El primer período de la historia misionera comenzó con la obra de los apóstoles y las iglesias de su período. David J. Bosch identifica dicho período como el paradigma apocalíptico de la iglesia primitiva. Sin lugar a dudas, la iglesia primitiva vio una conexión entre su misión y el retorno de Jesucristo. Jesús mismo enseñó esta conexión en versículos tales como Mateo 24:14: "Y será predicado este evangelio del reino en todo el mundo, para testimonio a todas las naciones; y entonces vendrá el fin." Su ascensión siguió a Su promesa de que los discípulos recibirían poder para ser sus testigos "hasta lo último de la tierra" (Hechos 1:8). Inmediatamente después de la ascensión, los ángeles preguntaron: "Varones galileos, ¿por qué estáis mirando al cielo? Este mismo Jesús, que ha sido tomado de vosotros al cielo, así vendrá como le habéis visto ir al cielo" (Hechos 1:11). Los apóstoles enseñaron uniformemente a las nuevas iglesias que Jesús regresaría pronto (v.g., 1 Tesalonicenses; 2 Pedro 3, et al.). Aunque Jesús iba a regresar pronto, su aparente retraso daría lugar a burladores (2 Pedro 3:3-7); al mismo tiempo que la iglesia debía evangelizar al mundo en vista al regreso de Jesús, también debía permanecer santa como el pueblo de Dios por el cual Jesús estaba regresando (2 Pedro 3:11-12).

Esta atmósfera apocalíptica caracterizó la motivación y una gran parte del mensaje de los apóstoles y otros creyentes a medida que la iglesia creció con gran espontaneidad durante la era inicial. Dentro del período apostólico el propósito de organizar a las nuevas iglesias iba a incorporarlas en la continua obra de expansión—todo en una atmósfera anticipando el inminente regreso de Cristo. Tal como Stephen Neill lo resume, "tan pronto como la iglesia echó raíz bajo sus líderes locales, Pablo se sintió libre de continuar hacia el cumplimiento de Su plan, que todos los gentiles puedan escuchar la palabra del Señor para que pueda llegar el fin."[1] Pablo podía avanzar en gran parte porque consideró que su tarea era el establecimiento de iglesias que eran lo que ahora llamamos "nativas." Ellas no tenían que identificarse con los misioneros en asuntos culturales tales como el idioma y la vestimenta, y no dependían financieramente de los misioneros.[2]

El desafío externo

La persecución periódica también marcó a este período hasta la legalización del cristianismo bajo Constantino en el 313 d.C. Al principio, la persecución romana tendió a ser localizada. Por ejemplo, la notoria persecución bajo Nerón, aunque brutal, no dirigió a una persecución más allá de Roma.[3] Más tarde, los cristianos estaban menos protegidos y la persecución aumentó bajo emperadores tales como Marco Aurelio (161-180), Decio (249-251), y Valerio (253-260). La persecución más dispersa y severa de este período se desató bajo Dioclecio el 23 de febrero del año 303 d.C. Aunque él abdicó tres años más tarde, la persecución misma duró diez años.[4] Aunque muchos fueron asesinados y otros negaron la fe, la imagen de la iglesia antes de Constantino es más notable por su aparente imparable expansión y su pensamiento apocalíptico. Al señalar la tendencia

---

[1] Stephen Neill, *A History of Christian Missions*, rev. ed. (London: Penguin Books, 1984), 27.

[2] Ralph D. Winter, "The Kingdom Strikes Back", en *Perspectives On The World Christian Movement*, ed. Ralph D. Winter and Stephen C. Hawthorne, rev. ed. (Pasadena: William Carey Library, 1993), B-8.

[3] Howard F. Vos, *Exploring Church History* (Nashville: Thomas Nelson, 1994), 27.

[4] Harry R. Boer, *A Short History of the Early Church* (Grand Rapids: Wm. B. Eerdmans, 1976), 102-3.

de generaciones posteriores de idealizar y exagerar esta persecución, Neill de todos modos declara: "Cada cristiano sabía que tarde o temprano tendría que testificar de su fe a costa de su vida."[5] Cristo y los apóstoles habían predicho a menudo la persecución antes del fin, y en vista a esto, los martirios eran considerados como indicaciones de la cercanía del regreso de Cristo.

El desafío interno

Los desafíos para la misión de la iglesia también provinieron de adentro de ella misma. Muchas de las aberraciones doctrinales que surgieron vinieron del contacto que la iglesia tenía con su ambiente griego–romano. El pensamiento religioso pagano era a menudo una variación de la creencia central cristiana de la encarnación de Dios en la persona de Jesucristo. El gnosticismo inicial, opuesto en pasajes del Nuevo Testamento tales como Filipenses 2:5-11, Colosenses 1:15-20, y 1 Juan 4:1-3, llegó a ser un ataque frontal para el segundo siglo. Mientras que Pablo había insistido en su inicial "kerygma"[6] sobre la importancia de la encarnación, muerte y resurrección de Cristo, y Juan había hecho anatema a cualquiera que negaba que "Cristo ha venido en carne", con el tiempo una rama de herejías destructivas, predichas por los apóstoles (2 Timoteo 3:1-9, 13) surgió en la iglesia.

Ya sea en sus formas iniciales o las más desarrolladas, el gnosticismo postuló un dualismo que declaraba que el espíritu era bueno y que la materia era mala. Esto llevó a algunos a negar la encarnación de Cristo. Ellos razonaron que Dios como espíritu era demasiado bueno para llegar a ser materia, o sea, carne. Enseñaron la existencia de una

---

[5] Neill, *Christian Missions*, 38.

[6] "Primeras prédicas", un término usado para pasajes tales como 1 Corintios 15:1-8).

serie de emanaciones entre la tierra y el cielo. Esto dio lugar a la veneración de ángeles como seres espirituales y por tanto mejores que la humanidad. Ellos dijeron que Jesucristo solo *pareció* humano (una enseñanza que luego fue llamada docetismo, de la palabra griega *dokein*, o "parecer".)[7]

Los gnósticos tendieron hacia los extremos en conducta también. En un esfuerzo por negar la carne, se volvieron radicalmente devotos. Otros se volvieron sensuales, clamando que su saciedad de la carne dirigiría de algún modo a su destrucción o que la carne simplemente no era real y por tanto no importaba. Aquellos que mezclaban el gnosticismo con el cristianismo rechazaron gran parte de las Escrituras y negaron la encarnación de Cristo. Ellos llamaron al Dios del Antiguo Testamento un demiurgo, diferente del Dios del Nuevo Testamento, y se desarrollaron formas extremas tanto de ascetismo como de sensualidad.

Tal cristianismo helenizado no pudo retener el fervor misionero del cristianismo del Nuevo Testamento. Al mismo tiempo, comprobó ser atractivo para los griegos, ganando muchos adherentes. Pero el gnosticismo era tan fundamentalmente diferente que su dispersión representó una afrenta al cristianismo. De todos modos, continuó seleccionando y desarrollando ideas de las enseñanzas de Cristo, considerándolas como medios para vencer al "perverso" mundo físico y entrar en la luz. Los miembros de la iglesia influenciados por dichas enseñanzas llegaron a considerar la salvación como adquirida por medio de la fe y las obras, lo cual ellos celebraban como un gran misterio. El gnosticismo no duró mucho tiempo como una supuesta forma de adoración cristiana, pero de todos modos dejó un legado de ascetismo y pronunciada dicotomía entre el clero y el laicado.[8] Pero luego los apologistas cristianos lo

---

[7] David J. Bosch, *Transforming Mission: Paradigm Shifts in Theology of Mission* (Maryknoll, N.Y.: Orbis Books, 1991), 200.

[8] Vos, *Exploring Church History*, 32.

refutaron, y la iglesia de la era pos-gnóstica permaneció comprometida a la ortodoxia.[9]

Otro desafío vino en la forma del Ebionismo, una continuación del legalismo radical judío, al cual el apóstol Pablo se oponía. Para los ebionitas, la salvación era por medio de las obras, Cristo no era divino, y los escritos de Pablo no eran parte de las Escrituras.[10]

Durante sus primeros dos siglos y parte del tercero, la iglesia retuvo una apertura al ministerio profético. Asterio Urbano, Ireneo, y Eusebio son citados como autoridades declarando que la iglesia a principios del tercer siglo esperaba que las profecías continúen hasta la segunda venida (griego, *parousia*).[11] Un notable movimiento carismático, los montanistas, surgió a mitad del segundo siglo en el centro de Asia Menor. Ellos fueron condenados por varios sínodos de la iglesia con alegatos de error, especialmente con respecto a las profecías, y la iglesia reaccionó declarando que tanto la revelación bíblica como los dones espirituales ya no eran posibles.[12] De todos modos, este grupo se consideraba como generalmente ortodoxo.[13] Su convertido más famoso, el polémico Tertulio de Cartago, es algunas veces considerado como el padre de la teología católica romana. Su famosa exposición de la doctrina de la trinidad, *Contra Praxeas*, data alrededor del año 210 d.C., mientras que su conversión al montanismo data al año 207.[14] Lo que los montanistas realmente creían es difícil de asegurar porque lo que se conoce de ellos proviene principalmente de sus opositores

---

[9] Bosch, *Transforming Mission*, 200.

[10] Vos, *Exploring Church History*, 31, véase también J. F. Bethune-Baker, *An Introduction to the Early History of Christian Doctrine* (London: Methuen, 1903), 63-68.

[11] Stanley M Burgess, *The Spirit & the Church: Antiquity* (Peabody, Mass.: Hendrickson Publishers, 1984), 51.

[12] Vos, *Exploring Church History*, 33.

[13] Ídem.

[14] Ídem. 18; Boer, *Early Church*, 64.

y a causa de los cambios dentro del movimiento después de la muerte de sus fundadores. Aunque fue condenado, el montanismo constituye una indicación del continuado deseo de manifestación carismática en el tercer siglo.

El primer período de expansión misionero debe ser considerado como el período característicamente más pentecostal hasta la era moderna. El crecimiento de la iglesia estuvo directamente relacionado con su experiencia pentecostal. Tal como Bosch comenta, "La importancia para la misión de la iglesia primitiva de los misioneros carismáticos sanadores, obradores de milagros y predicadores itinerantes hasta el tercer siglo no debe ser subestimada."[15]

V. Raymond Edman identifica tres factores principales en el crecimiento de la iglesia durante este período: la efectividad de los primeros profetas, la efectividad de los maestros, y las vidas cambiadas y el testimonio de las mujeres.[16]

Aunque la función de los profetas fue cercenada en gran manera después de la supresión de los montanistas, los profetas fueron un factor importante durante los siglos formativos de la iglesia. Estos primeros profetas parecieron haber sido predicadores inspirados que expusieron las verdades del evangelio, a menudo con revelaciones especiales dadas por medio del Espíritu Santo. Muchos de estos profetas eran itinerantes y por tanto se requería la regulación de sus actividades en la época del *Didache* (o "Enseñanza") del segundo siglo.[17] Con el tiempo, su función en gran parte dio lugar a los obispos locales, alrededor de los cuales se concentraba una iglesia. Estos obispos fortalecieron

---

[15] Bosch, *Transforming Mission*, 191.

[16] V. Raymond Edman, *The Light in Dark Ages* (Wheaton, Ill.: Van Kampen Press, 1949), 34-35.

[17] Ídem. 6, 34. *The Didache* ("The Teaching of Lord to the Gentiles Through the Twelve Apostles") reglamentos eclesiásticos numerados, ej., regulación del bautismo y la comunión, así como también la instrucción moral.

las iglesias, pero el crecimiento de su influencia a menudo coincidió con el declive de los dones proféticos.

La tradición judía enseñaba que el "respeto por un maestro debe sobrepasar al respeto por un padre, puesto que tanto padre como hijo deben respeto al maestro."[18] Esto influenció a la iglesia primitiva para tener en alta estima a sus maestros. Ellos llegaron a funcionar como siervos locales no electos de la iglesia. Esto contrastaba con los obispos, quienes eran electos, y con los profetas, quienes a menudo realizaban un itinerario.

Los evangelios abundan con relatos del ministerio realizado por las mujeres. Este patrón continuó en Hechos y las epístolas. Edman escribe, "El paganismo había degradado a la mujer, reduciéndola a la esclavitud, dependencia, y vanidad; el evangelio la había elevado a su lugar justo, puesto que en Cristo no hay 'hombre ni mujer'."[19] Además de su testimonio y servicio diario, las mujeres cristianas a menudo sellaron dicho ministerio con su sangre, puesto que ellas también fueron sujetas a persecuciones periódicas. Neill menciona mujeres mártires tales como la rica Perpetua y su esclava Felicita, quienes murieron juntas en Cartaga en el año 203 d.C. Él observa: "No hay duda que la actitud de los mártires, y particularmente la de las mujeres jóvenes que sufrieron junto con los hombres, causaron una profunda impresión."[20]

El cristianismo creció a causa de su propia naturaleza. Neill dice, "Lo que es bien claro es que cada cristiano era un testigo. Donde habían cristianos, había una fe ardiente, y en poco tiempo se formaba una comunidad cristiana creciente."[21] Sin embargo se debe reconocer que también habían obreros de tiempo completo, tales como Pablo y sus

---

[18] Ídem., 34.

[19] Ídem., 35.

[20] Neill, *Christian Missions*, 38; véase también 34, 37.

[21] Ídem., 22.

ayudantes, y que las iglesias ayudaban financieramente a estos obreros.[22] Este enfoque básico de un equipo misionero organizado fue prestado de los fariseos (pero vea Mateo 23:15).[23] La innata naturaleza misionera de la iglesia combinada con los avances estratégicos de los obreros de tiempo completo produjo el crecimiento de sus tres primeros siglos.

La iglesia de esta era esperaba que Cristo regresara en su tiempo, subrayaban la experiencia de la religión, y proclamaban agresivamente a Cristo. Además de la validación por medio de milagros, esta proclamación era validada por el amor y la santidad personal de sus adherentes. Aquellos cansados de la decadencia moral se sentían atraídos a la norma moral más elevada de los cristianos.

Tanto fuentes amistosas como opositoras atestiguan del éxito de la iglesia en el período inmediatamente después de los apóstoles. De la iglesia misma, las epístolas de Ignacio son evidencia de este éxito. Ignacio fue el obispo de Antioquia en Siria y escribió siete cartas en camino a su martirio en Roma alrededor del año 110 d.C. Las cartas muestran que el desarrollo de la iglesia alrededor de obispos locales era común en esa época.[24] De una fuente hostil, Pliny el joven, proviene una evidencia similar del crecimiento de la iglesia. Alrededor del año 112, él escribió al emperador romano Trayo preguntando qué debía hacer con la creciente amenaza cristiana.[25] Estos opositores "frecuentemente mencionaban la extraordinaria conducta de los cristianos, a menudo con referencia al hecho de que esta conducta había sido el factor para convertir a las personas a la fe cristiana."[26]

---

[22] Idem., 21-22.

[23] Winter, "Kingdom Strikes Back," B-8.

[24] Neill, *Christian Missions*, 28.

[25] Idem.

[26] Bosch, *Transforming Missions*, 192

Después de la destrucción de Jerusalén en el año 70 d.C., el centro del cristianismo cambió a Antioquia de Siria. Desde allí Pablo y Bernabé emprendieron su primer viaje misionero y luego regresaron al final del viaje. Para el tiempo de Juan Crisóstomo, al final del cuarto siglo, la mitad de la población de Antioquia de 500.000 habitantes profesaba ser cristiana.[27] Con el transcurso del tiempo, otros lugares se convirtieron en centros principales de actividad cristiana, incluyendo a Roma y Alejandría, Egipto.

Los cálculos del número de la iglesia para el final del tercer siglo varían mucho, dependiendo de la manera en que las proyecciones del imperio son desarrolladas a partir de la información local y los escritos de los apologistas. Ellos indican que el porcentaje de la población que era cristiana en el Oriente era mucho mayor que en el Occidente. J. Herbert Kane cita cálculos de 50 millones a 100 millones de creyentes y cree que esto puede haber sido tanto como el 10 por ciento de la población.[28]

Con el transcurrir del tiempo, la iglesia contrajo una adaptación creciente del retraso de la segunda venida y comenzó a centralizarse e institucionalizarse. Los movimientos de avivamiento subsecuentes, aunque hayan sido aberraciones, dan testimonio de la percepción de que el período primitivo de la bendición de Dios debía ser restaurado. El fuego del este anterior período fue lo que atrajo a los convertidos. Aún cuando el fuego disminuyó, una parte suficiente de su mensaje esencial permaneció para continuar atrayéndolos. El elemento esencial del mensaje de la iglesia de este período fue cristológico. Para el año

[27] Neill, *Christian Missions*, 29.

[28] J. Herbert Kane, *A Concise History of the Christian World Mission* (Grand Rapids: Baker Book House, 1982), 17; véase también Neill, *Christian Missions*, 30-31, 39; Kenneth Scott Latourette, *A History of the Expansion of Christianity* (New York: Harper & Brothers, 1937), 1:169.

200 d.C., el candidato para el bautismo tenía que confesar su creencia en estas verdades fundamentales en cuanto a Cristo: la encarnación del Hijo de Dios, nacido de la virgen María, crucificado, resucitado, y que regresará pronto.[29] Para fines del siglo cuatro, estas creencias habían sido combinadas con declaraciones en cuanto a la Trinidad y la iglesia y formaron lo que fue conocido al principio como el Credo Romano y consecuentemente conocido como el Credo de los Apóstoles.[30]

Con la helenización creciente y el énfasis decreciente en los temas escatológicos, la iglesia vio menos importancia en los escritos de Pablo. Cuando eran citados, era con un sentido ético, no para el énfasis escatológico.[31] El énfasis de la iglesia se encontraba más en armonizar al pensamiento griego y a Cristo como *Logos* que en Su segunda venida y el inicio de Su futuro reino. Los apologistas tuvieron amplio éxito en defender la iglesia contra la invasión total del gnosticismo; pero de todos modos el paradigma estaba cambiando. En lugar de un paradigma de misión apostólico apocalíptico, vino un entendimiento filosófico de la realidad. La iglesia permaneció en su mayor parte ortodoxa, pero la batalla por la fe fue peleada dentro de los límites del pensamiento filosófico griego antes que dentro del cuadro de la fe primitiva apostólica. Por tanto, aun las victorias de los apologistas anunciaron una nueva era caracterizada por un paradigma helenista. Los cambios fueron graduales antes que repentinos. Y la misión, para muchos que retenían la fe ortodoxa, estuvo más asociada con el desarrollo de un razonamiento filosófico para la fe en Cristo antes que con la expansión espontánea de la iglesia como heraldo de Su regreso inminente.

---

[29] Boer, *Short History*, 75-76.

[30] Ídem., 75-77.

[31] Ídem., 196.

El lado positivo de la influencia griega puede ser visto en el uso del griego en el imperio romano. Tal como Stephen Neill nota, "El imperio romano había aceptado al griego como idioma comercial y como medio de relación familiar entre los hombres con educación."[32] Su uso general facilitó la comunicación y el uso de equipos evangelísticos multirraciales, desde la época de Pablo. Aún la iglesia en Roma, aunque tocó los escalones más altos de la sociedad, fue principalmente una iglesia de la clase común—como es evidenciado por su uso del griego en lugar del latín por lo menos durante su primer siglo de existencia.[33]

La mayor razón para el notable crecimiento de la iglesia durante estos siglos, tal como Kenneth Scott Latourett observa, fue Jesús mismo. "Fue a causa de lo que Jesús hizo para Sus íntimos y a causa de su creencia en Él y en Su muerte, resurrección y regreso que el cristianismo emprendió su carrera de conquista."[34] Otras razones citadas a menudo incluyen su organización en una comunidad unida, el eventual favor del estado, el vacío creado por la desintegración de la sociedad, y su apelación a tantos elementos diversos de la población (todas las razas e idiomas, ricos y pobres, todas las clases sociales, ambos sexos). Aunque dependía firmemente de sus raíces judías, la iglesia fue capaz de responder las preguntas filosóficas del día. Presentó un evangelio de poder, tanto sobre las tendencias pecaminosas de la carne, como sobre la enfermedad y los malos espíritus.

La iglesia durante la era apocalíptica de su primer siglo puede ser caracterizada por su creencia en las doctrinas de las Escrituras resumidas en los credos que surgieron durante este tiempo. Se consideró como una comunidad testificante,

---

[32] Neill, *Christian Missions*, 25.

[33] Ídem., 30.

[34] Latourette, *History of the Expansion*, 1:170.

anunciando las nuevas del reino de Cristo y llamando a las naciones al arrepentimiento antes de Su regreso. Neill observa, "La iglesia era el cuerpo de Cristo, habitado por Su Espíritu; y lo que Cristo había comenzado, la iglesia debía continuar, todos los días y hasta lo último de la tierra, hasta el día de Su impredecible pero seguro regreso."[35]

Con el crecimiento del cristianismo vino una reforma social, aunque la iglesia fue desalentada de ser políticamente activa por su falta de posición legal (antes que Constantino el Grande la adoptara). De este notable comienzo, la iglesia entraría en siglos marcados por la inquietud, el impacto de un ambiente no cristiano, y los efectos de su alianza con el estado. El siguiente capítulo discutirá este punto.

---

[35] Neill, *Christian Missions*, 23.

Preguntas de repaso

1. Explique lo que significa la caracterización de Bosch de los primeros 500 años como el paradigma apocalíptico. ¿Cómo afectó el entendimiento escatológico de la iglesia primitiva su sentido de misión?

2. Resuma el efecto de la persecución sobre la expansión de la iglesia durante este primer período.

3. ¿Cuál fue el efecto de los desafíos doctrinales que surgieron durante los primeros 500 años dentro de la iglesia?

4. Comente sobre la importancia de las manifestaciones proféticas y los milagros en este período.

5. Explique la expresión, "El cristianismo creció a causa de su propia naturaleza."

6. Comente sobre la importancia de la norma de conducta moral elevada entre los cristianos del primer período con relación a la expansión del cristianismo.

7. ¿Qué cambios ocurrieron en el entendimiento de la iglesia de su misión como consecuencia del retraso de la *parousia* y la creciente helenización de la iglesia?

8. Evalúe las razones dadas para el crecimiento de la iglesia dentro de sus primeros 500 años. Considere la existencia o falta de paralelos dentro de la iglesia según su experiencia hoy día, y comente cómo estas similitudes o falta de ellas pueden estar afectando el grado de expansión actual de la iglesia.

9. Antes del tiempo de Constantino, ¿cuál fue el papel de la iglesia en la búsqueda de reformas sociales? Exprese este papel en términos de una construcción de "cuándo y dónde" con respecto a la expansión de la iglesia y la influencia reformadora de ella en la sociedad. ¿Cree que existe una base para formar una hipótesis siguiendo el formato: "si… entonces", con respecto a la iglesia de hoy donde usted vive?

CAPÍTULO 8:

Disminución del énfasis de
Missio Dei

Legalización del cristianismo

Con la legalización del cristianismo por Roma en el año 313 d.C. y su elevación a la posición de religión del estado, la iglesia no sufrió más persecución. Por primera vez su importancia escatológica no era confirmada por fuerzas externas, o sea, la persecución. Como resultado la iglesia disminuyó su énfasis en el regreso de Cristo. Aunque la doctrina misma nunca fue repudiada, su disminución en el énfasis tuvo efecto sobre la falta de énfasis en la *missio Dei*.

La influencia helenista de los siglos anteriores continuó en el período medieval. La iglesia Oriental parecía particularmente apasionada con la controversia doctrinal, y muchos de los temas que debatían reflejaban influencia griega. Una de las áreas de influencia griega que continuó en la iglesia romana o latina fue la opinión dualista de que el espíritu es bueno y la carne es mala. Este rechazo del mundo material figuró prominentemente en el monaquismo y toda la iglesia medieval. En el año 1074, por ejemplo, Gregorio VII prohibió todo matrimonio en el clero.[1] Aunque sus motivos pueden haber incluido la formación de un sacerdocio no hereditario leal al papado, la influencia del pensamiento gnóstico (griego) en cuanto a la maldad de la carne es bastante aparente.

Con la creciente popularidad de la iglesia después de la legalización del cristianismo, personas espiritualmente no regeneradas aumentaron. Con eso no decimos que ningún

---

[1] Howard F. Vos, *Exploring Church History* (Nashville: Thomas Nelson, 1994), 65.

crecimiento en este período fue genuino, pero hay poca evidencia de que la fe salvadora genuina era algo típico. A través de sus asociaciones paganas, el cristianismo primitivo había cambiado en áreas tales como los feriados, las normas morales, las formas prevalecientes de gobierno eclesiástico, y el sentido de misión.

Otro resultado de la legalización del cristianismo fue el ingreso directo de los emperadores en los asuntos de la iglesia. Por ejemplo, Constantino no fue bautizado hasta estar en su lecho de muerte;[2] sin embargo, él presidió sobre varios concilios de la iglesia convocados para establecer importantes temas teológicos. El mismo convocó el concilio ecuménico en Nicea en el año 325 d.C., que decidió por la posición Atanasia antes que la Ariana en cuanto a la Trinidad.[3] Según este precedente, en el año 431 el Emperador Teodosio II convocó un concilio en Efeso para tratar la controversia levantada por Nestorio sobre la naturaleza de Cristo.[4] Esta decisión tendría más tarde importancia en la dispersión del cristianismo, ya que los nestorianos excomulgados fueron al este de Asia Central y hasta la China en el séptimo siglo.[5] Esta mezcla de los asuntos del estado y la iglesia se convirtió en un patrón por siglos. Por un lado, los emperadores se

---

[2] Su evasión del bautismo hasta su lecho de muerte probablemente tuvo poco que ver con cuándo se convirtió, o si se convirtió; más bien fue a causa de su preocupación de que todos sus pecados fueran perdonados a través del bautismo.

[3] A pesar del hecho de que Constantino favorecía la opinión ariana, la cual trataba a Cristo como un ser creado. Véase Kerry D. McRoberts, "The Holy Trinity" en *Systematic Theology*, ed. Stanley M. Horton, rev. ed. (Springfield, Mo.: Logion Press, 1995), 162-63.

[4] Nestorio presentó a Jesús "como el Hombre lleno de Dios" con el Logos morando en "el Jesús humano de una manera similar en la que el Espíritu Santo mora en el creyente." David R. Nichols, "The Lord Jesus Christ," in *Systematic Theology*, ed. Horton, 311.

[5] Kenneth Scott Latourette, *A History of the Expansion of Christianity* (New York: Harper & Brothers, 1937), 1:231; véase también Vos, *Exploring Church History*, 41.

consideraban como cabeza de todo, tanto espiritual como secular. Por otro lado, el obispo de Roma a menudo ejercía control tanto civil como eclesiástico.

La lucha entre las cabezas del estado y la iglesia alcanzó su cumbre durante la "controversia de investidura laica" en el undécimo siglo. Los líderes políticos de Europa estaban acostumbrados a designar los escalones más altos del clero a autoridades tanto civiles como religiosas. El papa Gregorio VII(Hildebrand)desafió este procedimiento, provocando una amarga lucha entre el papado y Enrique IV.[6] Excomulgando a Enrique, y luego éste contrarrestó convocando un sínodo de obispos en 1076 que destituyó a Gregorio. Los nobles de Enrique forzaron una reconciliación, intensa por la espera que Gregorio demandó de Enrique por tres días descalzo en la nieve antes de recibirlo. Enrique más tarde estableció otro papa y Gregorio murió en el exilio, pero el papado eventualmente ganó el debate de la investidura.[7]

El paradigma de las Misiones Medievales

El período de la iglesia romana medieval es demasiado largo y complejo para caracterizarlo con un solo paradigma. Sin embargo, la forma de cristianismo que se dispersó y los medios a través de los cuales lo hizo revelan características

---

[6] El Santo Imperio Romano, de acuerdo con *The New International Dictionary of the Christian Church*, fue "una entidad política en la Europa medieval" que puede ser datada a Otto I (962) (aunque el término 'santo' no fue usado hasta 1157). El papa Juan XII, de dudosa reputación, pensó que tenía un aliado en Otto, para luego descubrir que su designado era hombre mucho mejor que él mismo. Otto (llamado "El Grande" por la historia) deseaba limpiar el acto papal. Este turbulento matrimonio entre la iglesia y el estado eventualmente llegó a ser "esencialmente una institución alemana", que fue disuelta en el año 1806. Mientras tanto, la iglesia ortodoxa Oriental, iniciada por Constantino cuando se mudó de Roma a Bizantina, continuó desarrollándose en forma separada.

[7] Vos, *Exploring Church History*, 65-66.

recurrentes y dominantes que pueden ser consideradas como el paradigma medieval de misiones. Las características típicas de este paradigma, como es identificado por David J. Bosch, son su contexto cambiado, la individualización de la salvación, la institucionalización de la salvación, la misión entre la iglesia y el estado, las guerras misioneras directas e indirectas, el colonialismo y las misiones, y la misión del monaquismo.[8] Ahora prestaré atención a la consideración de estas seis características del paradigma medieval de misiones.

El contexto cambiado

El principal "contexto cambiado" de la iglesia romana medieval al cual Bosch se refiere es su transición de la base griega a una latina. Entre las muchas diferencias en orientación, la mayor fue su enfoque a la salvación. Mientras que en la iglesia influenciada por la cultura griega había aceptado el modelo de convertirse en cristiano a través de un proceso de adiestramiento, la iglesia latina, siguiendo el ejemplo de Agustín de Hipona (354-450 d.C.), aceptó el modelo de la conversión por medio de una crisis.[9] Esto incluyo el énfasis de Agustín en la teología paulina y su interpretación de la enseñanza paulina en áreas tales como el pecado original, la predestinación, y la conversión individual. El efecto era para enfatizar "la individualización de la salvación," no la redención del universo. La iglesia medieval romana consideró el pecado como algo que separaba al hombre de Dios, y que Cristo se convirtió en carne para proveer la salvación individual. Este énfasis dirigió las generaciones posteriores a dos áreas principales de debate: el significado de la elección y la respuesta cristiana apropiada al mundo. Sin embargo, el énfasis en

---

[8] David J. Bosch, *Transforming Mission: Paradigm Shifts in Theology of Mission* (Maryknoll, N.Y.: Orbis Books, 1991), 214-38.

[9] Ídem., 214-15.

la soteriología, permanecería siendo el sello oficial del cristianismo latino.

La salvación individual

La resolución eventual de otra controversia inicial apoyó la doctrina de la salvación individual: La controversia donatista surgió cuando la ascensión de Constantino puso un fin a la persecución del emperador anterior. Los donatistas, seguidores de Donato, uno de los primeros obispos de Cartago, consideraron apostatas a aquellos del clero que habían entregado sus copias de las Escrituras durante la persecución. Cuando dichos clérigos resumieron sus oficios, los donatistas sostuvieron que cualquier sacramento que realizaban era inválido, y que algunos pecados son imperdonables. Agustín se opuso firmemente a los donatistas, sosteniendo que la salvación era por medio de la gracia y que por tanto estaba disponible aun para aquellos culpables de una transgresión escandalosa.[10] Los donatistas eran poderosos, pero las opiniones de Agustín prevalecieron como la opinión oficial de la iglesia medieval. De este modo, la iglesia llegó a creer que la salvación era un asunto individual y que el fundamento de la salvación era la gracia de Dios.

Centralización de poder

A través de los primeros siglos, la iglesia pasó por una centralización gradual de poder. La opinión cipriana, expresada en la mitad del cuarto siglo, de que no había salvación fuera de la iglesia, se convirtió en un dogma oficial. Los obispos se volvieron fuertes, y el obispo de Roma se convirtió en el "primero entre iguales", poseyendo gran autoridad sobre los asuntos de la iglesia occidental, sobre el gobierno en el imperio occidental, y a menudo incluso sobre

---

[10] Ídem., 218.

los asuntos en Constantinopla.[11] La adopción de la opinión de Cipriano formó una conexión íntima entre la salvación y la iglesia; en términos prácticos, la salvación de uno se volvió más un tema de la relación de uno con la iglesia que con Cristo. Y como el bautismo era el ritual de iniciación en la iglesia, esto resultó en el bautismo aun de personas relativamente desinformadas. Se razonó que el aprendizaje podría venir luego, si tan solo la salvación podía ser asegurada con el ingreso en la iglesia a través del bautismo. La tarea de misión, si fue seguida en alguna forma, era traer al pagano dentro de la iglesia por medio del bautismo.

La iglesia pronto abandonó su herencia judía, abrazando la herencia gentil, moviéndose de Jerusalén a Antioquia, y eventualmente tomando el lenguaje de los griegos. Después de establecerse en Roma, la iglesia organizada pasó por otra metamorfosis: adoptando el pensamiento y el lenguaje romano. Ahora usó el latín. Pero un cambio mayor en su contexto vino con el influjo de tribus bárbaras a principios del siglo quinto. Aunque estos bárbaros más tarde destruirían el imperio romano, muchos se convirtieron en cristianos y respetaban en su mayor parte a la iglesia. Aquellos con quienes Roma había evitado compartir el evangelio, con el tiempo se volvieron en sus conquistadores.[12] Lo mismo fue verdad más tarde cuando el Santo Imperio Romano fracasó en ganar a los vikingos. Aquellos que no fueron evangelizados vinieron en venganza, causando estragos en la tierra de aquellos que podían haberlos evangelizado

---

[11] Vos, *Exploring Church History*, 48-50. El Emperador Constantino se consideró el representante de Dios en la tierra. Por tanto, cuando hizo al cristianismo la religión del estado, asumió un papel entre los obispos de la iglesia. De este modo, cuando se mudó la capital del imperio romano a Bizantina en el año 330 (cambiando su nombre por Constantinopla), la iglesia esencialmente sufrió una división, el obispo de Roma en este tiempo se convirtió en "primero entre iguales."

[12] Ralph D. Winter, "The Kingdom Strikes Back," en *Perspectives On The World Christian Movement*, ed. Ralph D. Winter and Steven C. Hawthorne, rev. ed. (Pasadena: William Carey Library, 1993), B-10-13.

antes. A diferencia de los bárbaros góticos, los vikingos no tuvieron respeto por el cristianismo y sintieron un deleite especial en saquear las iglesias y monasterios, y luego matar a los monjes o venderlos como esclavos. Con el tiempo, los invasores fueron cristianizados. Sin embargo, el punto es que dos veces en los primeros 1200 años de la historia de la iglesia, su base central fue destruida por aquellos que podían haber sido traídos a la fe en Cristo si la iglesia hubiera sido misionera en su orientación.[13]

Esfuerzo conjunto de la Iglesia y del Estado

Durante este período los objetivos misioneros fueron logrados a través del esfuerzo conjunto de la iglesia y el estado. Una vez más, el fundamento básico para esta práctica desarrollada más tarde provino de los escritos de Agustín. En su obra famosa *Ciudad de Dios*, Agustín discutió que el poder espiritual (la iglesia) era suprema sobre el poder del estado. En siglos posteriores, esto dirigió a la elevación del papado sobre el estado, lo cual a su vez dirigió al uso del estado como agente de la misión de la iglesia.

El estado medieval llegó a considerarse como un agente de la iglesia. Los efectos de esta enseñanza eventualmente incluyeron la conquista militar y más tarde la expansión colonial.

Agustín creía en medios no violentos para obligar los herejes a arrepentirse, incluyendo las multas, la confiscación de propiedad, y el exilio.[14] Él también creía en el concepto de peleas justas en casos de defensa propia. Pero en dos siglos, Gregorio el Grande incluyó las presiones financieras y el castigo físico en sus medios para obtener la conversión de campesinos. Con el tiempo, la "guerra misionera indirecta" fue usada para subyugar a los pueblos paganos para que los misioneros pudieran asegurarse de su conversión. Más tarde,

---

[13] Ídem., B-13-16, B-20.

[14] Bosch, *Transforming Mission*, 223.

la distinción entre "guerra indirecta" y "guerra directa" fue obscurecida cuando Carlomagno abiertamente utilizó la conquista militar para forzar la conversión de los sajones.[15]

Guerras "Misioneras"

El período medieval fue un tiempo complejo con muchas dinámicas conflictivas. Carlomagno, por ejemplo, tenía un interés genuino en la teología y alentaba firmemente el desarrollo de centros de estudios cristianos. Él fue el único gobernante de los francos desde 771 d.C. hasta 814 d.C. y fue coronado emperador de lo que llegó a ser conocido como el Santo Imperio Romano por el Papa León II el día de navidad del año 800. Sus métodos de conversión reflejan la prevaleciente idea de su tiempo. La iglesia y el estado lograron su misión a través de "guerras misioneras directas e indirectas". La conquista de los pueblos paganos fue seguida por la conversión forzada al cristianismo. Tal como Stephen Neill lo resume: "Una vez que una tribu alemana fuera conquistada, su conversión era incluida en los términos de paz, como el precio a ser pagado para disfrutar de la protección del emperador y el buen gobierno que su ejército aseguraba. Pero esto significaba una asociación de la nueva religión con el poder conquistador que solo podía ser peligroso."[16]

Los misioneros cristianos seguían los ejércitos de la conquista, y el desagrado con el gobierno de Carlomagno típicamente involucraba la venganza contra estos misioneros. Notablemente, su martirio hizo poco para realentar el avance del cristianismo, ya que refuerzos invariablemente llegaban para tomar su lugar. Por tanto, en unos cuantos años, el ciclo de conquistar, enviar misioneros, martirio,

---

[15] Ídem., 114.

[16] Stephen Neill, *A History of Christian Missions*, rev. ed. (London: Penguin Books, 1984), 68.

refuerzo de más misioneros, más revueltas y martirios, y aun más misioneros gradualmente dirigió a la conversión de los sajones al cristianismo. Neill concluye, "Con el proceso del tiempo, los misioneros ganaron su lugar. La resistencia al evangelio fue debilitada, y para el tiempo de la muerte de Carlomagno la pacificación y conversión de los sajones fue considerada como completa."[17]

Aunque la conquista fue utilizada para cristianizar a otros afuera de Alemania (Ejemplo: Noruega y Elbe Wends), la "guerra misionera directa" siguió siendo la excepción. El concepto de que la "guerra justa" era defensiva en naturaleza junto con la incongruencia de la guerra como medio de evangelismo impidió que la guerra se convirtiera en el medio típico de cristianización.[18] Es obvio que este no es un modelo aceptable de misiones.

En las Cruzadas, aunque los ejércitos cristianos atacaron a los musulmanes, el objetivo inmediato fue normalmente la retoma de Jerusalén u otros lugares santos, y el objetivo más amplio fue la represión del Islam. Las cruzadas no fueron destinadas para hacer convertidos al cristianismo, por tanto, no deben ser conectadas con las misiones.[19] Con esto no decimos que aquellos involucrados en las Cruzadas no consideraron su papel como el de una misión. Más bien, es una observación de que ellos hicieron poco intento de ganar convertidos por medio de la persuasión o la fuerza. A menudo se ha observado que muchos de los cruzados eran devotos. Pero "la gran lección de las Cruzadas es que la buena voluntad, aun la obediencia sacrificada a Dios, no es un substituto para el entendimiento claro de Su voluntad."[20] Las Cruzadas fracasaron en sus objetivos y causaron gran daño a Constantinopla y toda la iglesia oriental.

---

[17] Ibid., 69.

[18] Bosch, *Transforming Mission*, 224-25.

[19] Ídem. 225.

[20] Winter, "Kingdom Strikes Back," B-16.

El colonialismo y las Misiones

El colonialismo y la misión estaban íntimamente relacionados. El imperio fundado por Carlomagno duró en alguna forma por mil años. Parte del legado para la época colonial europea fue el entendimiento de que las personas de un país debían compartir la religión de su soberano.[21] Por tanto, primero la expansión colonial católica y luego la protestante sirvieron los intereses tanto del estado como de la iglesia. Antes de la era protestante, cuando España y Portugal eran los poderes coloniales dominantes, la práctica católica romana de patrocinio sostenía que aquellos con el derecho a colonizar tenían el deber de cristianizar.[22] Con el tiempo, el concepto de misiones llegó a ser comprendido como la cristianización de los pueblos dentro de la esfera colonial de las varias naciones europeas. Como consecuencia, el cristianismo ha sido rechazado por muchos.

El paradigma de las Misiones monásticas

La misión del monaquismo fue extremadamente importante durante el período medieval. El monaquismo al principio en la iglesia oriental a menudo tomó la forma de individuales que rechazaban al mundo y vivían vidas aisladas en búsqueda de santidad y un escape del mundo perverso. Las expresiones occidentales de monaquismo, por contraste, fueron en gran parte comunales. Cuando el imperio romano cayó y el nivel espiritual de la iglesia declinó, los monasterios florecieron. Ellos proveyeron un lugar donde los devotos podían abandonar un mundo infeliz y concentrarse en los temas espirituales, principalmente en la obtención de la salvación. Los monasterios a menudo se convirtieron en centros de aprendizaje, donde los rollos de escritura eran

---

[21] Esta no era una nueva idea. Ha sido una idea casi universal que solo el secularismo moderno ha desafiado. Para que el reino de Cristo sea universal, esta opinión debe ser rechazada.

[22] Bosch, *Transforming Mission*, 227.

copiados, donde el aprendizaje tanto sagrado como secular fue mantenido vivo durante tiempos hostiles. Ellos también funcionaron en el desarrollo comunitario, incluyendo la construcción de caminos, el drenaje de pantanos, y mejoras en la agricultura. Desde el quinto siglo hasta el duodécimo, los monasterios también proveyeron la visión y el trabajo físico para las empresas misioneras efectivas.[23]

El monaquismo irlandés (céltico) fue especialmente prolífico en su provisión de misioneros. Siendo joven, el famoso Patricio (murió en el año 461 d. C.) fue capturado en su tierra natal al sur de Inglaterra y llevado a Irlanda como esclavo. En algún punto él experimentó una conversión espiritual. Después de escapar y regresar a su hogar, tuvo una visión implorándole a regresar a Irlanda. Él subsecuentemente regresó y viajó predicando una fe evangélica que resultó en tantas conversiones que la mayor parte de Irlanda fue considerada cristiana. Los cristianos irlandeses desarrollaron lo que probablemente fue el sentido de misión más agresivo que cualquier iglesia desde el período apostólico hasta su tiempo.

Uno de los primeros monjes irlandeses, Columba (521-597), estableció un monasterio en la isla de Iona, cerca de la costa oeste de Inglaterra. Durante la era vikinga fue saqueada por lo menos doce veces, pero por más de doscientos años envió una corriente de misioneros empeñados en cristianizar Europa. Aunque estos monjes irlandeses se consideraban como parte de la iglesia universal, al principio operaron independientemente de Roma, con importantes diferencias en temas tales como la fecha de la Pascua, y la tonsura, puesto que hasta entonces la iglesia romana no había obtenido influjo. Otras características de la vida monástica en Irlanda, incluyendo el diseño de sus capillas, fueron claramente prestadas de Constantinopla en lugar de Roma. La expansión misionera posterior causó conflictos entre los

---

[23] Ídem., 230.

esfuerzos célticos y los romanos hasta que finalmente las misiones célticas tuvieron que rendirse a la autoridad de Roma. Su efecto fue grande, especialmente entre los pueblos no evangelizados donde ganaron convertidos y prepararon el camino para la futura cristianización. En resumen, Ralph Winter escribe: "Los celtas son la única nación en el primer milenio que ofrecieron una notable respuesta misionera."[24]

Algunos han preguntado si la principal motivación de los monjes irlandeses para viajar no fue más la esperanza de lograr la salvación personal que predicar la salvación. A esto, Bosch responde que el peregrinaje fue por cierto un medio para llevar la devoción personal a un extremo buscando la perfección espiritual. Esta búsqueda de perfección es comprobada por una descripción irlandesa muy conocida del octavo siglo de tres niveles de "martirio": blanco para la vida devota, verde para un nivel más elevado de contrición, y rojo para la total mortificación personal.[25] El monje era obligado a ayudar a aquellos que encontraba en su camino, por tanto las metas de devoción personal y misión eran a menudo mezcladas.[26]

Benedicto (480-547 d.C.) estableció el movimiento monástico benedictino, famoso por su "gobierno" que llegó a convertirse en la norma para el monaquismo católico y su orientación misionera. Gregorio I (el Grande) (540-604) fue un monje benedictino quien primero se resistió a ser el obispo de Roma y luego moldeó al papado en la forma que duró a través de la Edad Media. Además de sus logros administrativos, él es famoso por sus escritos espirituales (comentarios y sermones) y por su celo misionero.[27] El envió un grupo de cuarenta misioneros a Inglaterra en el año 596 d.C. bajo el liderazgo de Agustín, antes del monasterio de

---

[24] Winter, "Kingdom Strikes Back," B-5.
[25] Bosch, *Transforming Mission*, 231.
[26] Ídem., 233.
[27] Vos, *Exploring Church History*, 51-52.

San Benedicto en Roma.[28] Bosch considera que esta es la primera "misión extranjera" deliberada en el sentido en que este término fue usado posteriormente.[29]

Tal vez el misionero medieval más renombrado fue Bonifacio, el apóstol de Alemania, "un hombre que tuvo una influencia más profunda en la historia de Europa que cualquier inglés que jamás haya vivido."[30] Neill observa que Bonifacio comenzó su carrera misionera a la edad de 40 años, y sus proyectos "fueron esfuerzos planeados y calculados por parte de hombres maduros, basados en una convicción sobria de que el Evangelio de Cristo debe ser predicado a aquellos que según su punto de vista todavía eran pueblos bárbaros."[31] Bonifacio es especialmente famoso por provocar un gran "encuentro de poder" cuando en 724 cortó el sagrado Roble de Thor en la región de Hesse, para usarlo como madera para la capilla. Los alemanes creían que los dioses matarían a Bonifacio, pero cuando él vivió, reconocieron que su Dios tenía un poder superior que el de Thor.[32]

En tiempos medievales posteriores, muchos monasterios llegaron a ser conocidos por su opulencia y corrupción. Surgieron movimientos reformatorios, tales como el de Cluny (c. 910). Estas reformas llegaron a ser asociadas con nombres tales como Bernardo de Clairvaux, escritor de himnos tales como "Jesus, the Very thought of Thee" y "O Sacred Head Now Wounded." ("Jesús, El Mismo Pensamiento de Ti" y "O Cabeza Sagrada Ahora Herida"). Aunque algunos caracterizan a todo monaquismo por sus ejemplos menos nobles, el modelo medieval católico romano incluye aquellos que promovieron la misión y fueron espiritualmente

---

[28] V. Raymond Edman, *The Light in Dark Ages* (Wheaton, Ill.: Van Kampen Press, 1949), 180.

[29] Bosch, *Transforming Mission*, 235.

[30] Neill, *Christian Missions*, 64 (citando a Christopher Dawson).

[31] Ídem. 64.

[32] Ídem., 64-65.

armoniosos, como los mencionados anteriormente.

Las ordenes misioneras específicas que vinieron con el desarrollo del monaquismo deben ser notadas por el movimiento misionero de hoy. Los monjes irlandeses pueden haber estado buscando santidad, pero de todos modos fueron un grupo que se separaron de las preocupaciones de la iglesia en general para poder concentrarse en una tarea que crecientemente se volvió obviamente misionera. Lo mismo puede ser dicho de los misioneros benedictinos y los miembros de las órdenes misioneras de siglos posteriores, tales como los frailes y los jesuitas. Estas ordenes misioneras contribuyeron en gran manera a la expansión de la iglesia Católica Romana tanto en el período medieval como después del mismo. Por ahora, nótese que la iglesia creció tras-culturalmente en gran parte debido a grupos de individuos dedicados que fueron específicamente separados para el propósito misionero.

Conclusión

El paradigma misionero de la iglesia Católica Romana medieval subrayó el crecimiento de la "Cristiandad." Lejos estaban los días cuando la evangelización estaba unida con la expectativa conquistadora del regreso de Cristo. La iglesia había pasado por duros tiempos de desafíos políticos y filosóficos y emergió como una creciente fuerza a quien dar cuenta. El cristianismo que se dispersó fue una versión latinizada, subrayando la salvación personal que ellos creían que podía ser encontrada solamente dentro de la iglesia establecida. La fusión del estado y la iglesia, comenzada con Constantino, se manifestó en regímenes algunas veces dinámicos y a menudo opresivos de mezclado carácter religioso y político. Aunque el individuo debe ser salvo, no necesitaba entender, y mucho menos creer el dogma cristiano; el bautismo realizaría lo necesario, y varios medios de opresión fueron empleados para lograr este objetivo. Extrañamente, dentro de este ambiente más bien negativo, surgió una hueste de dedicados misioneros, mártires, y monjes devotos.

La iglesia, aunque a menudo desviada y lejos de tener una fe uniformemente bíblica, continuó creciendo. Aunque parte de este crecimiento fue políticamente forzado, sin duda hubo importantes centros de revelación espiritual genuina. El celo descaminado dentro de la cristiandad incluyó las cruzadas y los principios del colonialismo. Por más desviadas que éstas hayan sido, demostraron el compromiso de las masas a su forma de entendimiento del mensaje cristiano.

Como ya he notado, cuando la iglesia fracasó en alcanzar por medio de las misiones, los pueblos no alcanzados de las fronteras avanzaron sobre la tierra de la iglesia en conquista militar. Un patrón similar puede ser visto en el posterior período medieval, no en la conquista de la base cristiana, sino en el hecho de que el desastre siguió a la misión descarriada. La plaga que mató a más de un tercio de Europa vino luego de la caída de las cruzadas, las campañas militares descarriadas de la iglesia contra los musulmanes. Aunque la relación entre la causa y el efecto no puede ser comprobada, la anterior observación de que la ausencia de misiones invita la incursión militar puede ser corregida para incluir la posibilidad de que la misión descarriada puede también ser seguida por algún tipo de desastre. El principio es que aquellos que reciben las bendiciones de Dios (o sea, el evangelio) deben compartirlas. El fracaso en compartir ha sido seguido por la calamidad. A diferencia de la misión nacional irlandesa que trajo bendición, hubo tres grandes oportunidades perdidas cuando la iglesia fracasó en propagar adecuadamente la fe más allá de sus fronteras: el intervalo pacífico después de Constantino, la fortaleza y el orden en Europa durante la cumbre del Santo Imperio Romano, y el tiempo de fervor religioso asociado con la reforma de Cluny y las cruzadas. En cada caso, la ausencia de la misión bíblica fue seguida por el desastre.[33]

---

[33] Para mayor información sobre esta tesis, incluyendo la posibilidad de un desastre similar sobre la iglesia de hoy, véase Winter, "Kingdom Strikes Back," B-16-21.

Preguntas de repaso

1. ¿Qué influencia tuvo la fusión de la iglesia y el estado sobre la misión de la iglesia en los tiempos medievales?

2. El texto se refiere a siete características del paradigma de misiones medievales. Explique:

   a. A qué se refiere el contexto cambiado de la iglesia romana medieval.

   b. De qué manera contribuyó Agustín con el énfasis en la "individualización de la salvación."

   c. La opinión de Cipriano de la salvación y cómo este concepto redefinió las misiones con el tiempo.

   d. El significado de "la misión entre la iglesia y el estado."

   e. El desarrollo del concepto de guerras misioneras "indirectas" y "directas."

   f. Cómo el "colonialismo y la misión" llegaron a ser el paradigma misionero dominante de dichos tiempos.

   g. El paradigma misionero monástico y cómo contribuyó a la expansión del cristianismo.

3. Escriba ejemplos de cómo aquellos que habían sido descuidados en el evangelismo llegaron a ser conquistadores de las tierras consideradas "cristianas." Comente sobre el concepto de que la misión descuidada invita la calamidad.

4. Explique lo que el concepto de "cristianismo" llegó a significar durante el tiempo del período medieval.

CAPÍTULO 9

Cambio de paradigmas

La "Reforma Protestante" es un término usado para resumir el movimiento del siglo dieciséis alejándose del catolicismo romano hacia las nuevas iglesias protestantes reconocidas en toda Europa. Los distintivos de la Reforma incluyeron las doctrinas de justificación solo por la fe, salvación solo por gracia, la Biblia como única autoridad para doctrina y práctica, el sacerdocio del creyente, y la promoción del cántico congregacional.[1]

La Reforma tuvo muchos líderes notables, incluyendo a Martín Lutero, Huldrich Zwingli, y Juan Calvino. Ellos subrayaron, además de los distintivos mencionados arriba, la predicación correcta, la observación correcta de la comunión, y el rechazo de las doctrinas y prácticas católicas que no eran consideradas bíblicas. La mayor parte de la energía de las iglesias protestantes fue utilizada en la propagación de sus opiniones distintivas de la enseñanza de la Biblia sobre los temas de ese tiempo. En parte a causa de esta preocupación con dichos temas polémicos, la causa de las misiones no ganaría un apoyo significativo hasta doscientos años más tarde.

Hubo razones teológicas así como también prácticas para este lento ingreso a las misiones. La teología de muchos de los reformadores subrayaba la predestinación. Algunos de los seguidores sostuvieron que predicar a los impíos era desafiar el orden predestinado por Dios; otros creían que los apóstoles habían cumplido la gran comisión. A medida que el conocimiento del mundo crecía, la presencia de ideales religiosos más elevados entre los pueblos paganos

---

[1] Howard F. Vos, *Exploring Church History* (Nashville: Thomas Nelson, 1994), 87.

dirigió a algunos a concluir que dichos pueblos habían sido evangelizados alguna vez pero que rechazaron el evangelio.

La Reforma produjo iglesias que se habían separado de Roma, pero que no enseñaban la libertad religiosa.[2] Por ejemplo, el Santo Imperio Romano reconoció al luteranismo y al catolicismo romano, pero requirió al pueblo a seguir la religión de su príncipe. Al principio de la Reforma, las misiones católicas fueron algunas veces respetadas como teniendo validez y por tanto cumpliendo cualquier obligación misionera de la iglesia protestante. Muchos de los reformadores creían que la venida de Cristo era inminente, pero esta creencia no los motivó a involucrarse en las misiones como lo hizo la iglesia primitiva y como más tarde lo harían aquellos que creían de la misma manera que la iglesia primitiva. Algunos trataron de defender a los reformadores con el pretexto de que toda la Reforma fue inherentemente misionera, ofreciendo su tiempo a una expresión más completa; parece reconocer que en su mayor parte los primeros líderes tuvieron otras preocupaciones y simplemente no hablaron del tema de las misiones. A medida que los años pasaron y fueron formadas nuevas generaciones de líderes para tratar el tema de las misiones, ellos tendieron a defender el estatus que y criticar a aquellos que promovían las misiones.[3] Cuando los protestantes finalmente enviaron misioneros al Brasil y Lapland, fue en conexión con la actividad colonial.

Énfasis misionero renovado

En contraste con la posición general de la Reforma, los Pietistas y Anabaptistas representaron un firme compromiso con las misiones. Ellos comenzaron como un movimiento de

---

[2] Ídem.

[3] David J. Bosch, *Transforming Mission: Paradigm Shifts in Theology of Mission* (Maryknoll, N.Y.: Orbis Books, 1991), 243-55.

renovación dentro de las iglesias reformadas reconocidas por el gobierno y solo gradualmente pasaron a ser autónomas. Ellos consideraban que la estructura de la iglesia iba mano a mano con el formalismo, la muerte espiritual, y la falta de fervor misionero. El pietismo subrayó el nuevo nacimiento, la santificación y la cálida experiencia religiosa. Chocó contra las opiniones de muchos reformadores quienes decían que los impíos eran malditos, y que si Dios quería que se salven Él lo cumpliría soberanamente, que no había más apóstoles, y que la gran comisión ya había culminado.[4]

Nicolas von Zinzendorf (1700-60), fundador de los hermanos moravos, estuvo entre los líderes pietistas de su tiempo. Su ideal era que voluntarios de todo tipo de vida actuaran en obediencia a Cristo y al Espíritu Santo, para ministrar salvación y bondad a los que sufren espiritual y físicamente. Los hermanos moravos respondieron con un fervoroso compromiso a este ideal. Después de una visitación celestial en una reunión de oración, ellos determinaron que algunos debían permanecer en oración en todo momento. Esta reunión de oración continuó sin interrupción por más de cien años. Cuando no se dispusieron de fondos para alcanzar a la Indias Occidentales, misioneros presuntos se vendieron como sirvientes para trabajar en las plantaciones de azúcar y predicar a Cristo entre los obreros allí. Juan Wesley visitó su centro y en gran parte a causa de su influencia, llegó a tener la seguridad de la vida eterna que impulsó su ministerio como fundador del Metodismo y predicador de salvación cuya parroquia era el mundo.

Se deben notar tres aspectos de la perspectiva morava de las misiones. El primero es que ellos creían que Dios los estaba enviando, por tanto no consideraban su servicio como un deber asignado por la iglesia. En esto ellos diferían de sus tiempos. Donde ya existía obra misionera, el concepto

---

[4] Ídem., 253.

era el de individuos enviados por las iglesias del estado para servir bajo su propia bandera en tierra extranjera; la iglesia y el estado estaban por tanto íntimamente unidas (como lo habían estado en una manera u otra desde Constantino). Al romper con este modelo, los moravos estaban estableciendo un precedente que influenció a las misiones hasta el presente. También estaban en conflicto directo con la iglesia, el estado y las autoridades coloniales.

Sin embargo, es importante ver que el énfasis de los moravos en ser enviados por Dios anticipó el concepto moderno misiológico de la *missio Dei* (misión de Dios),[5] misioneros enviados en respuesta a la iniciativa divina, la misión de Dios en la cual la humanidad participa. Por supuesto que ubicar este entendimiento del presente con los hermanos moravos del siglo dieciocho sería anacrónico.

El segundo aspecto de las misiones de los hermanos moravos digno de ser notado es el concepto de que las misiones debían ser realizadas por las personas laicas de la iglesia. El precedente establecido por la iglesia Católica Romana había sido el de las misiones realizadas en gran parte por monjes. Aunque muchos eran diestros en algún oficio, todos funcionaban como religiosos profesionales. En contraste, los hermanos moravos eran cualquier cosa menos religiosos profesionales. Típicamente nunca pasaron por órdenes religiosas o la disciplina del estudio teológico. Más bien, eran laicos con corazones fervorosos dispuestos a pagar sus propios gastos para tener la oportunidad de llevar el testimonio a las personas no evangelizadas, tanto en su pueblo como en el exterior.

Un tercer aspecto importante de las misiones de los hermanos moravos fue que resolvieron el problema de la mano de obra. Por siglos el monasterio funcionó como una

---

[5] Ídem., 257.

fuente de aparente ilimitada mano de obra para las misiones. La iglesia Católica Romana casi siempre tenía reemplazos para aquellos que eran martirizados. Los nuevos campos raras veces carecían de aquellos que plantarían la cruz. Los protestante, por el contrario, tenían poca visión para las misiones y no había ningún plan para reproducir el personal misionero. Entre todas las razones comúnmente dadas para el retrasado ingreso de las iglesias reformadas a las misiones, esta es algunas veces pasada por algo: Los reformadores habían descartado al monasterio sin crear un medio alternativo para reclutar obreros. Los hermanos moravos con sus largas reuniones de oración, el fervor del Espíritu Santo, y gemidos y lágrimas por los perdidos, pudieron replicar la habilidad católica de enviar un equipo misionero sin un esfuerzo consciente. Aunque las órdenes misioneras católicas disminuyeron el número de moravos, los hermanos moravos avanzaron prontamente a los campos de su llamado, y al hacerlo, proveyeron un modelo efectivo aun hasta el presente.

Además del pietismo, surgieron otros movimientos de renovación dentro de la tradición de la Reforma en el siglo diecisiete. El puritanismo fue uno de ellos. Los puritanos promovieron activamente las misiones entre las colonias del Nuevo Mundo. El puritano Juan Elliot, "Apóstol a los Indios," trabajó por cincuenta años entre los indios americanos de Massachusetts. Es notable que esta visión misionera fue supervisada por la compañía de Nueva Inglaterra y la Sociedad para la propagación del Evangelio en Nueva Inglaterra, una de las primeras sociedades misioneras protestantes.[6] El puritanismo en la América colonial incorporó una fuerte conciencia social. La escatología puritana enseñaba

---

[6] Ídem. Véase también Charles L. Chaney, *The Birth of Missions in America* (Pasadena: William Carey Library, 1976), 106-7; R. Pierce Beaver, *Pioneers in Mission: Early Missionary Ordination Sermons, Charges, and Instructions* (Grand Rapids: Wm. B. Eerdmans, 1966), 2-6.

que judíos y gentiles se unirían en la verdadera Iglesia en un período final de gran expansión. Ellos creían que esta expansión vendría en los últimos días que ellos habían iniciado entonces. En resumen, ellos esperaban notables resultados en conversiones y subsecuente elevación de las condiciones de vida. Es interesante notar que su fervoroso compromiso a este entendimiento escatológico parece haber contribuido en gran manera al éxito que esperaban.

Con el tiempo, las iglesias europeas reformadas comenzaron a despertarse en cuanto a las misiones. Esto ocurrió, por lo menos en parte, por medio de la influencia de grupos pietistas tales como los hermanos moravos y las sociedades misioneras que comenzaron a surgir después que Guillermo Carey fue a la India en 1793. Carey era un zapatero que enseñaba en la escuela y pastoreaba un pequeño grupo de inconformistas. Él había sido influenciado por los hermanos moravos, admirando en gran manera su propósito misionero. Él se convenció que la gran comisión todavía estaba en efecto y que Dios esperaba que los cristianos "utilicen medios" para lograr la conversión de los impíos. Aunque al principio fue rechazado, más tarde tuvo éxito en reunir un grupo que fundó la Sociedad Misionera Bautista. Carey se ofreció como voluntario para ir al extranjero, y él y un colega fueron los primeros en ser enviados.

Carey tuvo éxito en lograr por lo menos tres objetivos principales que influenciaron toda la subsecuente historia misionera evangélica. Primero, fue capaz de escribir un sistema efectivo bíblico para misiones, que resultó en el cambio de la opinión pública, primero en Inglaterra y luego en toda Europa. Segundo, él y sus colegas diseñaron los medios para formar una sociedad completamente dedicada a la obra misionera. La idea de sociedades misioneras fue nacida de esta manera (y como consecuencia, la Sociedad Misionera Bautista). Tercero, él trató el problema de la mano de obra siendo él mismo voluntario. De este modo fue establecido el precedente de que aquellos que sentían el llamado ofrecían sus servicios a las misiones en el extranjero, renunciaban a sus posiciones en su tierra natal, y viajaban a otro país con el propósito explícito de comenzar lo que hoy día serían llamadas iglesias evangélicas.

Aunque muy influenciada por el pensamiento moravo, la Sociedad Misionera Bautista era diferente en varios aspectos. No estaba conectada con ninguna iglesia estatal, ni siquiera con un movimiento de avivamiento dentro de una iglesia. Mientras que los primeros hermanos moravos deseaban predicar el evangelio sin plantar iglesias, Carey, junto con Josué Marshman y Guillermo Ward (el trío de Serampore [India]), se propusieron hacer eso y tuvieron éxito en comenzar más de veintiséis durante el tiempo de vida de Carey. Ellos también tradujeron las Escrituras en muchos idiomas y dialectos y establecieron una gran empresa publicadora. Sin aparentemente descuidar ningún otro deber, Carey aceptó la gran responsabilidad de enseñar lenguas indias en la universidad recién formada. Por muchos años él viajó varias millas en bote cada semana para desarrollar este programa académico y adiestrar a sus alumnos. Él también era un estudiante apasionado con la historia natural y al inicio de su carrera se ganó la vida como capataz de una planta de índigo, al mismo tiempo que cumplía un increíble horario de traducción y evangelización.

Lo que Carey legó a su generación y las generaciones posteriores fue la seguridad de que una vez que los creyentes llegaban a conocer la voluntad de Dios a través del paciente estudio de las Escrituras, ellos eran responsables de encontrar los medios apropiados para cumplir esa voluntad. El medio particular que Carey y sus colegas diseñaron llegó a ser el patrón básico seguido por la mayoría de las misiones evangélicas hasta hoy día. Ese patrón fue el establecimiento de una sociedad misionera, el envío de voluntarios calificados para ser sembradores de iglesias, y la ampliación de su visión para lograr una variedad de actividades consistentes con su objetivo principal. Posteriormente las "misiones de fe" tales como la Misión en la China Continental de Hudson Taylor (fundada en 1865), siguiendo dicho patrón, fueron creadas específicamente para alcanzar las vastas regiones internas donde el evangelio había tenido poca penetración más allá de las ciudades costeras.

Los efectos del racionalismo

El siglo dieciocho marcó el inicio del racionalismo. Tres hombres prepararon el camino. Copérnico (1473-1543) enseñó que el sol, y no la tierra, era el centro alrededor del cual se mueven los planetas. Descartes (1596-1650) enseñó que el universo se movía de acuerdo a una ecuación matemática. Francis Bacon (1561-1626) enfatizó el método inductivo de aprendizaje.

El ánimo de dichos tiempos llegó a ser uno de cuestionar suposiciones de siglos de antigüedad. Los gobiernos tenían ahora un contrato social con los pueblos que gobernaban. Aquellos gobiernos que fracasaban en proveer para sus súbditos eran reemplazados. La teología, con siglos absorbiendo la superstición de los medio convertidos, se encontró siendo la receptora de una gran cantidad de hostilidad. En muchos casos, los teólogos respondieron con sincretismo ilógico. Los reclamos absurdos fueron defendidos con la excusa de que eran "cristianos". Los racionalistas atacaron a las iglesias reformadas aunque la doctrina de la reforma de *sola scriptura* había eliminado hacía mucho tiempo una gran parte de lo que los racionalistas objetaban. Aun así, como cristianos reuniéndose en iglesias, los grupos reformados y pietistas fueron considerados sospechosos entre los alienados y educados.

Grupos tales como los hermanos moravos y los metodistas, con su énfasis en la conversión personal, continuaron floreciendo. De hecho, ellos sirvieron para detener la hemorragia del cristianismo en su tiempo. De todos modos, una nueva opinión mundial estaba entrando en efecto, el Siglo de las Luces.

El Siglo de las Luces creía que la ciencia podía explicar todos los misterios anteriormente atribuidos a Dios. Siguiendo los escritos de los intelectuales de su tiempo y siglos recientes, los escritores del Siglo de las Luces reinterpretaron registros históricos, cuentos populares, y percepciones supernaturales contemporáneas. Para los escritores del Siglo de las Luces, los relatos bíblicos sobre los milagros eran simplemente esfuerzos de una era precientífica para explicar un fenómeno natural. Ellos consideraban a Jesús solo un ejemplo noble y tal vez el maestro más grande que jamás vivió, pero no el Hijo divino de Dios. La escatología, si creída en algún modo, era de este mundo y debía ser cumplida a través de medios humanos. Ellos consideraban que las iglesias estaban retrasadas en el tiempo e irrelevantes. También consideraban a la Biblia como un producto de redacción interminable. Llamaban a la historia de Israel un cuento épico creado por sacerdotes bien intencionados que reconocieron la necesidad de un culto alrededor del cual el pueblo podía unirse para poder sobrevivir. Por lo tanto, los milagros bíblicos no eran considerados científicos; la historia bíblica no era histórica, y la profecía bíblica era irrelevante.

El pensamiento del Siglo de las Luces gradualmente cambió el enfoque de la iglesia en cuanto a las misiones. Muchas iglesias descubrieron que su clero ya no creía en la perdición de la humanidad. La enseñanza de Cristo de "Yo soy el camino" (Juan 14:26) y la declaración subsecuente en Hechos de que "no hay otro nombre" (Hechos 4:12) eran una vergüenza. Este clero todavía sentía que eran cristianos y deseaban participar en las misiones. Sin embargo, el enfoque de sus misiones durante el siglo diecinueve fue la aplicación de la capacidad técnica moderna para resolver los problemas sociales de la vida.

Estos procesos continuaron hasta el siglo veinte; cuando surgió el movimiento evangélico (o sea, fundamentalista). Ellos limitaron su misión a lo espiritual, identificando cualquier preocupación social con la agenda liberal. Los que vivían al comienzo del siglo tal vez no lo notaron, pero el Siglo de las Luces había cambiado un paradigma misionero sostenido por la mayoría. Para aquellos que llegaron a ser conocidos como liberales, el Siglo de las Luces había provisto un pensamiento científico en el cual continuaron ministrando a los heridos del mundo. Para aquellos de fe evangélica, el Siglo de las Luces estaba ocasionando el fin de una era de consenso público de que las misiones cristianas eran una empresa noble. Ahora, las misiones cristianas que buscaban la conversión a Cristo empezaron a ser consideradas como culturalmente insensibles, fanáticas, arrogantes e intolerantes. Es importante notar que el Movimiento de Alumnos Voluntarios alcanzó su cumbre en 1910 cuando miles asistieron las conferencias de Edinburgh, pero dejó de tener una función significativa a principios de la década de 1930. Los cristianos evangélicos que deseaban ser misioneros ya no podían esperar la recomendación inepta de las "culturas cristianas" de las cuales ellos provenían.

La evasión evangélica del problema social no fue tan general como algunos han imaginado.[7] Considerados como grupo, los cristianos evangélicos siempre han demostrado un firme sentido de conciencia y preocupación social. Muchos que sintieron que sus grupos se habían asustado en cierto grado del interés social, llegaron a creer que los evangélicos debían ser líderes en los campos de interés compasivo y social. Aunque existen muchas posturas relacionadas con el interés evangélico social, los evangélicos parecen haber generalmente defendido su orientación evangelística (o sea, la gran comisión) ante sus críticos, reafirmando al mismo tiempo la presencia evangélica en el campo de la compasión.

Al final del siglo veinte, había varios indicadores de que el Siglo de las Luces había exagerado su potencial y estaba perdiendo influencia sobre la mayoría de las sociedades occidentales.[8] En un sentido, un desarrollo social extremo del

---

[7] La Asociación Nacional de Evangélicos, por ejemplo ha estado siempre activa en suplir las necesidades de los desafortunados.

[8] Bosch, *Transforming Mission,* véase toda la discusión, 262-367.

Siglo de las Luces fue expresado en el Marxismo, una orden social estructurada en la cual el avance científico prometía igualdad para todos, una orden en la cual la religión no era necesaria. El fallecimiento de este sistema en gran parte del mundo testifica de su incapacidad de tratar las necesidades de la humanidad moderna.

Neo-ortodoxia

Un movimiento teológico que comenzó a principios del siglo veinte y conocido como neo-ortodoxia representó otro testimonio a la incapacidad del Siglo de las Luces. Los escritores del Siglo de las Luces habían anticipado el fallecimiento de la religión. En lugar de eso, la religión continuó floreciendo en todo el mundo.[9] Los seres humanos son seres religiosos. Bajo el riesgo de simplificar exageradamente temas complejos, la neo-ortodoxia puede ser considerada como un intento de recuperar una dimensión espiritual dinámica para aquellos cuya fe había sido herida al pasar por los procesos educativos del Siglo de las Luces.[10]

Todo esto tiene enormes ramificaciones para aquellos comprometidos en la misión cristiana. Primero, ha sido reconocido que los misioneros que provienen de sociedades que abrazaban el paradigma del Siglo de las Luces algunas veces experimentan dificultad al ministrar en sociedades más tradicionales. Los misioneros occidentales que carecen de un enfoque sobrenatural con respecto a la vida tienen poca credibilidad en gran parte del mundo.

Segundo, aquellos que ministran el evangelio en sociedades que han sido influenciadas por el Siglo de las

---

[9] El liberalismo clásico (e.v., Friedrich Schleiermacher, 1768-1834) reconoció esto.

[10] Por ejemplo, el movimiento de Karl Barth en la dirección de la neo-ortodoxia marcó su rechazo del liberalismo clásico de su maestro, Adolfo von Harnack.

Luces que está perdiendo influencia, deben estar conscientes de que los temas que enfrentarán de hecho pueden ser posteriores a dicha época. El vacío dejado por dos siglos de Luz será reemplazado con algo. Si el Creador del cielo y de la tierra no es presentado como la respuesta a la necesidad del mundo, abundantes dioses falsos vendrán al llamado. En resumen, el Siglo de las Luces arrebató a gran parte del mundo de su credulidad en asuntos de la fe. Pero, los seres humanos anhelan a Dios. Nunca ha habido un momento más oportuno para presentar "el camino, y la verdad, y la vida" (Juan 14:6) a las masas de la humanidad.

Tercero, aunque muchos evangélicos han regresado a su confesión de fe histórica,[11] los cristianos pentecostales de hoy están en la vanguardia de la misión al mundo posterior al Siglo de las Luces. Los pentecostales han retenido su creencia en el Dios obrador de milagros de la Biblia, son capaces de predicar la Biblia con autoridad, y sus testimonios son verosímiles.

El movimiento ecuménico

El movimiento ecuménico cree que representa el deseo de Cristo de unidad entre Sus seguidores (Juan 17:21-22). Muchos han sentido que el movimiento ecuménico moderno fue la mejor esperanza del cristianismo de una representación unida de Cristo ante un mundo dividido.[12]

Los evangélicos, sin embargo, han expresado a menudo reservas serias en cuanto a este movimiento. Primero, ellos encuentran difícil hacer causa común con grupos que incluyen individuos muy famosos cuyas declaraciones públicas divergen de la fe cristiana histórica. Los evangélicos

---

[11] Los ultradispensacionalistas niegan que los milagros y dones del Espíritu son para el presente. Sin embargo, la teología dispensacional motivó a las misiones por medio de su énfasis renovado en el regreso inminente de Cristo.

[12] Boscch, *Transforming Mission*, 368-510.

no desean ser clasificados como juiciosos, pero a menudo sienten que su misión es diferente a la de grupos que parecen negar la validez de las Escrituras y la experiencia cristiana basada en ellas.

Segundo, se considera frecuentemente que el movimiento ecuménico debilita el programa evangelístico. La "conversión" ha llegado a ser una mala palabra para muchos miembros dentro de una sociedad pluralista. Los liberales que están entre ellos sostienen que todas las religiones son expresiones válidas de la verdad. El arrepentimiento, el nuevo nacimiento, la regeneración y la llenura del Espíritu Santo son conceptos extraños. Algunos dentro del movimiento ecuménico parecen defender el pluralismo religioso y una tolerancia estrecha, crítica de aquellos que toman literalmente los reclamos de verdad exclusiva de Jesús.

Las Misiones pentecostales

Ahora pasaremos a considerar el paradigma pentecostal. Los pentecostales consideran al derramamiento del Espíritu Santo en todo el mundo sobre los verdaderos creyentes en Cristo como el anuncio de una época final de cosecha. Las misiones están lejos de pasar de moda. De hecho, las misiones están ganando ímpetu entre mucha de las nuevas iglesias en esta era final, la era del Espíritu. Aunque los pentecostales tienen mucho en común con otros evangélicos, el movimiento pentecostal tiene su propio paradigma misionero distintivo. Tal como con cada paradigma que ha sido considerado, la práctica de misiones es compleja, y existen muchas excepciones de las características principales del paradigma pentecostal. Sin embargo, me gustaría sugerir que las siguientes son típicas.

Los pentecostales creen que el Espíritu Santo ha sido derramado sobre la Iglesia como investidura de poder para cumplir con el discipulado de las naciones. Esta creencia está basada en las enseñanzas de Cristo y los apóstoles, especialmente en textos tales como Hechos 1:8, en el cual

Cristo declaró que el propósito de la llenura del Espíritu Santo sería dar testimonio de Él hasta lo último de la tierra. Los pentecostales alientan a los creyentes a ser llenos del Espíritu Santo para que la iglesia pueda evangelizar al mundo antes del regreso de Cristo. Tal como Everett A. Wilson escribe en *Strategy of the Spirit* (Estrategia del Espíritu), "Las Asambleas de Dios enfatizan, al igual que otros pentecostales, la necesidad de la crisis personal como fuerza impulsora de la fe cristiana y el principio coordinante de la iglesia."[13]

Se deben reconocer varias ramificaciones de la posición pentecostal. Primero, la orientación del movimiento pentecostal es principalmente cristológica. Los pentecostales creen que el poder del Espíritu Santo es otorgado para predicar a Cristo. Ellos creen en Su nacimiento virginal, vida sin pecado, milagros, muerte, resurrección y regreso personal. La validez de supuestas experiencias sobrenaturales o fenómenos de avivamiento es juzgado por el poder resultante para predicar a Cristo en tal manera que la convicción de pecado toma lugar, las vidas son cambiadas, y la iglesia crece. La experiencia religiosa es rechazada si no exalta a Cristo o si es contraria a la Biblia.

Segundo, la experiencia pentecostal resulta en la convicción de pecado. En Juan 16:8-11 Jesús prometió que cuando el Espíritu Santo viniera, Él convencería al mundo de pecado, justicia y juicio. Los pentecostales creen que ellos son llenos del Espíritu Santo para poder ministrar ese sentido de convicción al mundo, sin el cual no puede venir a Cristo para obtener salvación. Aunque las iglesias pentecostales a menudo son líderes en promover metodologías responsables para plantar iglesias, el consenso del movimiento nunca ha sido que estas metodologías son la causa principal del crecimiento de la iglesia. Más bien, los pentecostales creen

---

[13] Everett A. Wilson, *Strategy of the Spirit* (London: Paternoster, Regnum Books, 1997), 4.

que sus iglesias crecen porque son pentecostales. Cuando las iglesias no crecen, el enfoque pentecostal a este problema es más a menudo espiritual que metodológico: Los creyentes ayunan, oran y testifican a los perdidos y heridos en su ambiente hasta que algo cambie.[14]

Tercero, el paradigma pentecostal de misiones ha incluido históricamente una fuerte identificación con los pobres, sufridos y marginados de la sociedad. Ya sea en países occidentales o no, los pentecostales han alcanzado a aquellos que están heridos y sufriendo tanto espontáneamente como deliberadamente. El libro *Not By Might, Nor By Power* de Douglas Petersen ha descrito la contribución de esta orientación al crecimiento de la iglesia en Centro América.[15] Los pentecostales, siempre ansiosos de ayudar en tiempos de desastres naturales y de guerra, ha tomado recientemente pasos para sistematizar y agrandar su enfoque en los ministerios de compasión en vista de la magnitud de los desastres modernos.

Los pentecostales siempre han sido gente de lo milagroso. El Siglo de las Luces desafió la validez de lo sobrenatural; y consideraban que los reportes de milagros, ya sea dentro del registro bíblico, la historia de la iglesia, o la iglesia contemporánea, podían ser explicados por la ley natural. Los pentecostales siempre han diferido con esta opinión mundial del Siglo de las Luces. Dicha excepción no es propia solo de los pentecostales; sin embargo, los evangélicos que aceptaron los milagros en tiempos bíblicos también pueden rechazar los milagros en la era pos-apostólica, incluyendo la era moderna. Su opinión de las dispensaciones ha dirigido a

---

[14] Para una explicación más profunda sobre la convicción, véase David J. Hesselgrave, *Communicating Christ Cross-Culturally*, 2d. ed. (Grand Rapids: Zondervan Publishing House, 1991), 581-86, 610-11, 638.

[15] Douglas Petersen, *Not By Might, Nor By Power* (Irvine, California: Paternoster, Regnum Books, 1996); véase también Gary B. McGee, *This Gospel Shall Be Preached*, vol. 1 (Springfield, Mo.: Gospel Publishing House, 1986); and Wilson, *Strategy of the Spirit*.

algunos a dicha posición. Los pentecostales consideran que esta posición se debe a la influencia del Siglo de las Luces.[16] La validez de los milagros no fue generalmente desafiada entre el tiempo de los apóstoles y el tiempo del Siglo de las Luces. Algunos creyentes primitivos rechazaron los dones espirituales, especialmente la profecía (por ejemplo, aquellos opuestos a los montanistas), pero no rechazaban típicamente los milagros en general. Los pentecostales consideran a su movimiento como uno correctivo: restaurando en la iglesia el sentido de lo sobrenatural robado por el Siglo de las Luces.[17]

Los pentecostales esperan crecimiento. (Temas y metáforas relacionados con la cosecha abundan en la historia de la teología popular del pentecostalismo.) Y con el crecimiento ellos esperan servir. Como el Señor ha dado el poder espiritual necesario para evangelizar al mundo (Hechos 1:8), los pentecostales esperan totalmente que la iglesia tenga éxito en esta tarea. Ellos no ven al poder del Espíritu Santo como un distintivo denominacional, sino como una bendición disponible para todo creyente verdadero como medio para lograr la cosecha. Ellos también esperan que el Espíritu Santo los capacite para ministrar las necesidades de los necesitados al llevar el evangelio a todas las naciones.

Cuarto, otra característica del paradigma misionero pentecostal es su énfasis en la inclusión del hombre por parte de Dios en el logro de la cosecha.[18] Por ejemplo, el movimiento pentecostal está endeudado en gran manera a

---

[16] Muchos evangélicos que no creen en la dispensación también rechazan los milagros y los dones del Espíritu para hoy día por otras razones; por ejemplo B. B. Warfield, *Counterfeit Miracles* (London: Banner of Truth Trust, 1918).

[17] Para obtener una profunda presentación de esta opinión, véase Paul A. Pomerville, *The Third Force in Missions* (Peabody, Mass.: Hendrickson Publishers, 1985).

[18] En esto, los pentecostales son los verdaderos herederos del énfasis de la Reforma sobre el sacerdocio universal de los creyentes.

las mujeres por la comprensión y logro de su visión. Como las mujeres son bautizadas en el Espíritu Santo y reciben varios *charismata*, los pentecostales en todo el mundo reconocen y aprecian su servicio. Esto es verdad aun entre aquellos pentecostales que no certifican formalmente a las mujeres como ministros. Por tanto, los oponentes que intentan desacreditar al movimiento pentecostal lo han llamado desdeñadamente el "movimiento de mujeres." Sin embargo, tanto hombres como mujeres han entregado su tiempo, energía y finanzas para visitar otras tierras para poder evangelizar, construir iglesias, y ayudar a misioneros de algún otro modo. Esta es una tremenda manifestación del sacerdocio universal de los creyentes.

Todas las razas y clases sociales son igualmente atraídas al movimiento pentecostal. El hecho de que las iglesias pentecostales a menudo alcanzan a los poco privilegiados no ha impedido que atraigan también a los de la alta sociedad.[19]

Pero aún otra característica del paradigma misionero pentecostal ha sido su énfasis en la centralidad de la Biblia como la Palabra de Dios escrita. Uno de los sellos de los creyentes pentecostales en todo el mundo ha sido su compromiso a la lectura de la Biblia, la memorización de las Escrituras, y su respeto por la autoridad de la Palabra de Dios. Ellos son herederos de la *sola scriptura*. Por muchos años, los pentecostales han expresado sin temor de contradicción que tienen más escuelas bíblicas para el adiestramiento ministerial que los evangélicos no pentecostales. Siempre ha habido notables eruditos bíblicos entre los pentecostales, y su número ha estado creciendo en las décadas recientes. Sin embargo, los pentecostales son más notorios por su amplio adiestramiento práctico de pastores y laicos.

---

[19] Una cantidad de los primeros líderes pentecostales, tales como Elmer Fisher y J. Narver Gortner, fueron graduados de la universidad y del seminario.

Misiología pentecostal

Este énfasis en los distintivos pentecostales como la clave para el crecimiento del movimiento no significa que éste no tiene una misiología distintiva. Los dos conceptos que han definido mayormente a la misiología pentecostal son los de *la iglesia nativa y la sociedad*.

El concepto de la Iglesia nativa

La "iglesia nativa" como concepto entre los pentecostales incluye los tres mismos elementos que la identifican, o sea, auto gobierno, auto propagación y auto financiamiento. El concepto fue desarrollado y popularizado por Rufus Anderson (1796-1880) del Comité Americano de Comisionados para las Misiones Foráneas y Henry Venn (1796-1873) de la Sociedad de la Iglesia Misionera en Londres.[20] Alice E. Luce, una de las primeras proponentes del modelo de los "tres auto" en las Asambleas de Dios, escribió una serie de tres partes sobre la iglesia nativa para la revista *Pentecostal Evangel* a principios de 1921.[21] Sin embargo, dentro de los círculos pentecostales el mejor exponente de sus principios fue Melvin. L. Hodges, profesor, secretario de campo, y misionero en las Asambleas de Dios. Como en años recientes el modelo de los "tres auto" ha tenido sus críticos (la mayoría de los cuales concuerdan con la mayor parte del modelo), es importante capturar la esencia de estos tres elementos en la forma que han funcionado dentro del enfoque pentecostal misionero.[22]

Hodges siempre empezó con el elemento de auto gobierno, porque lo consideraba como la dinámica que controla a los tres auto. Él enseñó que la iglesia local no

---

[20] Gary B. McGee, *This Gospel Shall Be Preached*, 1:30.

[21] Ídem., 97.

[22] El libro más conocido de Melvin L. Hodges, *The Indigenous Church* (Springfield, MO.: Gospel Publishing House, 1976), fue publicado por primera vez en 1953. También fue publicada por Moody Press. Todavía es utilizado como texto en algunos lugares.

requería de misioneros extranjeros como pastores, puesto que las personas locales son totalmente capaces de predicar y enseñar la Palabra de Dios y administrar sus propios asuntos. De hecho, él advertía que una iglesia acostumbrada a un misionero extranjero como pastor podría llegar a rechazar a un pastor local. También aconsejó que la gente local debiera decidir quién sería admitido dentro de la membresía de la iglesia y que la disciplina debiera provenir de la gente local misma para poder ser efectiva.

Es interesante notar que el capítulo del libro de Hodges sobre el auto gobierno no menciona al gobierno de una organización nacional. Cuando llega a este tema más tarde en su libro, él aconseja retrasar el establecimiento de una organización como tal hasta que el número de iglesias se haya multiplicado suficientemente para que la presencia de misioneros no abrume a los líderes nacionales de la iglesia. Aun así, él reconoce que los misioneros extranjeros pueden ocupar algunas posiciones dentro de la estructura de la iglesia nacional, cuando lo hagan respetuosamente y reconozcan el tiempo apropiado para la transición.[23]

Algunos críticos amistosos han supuesto que el "auto gobierno" implica una especie de exclusión fanática de extranjeros, especialmente de misioneros, del liderazgo de la iglesia en todos los niveles.[24] Los pentecostales han tomado su información de escritores tales como Hodges. Su idea de auto gobierno es simplemente el reconocimiento, local y nacionalmente, de que Dios ha dotado a las personas locales de la misma manera que a todos, por tanto pueden ser confiadas en Dios para cumplir Su voluntad.

---

[23] Hodges, *Indigenous Church*, 22-41, 92-97.

[24] Para un ejemplo de críticos amistosos de la "iglesia nativa" cuya crítica muestra que han definido los tres "auto" diferente que Hodges, vea William A. Smalley, "Cultural Implications of an Indegenous Church," en *Perspectives on the World Christian Movement*, ed. Ralph D. Winter and Steven C. Hawthrone, rev. ed. (Pasadena: William Carey Library, 1992), C–149-157.

Hodges trató luego la auto propagación. El fundamento básico de la auto propagación es el testimonio laico espontáneo. Los nuevos creyentes, si son verdaderamente regenerados, típicamente sienten un deseo intenso de compartir su fe con amigos y parientes, y deben ser alentados a hacerlo. A medida que la iglesia se llena de personas, debe hacer al nivel general lo que los creyentes han hecho al nivel individual—o sea, compartir su fe, en este caso, abriendo nuevas iglesias. Estas nuevas iglesias a su vez crecerán, siendo nutridas en la fe por un obrero que se convierte en pastor laico. Este proceso se repite hasta que todo el campo esté lleno de iglesias.

Hodges consideró el papel del misionero al principio como el de un evangelista, trayendo el evangelio al campo nuevo. A medida que la gente se convierte y las iglesias son establecidas, el misionero viaja en un trayecto, visitando cada estación periódicamente para revisar el progreso de los creyentes locales. Lleva a obreros laicos para viajar con él, como para compartir la visión para la región con estos "Timoteos." La presencia de dichos compañeros de trabajo también adiestra a las iglesias nuevas a considerar a los obreros nacionales como igualmente dotados y capaces en el ministerio espiritual. El misionero ha pasado naturalmente a su siguiente papel, el de maestro, adiestrando a compañeros de obra e impulsándolos al ministerio.

El paradigma pentecostal también reconoce a las cruzadas de salvación y sanidad como parte esencial del plan. Las masas, especialmente en las ciudades, no serán alcanzadas sin algún medio para atraer su atención hacia la persona de Jesús. Hodges subraya este tipo de evangelismo en su unidad sobre la auto propagación expresando que Jesús y los apóstoles son el ejemplo bíblico; ellos realizaron sanidades milagrosas entre los enfermos mientras enseñaban el reino de Dios. Los pentecostales han comprendido este punto. Si ellos desean modelar sus ministerios según el ejemplo de Jesús y los apóstoles, deben predicar la salvación y esperar que el Señor confirme la Palabra con señales. Y esto es exactamente lo que Él hace, proveyendo la clave principal de la auto propagación. A medida que la gente ve que los enfermos se sanan, reconocen a las iglesias como centros de poder sobrenatural, y de esta manera ellas crecen.

Como punto adjunto a la auto propagación, Hodges escribió acerca del adiestramiento del liderazgo. Su súplica fue de adiestrar en dirección al objetivo, y no apartándose del mismo. El advirtió en contra del adiestramiento de solamente los hombres jóvenes e inteligentes, olvidando a los líderes naturales más maduros a quienes las personas seguirían. Subrayó además el adiestramiento de toda la iglesia. Señaló cómo los misioneros eran a menudo responsables por líderes que no dirigen, puesto que han diseñado a veces sistemas que no alientan la iniciativa o que no son correctos para la gente local. Él especialmente advirtió a los misioneros contra el peligro de establecer cualquier forma de adiestramiento que tenga vida propia fuera de la iglesia, en lugar de funcionar como un ministerio dentro de ella.

Aunque la mayoría de los pentecostales concuerdan en el modelo básico de la auto propagación establecido por Hodges, lograr dicho ideal algunas veces resulta difícil. De todos modos, aquellas iglesias pentecostales que operan de la manera que Hodges sugirió, en lo general han experimentado un alto nivel de auto propagación.

Aunque el auto financiamiento es a veces considerado como el paradigma de toda iglesia nativa, Hodges lo colocó en tercer lugar como el medio más razonable para lograr los dos primeros objetivos. Un tema mayor está en juego: ¿Son capaces las personas de regiones económicamente pobres de diezmar y sostener a sus pastores e iglesias locales? La mayoría de los pentecostales, junto con Hodges, responderían afirmativamente basados en las Escrituras y la experiencia pentecostal. El patrón bíblico del Antiguo Testamento estuvo claramente basado en el sistema del diezmo y nadie era considerado demasiado pobre para participar. En el Nuevo Testamento, parecería que la gente daba voluntariamente más que el diezmo. En 2 Corintios 8:2-3, Pablo alabó a las iglesias macedonias (Ej. Filipo) por las "riquezas de su generosidad" en dar "aun más allá de sus fuerzas." En Filipenses 4:10-19, él agradeció y alabó a estas iglesias por su generosidad. Es especialmente importante, en vista a su pobreza, la bendición del versículo 19: "Mi Dios, pues, suplirá todo lo que os falta conforme a sus riquezas en gloria en Cristo Jesús." Dentro el paradigma pentecostal para las misiones, estos versículos son tomados con seriedad, y aun los creyentes más pobres son instados a diezmar y dar más allá del diezmo. Como Dios ha dado a estos creyentes el don de la salvación, el bautismo en el Espíritu Santo, dones y gracias espirituales, no es difícil para ellos creer que sus necesidades materiales son la preocupación de Dios y serán suplidas por medio de Su abundante provisión. El testimonio pentecostal es que esto realmente ocurre en un país tras otro.

Algunos han supuesto que el auto financiamiento implica el aislamiento económico. El regalo que Pablo llevó a la iglesia de Jerusalén ha sido citado como ejemplo de que el auto financiamiento tiene sus límites, ya que ese regalo puede ser considerado como ayuda externa para una iglesia que debía haber sido auto suficiente.[25] Sin embargo, el auto financiamiento, de la manera enseñada por Hodges y comprendida por los pentecostales, trata con un tema mucho más básico: ¿Puede un cuerpo local de creyentes en cualquier parte del mundo asumir su propia responsabilidad financiera? ¿Puede el evangelio llegar a ser nativo en toda cultura, o existen algunas culturas tan pobres económicamente que el evangelio debe seguir siendo identificado como extranjero porque los gastos locales necesitan ser suplidos con fondos del exterior? La idea de Hodges de que las iglesias en cualquier país deben ser auto financiadas ha sido

---

[25] Ídem., C-150.

generalmente aceptada y debe ser considerada como un componente básico del paradigma pentecostal. Los temas de socorro y asistencia con los grandes proyectos nacionales o internaciones son temas ciertamente complejos que deben ser cuidadosamente resueltos, pero ellos representan una especie de curso de graduación, más allá del fin inmediato de la apelación por el auto financiamiento.[26]

Los siguientes son algunos puntos principales de Hodges que serían generalmente apoyados por las iglesias pentecostales:[27]

- Todas las iglesias deben ofrendar, porque es bíblico.
- Las iglesias necesitan ofrendar para ser espiritualmente fuertes.
- Las iglesias locales serán consideradas como extranjeras y no serán respetadas si son financiadas por el extranjero.
- Los fondos extranjeros limitan el crecimiento de la iglesia, porque el crecimiento explosivo típicamente ocurre como resultado del entusiasmo local, incluyendo la ofrenda para lograr los objetivos en los cuales cree la gente local.
- El financiamiento extranjero de pastores ayuda a que estén atados emocionalmente a la misión extranjera antes que a la iglesia que pastorean.
- Las iglesias y los pastores locales a la larga estarán financieramente mejor si son financiados localmente.

El concepto de sociedad

Junto con el concepto de la iglesia nativa, el concepto de la sociedad puede ser considerado como el componente organizativo más fuerte del paradigma misionero pentecostal.

---

[26] Misiones Mundiales de las Asambleas de Dios tiene un énfasis definitivo de ayuda humanitaria.

[27] Hodges, *Indigenous Church*, 74-91.

Un contemporáneo de Melvin Hogdes de las Asambleas de Dios, Morris Williams, escribió lo que normalmente es considerado como la obra definitiva sobre este tema.[28] El libro Partnership (Sociedad), es dedicado al concepto de que especialmente en las misiones nadie puede decir "No necesito de ti." Más bien, para que la gran comisión sea cumplida, se deben formar sociedades internacionales dinámicas. Esto resultará en un enfoque de equipo en las misiones.

Durante la vida de Williams, el tema principal fue la relación entre la confraternidad de la misión y las organizaciones nacionales de las iglesias nativas. En lugar de crecer en aislamiento, Williams propuso un ideal ilustrado por dos círculos interpuestos. Se debe respetar la identidad propia de cada círculo, pero los dos deben operar en sociedad, como es demostrado por las áreas interpuestas. Durante la primera etapa, la etapa pionera, el área interpuesta fue mucho más grande. Lo que el modelo logró para la misión y la iglesia fue la comprensión mutua de cómo puede funcionar la "segunda etapa". Este patrón ha sido ampliamente seguido por iglesias pentecostales y el resultado ha sido que las iglesias nacionales valoraron la presencia e inversión extranjera sin comprometer su autonomía esencial. Para la misión extranjera, la clave del éxito de la sociedad descansa en dos principales ideas. La primera es que los términos de la sociedad deben ser objeto de una continua reevaluación. El misionero no tiene un lugar permanente. Se recomienda una reunión anual de la sociedad para realizar la reevaluación. La segunda clave para el éxito es reconocer que la sociedad descansa sobre el fundamento del respeto mutuo y las relaciones personales cálidas. Debe existir oración, confraternidad y amor continuo. En resumen, a menos que se desarrolle una amistad unida y genuina entre las partes, su relación no

---

[28] Morris Williams, *Partnership in Mission* (Sprngfield, MO.: Assemblies of God World Missions , 1979).

puede esperar lograr las metas para las cuales la sociedad fue formada.

La actual declaración de misión de las Misiones Mundiales de las Asambleas de Dios de los Estados Unidos muestra la mayoría de los componentes del paradigma pentecostal de misiones implícita o explícitamente:

> Nuestra misión: EVANGELIZAR. Proclamamos el mensaje de Jesucristo a los perdidos espiritualmente en todo el mundo a través de todo medio disponible. PLANTAR. Estamos estableciendo iglesias en más de 150 naciones, siguiendo el patrón del Nuevo Testamento. ADIESTRAR. Estamos adiestrando líderes en todo el mundo para proclamar el mensaje de Jesucristo a su propio pueblo y a otras naciones. TOCAR. Estamos tocando a las personas pobres y en sufrimiento con la compasión de Jesucristo, invitándoles a convertirse en Sus seguidores.[29]

Las declaraciones explícitas incluyen la proclamación, la centralidad de Jesucristo, la prioridad de plantar iglesias, la prioridad del enfoque de las misiones en el adiestramiento de líderes, y la preocupación compasiva dentro del contexto general de invitar al mundo a aceptar a Cristo. En el patrón del Nuevo Testamento está implícito el conocimiento pentecostal de la atmósfera dinámica en la cual se puede evangelizar, plantar, adiestrar, y tocar. También está implícita la comprensión de que el "patrón del Nuevo Testamento" incluye las prácticas pentecostales de la iglesia del Nuevo Testamento, la perspectiva mundial apocalíptica de esa iglesia, y los aspectos nativos del patrón del Nuevo Testamento para plantar iglesias. La base del adiestramiento claramente implica la prioridad colocada sobre lo que algunas veces es llamado el "adiestramiento más allá de la iglesia nativa." O sea, los objetivos de la misión de "la iglesia" deben ser los objetivos de la misión de la iglesia en cada nación del mundo. Expresado de otra manera, debe haber una participación total del "campo misionero" anterior en

---

[29] *Pentecostal Evangel*, 8 de diciembre de 1998, 1.

la obra de las misiones mundiales hasta que Jesús regrese. Finalmente, la declaración de compasión refleja la noción histórica del mandamiento bíblico en esta área. Sin implicar que la compasión no es digna en sí misma, la declaración claramente considera a la compasión (así como todo lo demás que la iglesia hace) como un anuncio de las buenas nuevas de que Jesús es Señor. De hecho, existe un énfasis creciente en los ministerios de compasión.

Resumen

En resumen, el primer período de las misiones hasta el año 500 d.C. fue marcado por un compromiso apostólico a las misiones antes del regreso de Cristo. La iglesia consideró que era el deber que se le había designado. Cuando la iglesia tuvo una orientación evangelística con una opinión apocalíptica y neumatológica, experimentó rápido crecimiento espontánea y deliberadamente. A medida que la iglesia se fue helenizando, fue más capaz de defenderse dentro del mundo de sus tiempos, pero sufrió la intrusión inevitable de ese mundo.

El segundo período de las misiones, desde el año 500 al 1500, fue llamado el período medieval Católico Romano. Cuando la iglesia creció por razones sociales antes que espirituales, se unió con el estado, y se volvió altamente organizada, perdiendo su orientación apocalíptica en las misiones y reemplazando esta anterior pasión con el concepto de la "extensión del cristianismo." Aunque este período es marcado por notables personajes devotos y logros misioneros heroicos, la dirección general de la iglesia se tornó hacia el pantano espiritual a menudo referido como la Edad Oscura. La misión tomó los medios de guerras misioneras directas e indirectas que finalmente llevaron al desbordamiento de las cruzadas. El cristianismo fue por tanto asociado con el reino político en tal grado que el surgimiento del colonialismo sería considerado por muchos como sinónimo de la misión.

El tercer período, desde 1500 hasta el presente, ha sido marcado por los paradigmas de la Reforma, el Siglo de las Luces, el Movimiento Ecuménico, el Movimiento Evangélico, y el Pentecostalismo. Cuando los reformadores protestantes enfatizaron la justificación por medio de la fe sin subrayar la misión, muchos de ellos en efecto cedieron la obra de las misiones a la Iglesia Católica. Cuando el Siglo de las Luces propuso un creciente desafío para la fe histórica, la renovación pietista surgió en grupos tales como los hermanos moravos, proveyendo una reorientación a las misiones en la iglesia y una respuesta al Siglo de las Luces basada en la experiencia.[30] Durante estos tiempos, pioneros tales como William Carey y Hudson Taylor defendieron la causa de cumplir la gran comisión trazando medios para alcanzar a los perdidos, incluso a los perdidos en las grandes regiones interiores del mundo. A partir de este fuego, el movimiento evangélico moderno ha encendido su lámpara misionera.

Con la controversia modernista y fundamentalista, algunos evangélicos se alejaron de los ministerios de compasión, lo cual ha llegado a ser asociado con el modernismo. La mayoría desde entonces han recuperado la participación en los ministerios compasivos dentro del contexto de su orientación hacia la gran comisión. Cuando el pentecostalismo se convirtió en una gran fuerza misionera, contribuyó a la iglesia en general un sentido renovado de poder espiritual. Este poder demostró la intención de Dios de cumplir Su voluntad a través de su pueblo escogido en consideración del regreso de Cristo.

---

[30] Desafortunadamente, este enfoque basado en la experiencia también produjo el liberalismo clásico, tal como el de Schleiermacher (1768-1834).

Conclusión

En las misiones modernas ha habido tres puntos principales. El primero es identificado con William Carey. La Reforma Protestante logró la reforma espiritua—pero no en el campo de las misiones. Dependió de William Carey desafiar las limitaciones geográficas colocadas sobre el evangelio por la fusión histórica de la iglesia con el estado. El sembró las semillas para el crecimiento de la iglesia más allá de Europa.

El segundo punto trata con la misión de la iglesia después del Siglo de las Luces. Cuando el Siglo de las Luces arrebató la superstición y luego asumió que el método científico podía explicar los sobrenatural, la renovación pietista respondió principalmente con una demostración de misión. Tal como Dios lo había hecho en el pasado, lo hizo en el presente: se movió sobrenaturalmente. El pentecostalismo ha continuado esta respuesta, especialmente por medio de su contribución en el campo de la neumatología de Lukan.[31] Los pentecostales han demostrado que la fe primitiva consideraba la intervención milagrosa de Dios como algo normal dentro del contexto de las misiones. Lo sobrenatural es por tanto normal y necesario para que la iglesia participe en cumplir la *missio Dei*. Ahora, con el rechazo del Siglo de las Luces como paradigma social dominante, la iglesia en general parece mostrar una gran aceptación del papel sobrenatural del Espíritu Santo dentro del contexto de las misiones.

---

[31] Vea, por ejemplo, Roger Stronstad, "The Hermeneutics of Lucan Historiography," *Paraclete* 22 (otoño 1988): 6-11; Robert P. Menzies, "The Distinctive Character of Luke's Pneumatology," *Paraclete* 25 (otoño 1991): 18. Vea también el libro de Stronstand *The Charismatic Theology of St. Luke* (Peabody, Mass.: Hendrickson Publishers, 1984); y *Spirit, Scripture, and Theology: A Pentecostal Perspective* (Baguio City, Philippines: Asia Pacific Theological Seminary Press, 1995).

El tercer punto es uno en proceso actualmente. Muchos creyentes dentro de la tradición pentecostal-carismática han llegado a considerar que dicha religión basada en la experiencia se vuelve egocéntrica. El énfasis actual sobre la teología bíblica de las misiones viene en respuesta a este problema. La experiencia pentecostal sin un compromiso a cumplir la misión de Dios dirigirá al exceso. Así como Carey una vez rescató a la iglesia de su contención europea, ahora es tiempo de que la iglesia salga de sus formas de aislamiento actuales. La iglesia no puede darse el lujo de estar encerrada en una celebración de bendición. Por tanto, un paradigma de misiones pentecostal, fundamentado en una teología bíblica de misiones, es el "medio" de la actualidad para cumplir la misión de la iglesia. Éste considera el futuro éxito de la misión de Dios revelada en las Escrituras, culminando en una iglesia llena del Espíritu esperando el inminente regreso de Cristo al mismo tiempo que hace discípulos de todas las naciones.

Preguntas de repaso

1. Como la Reforma enfatizó el retorno a las Escrituras, ¿por qué tomó más de 200 años para que las misiones tuvieron aceptación en la iglesia reformada?

2. Explique tres contribuciones importantes hechas por los hermanos moravos para el movimiento misionero moderno.

3. ¿De qué manera contribuyó la opinión de los puritanos de Nueva Inglaterra sobre la escatología a su opinión de la misión de la iglesia?

4. Describa la importancia de las tres principales contribuciones de William Carey al pensamiento evangélico sobre las misiones.

5. ¿De qué maneras cambió el Siglo de las Luces el pensamiento popular respecto a la misión de la iglesia?

6. El paradigma del Siglo de las Luces ha influenciado el pensamiento cristiano y a veces ha ocasionado una reacción. Describa la influencia o relación del Siglo de las Luces sobre los evangélicos conservadores a principios del siglo veinte, sobre la neortodoxia, y sobre el movimiento ecuménico.

7. Explique el paradigma de misiones ecuménicos.

8. Describa las características más importantes del paradigma de misiones pentecostales.

9. Describa las características esenciales del enfoque de Melvin Hodges en cuanto a la iglesia nativa.

10. Describa las características esenciales del enfoque de Morris Williams en cuanto a la sociedad.

11. En sus propias palabras, describa algunos de los paradigmas más importantes de la historia de las misiones utilizando el formato "cuando / entonces".

12. Se mencionaron tres puntos principales en las misiones modernas. Evalúe cada uno de ellos.

UNIDAD 3:

El desafío del futuro

Aquellos que estaban preocupados por la expansión y el desarrollo de las misiones a menudo se concentraban en las fronteras geográficas, étnicas y sociales. Sin embargo, estas fronteras pueden ser efectivamente alcanzadas solo por aquellos que han tenido una sana formación espiritual. Esta unidad trata con los aspectos esenciales de la formación espiritual del misionero y los efectos de esta formación sobre la misión de la iglesia. (Aunque esta unidad es enfocada teniendo específicamente en mente al misionero, los principios de desarrollo espiritual presentados son igualmente aplicables a la iglesia en general, quien después de todo, son todos aquellos llamados a cumplir la misión de Dios.)

Primero, se prestará atención al lugar de la cruz en el desarrollo espiritual del misionero. Luego, el entendimiento distintivo pentecostal del bautismo en el Espíritu Santo es presentado como fundamento para las misiones. El desarrollo del hábito devocional es tratado como una necesidad en la vida del misionero. El concepto del llamado misionero es explorado en relación con el cumplimiento de la obra misionera. Y como las misiones se relacionan con un mundo de personas, se presta consideración a la formación personal y social. Solo después que este fundamento de formación espiritual haya sido cuidadosamente establecido se puede definir la tarea misionera.

Para que la *missio Dei* pueda ser cumplida en nuestro tiempo, la iglesia necesita el desarrollo y crecimiento espiritual consistente con su vocación misionera. En esta unidad, la meta es capacitar al lector para comprender y ver una vitalidad espiritual, una vitalidad que algunas veces es tristemente relegada a las páginas de la biografía misionera. El papel del misionero se convierte entonces en una búsqueda continua para alentar a toda la iglesia, tanto nacional como internacionalmente, para que lleguen a verse como el pueblo misionero de Dios.

La formación espiritual es por tanto central para la tarea misionera y las Misiones en la era del Espíritu.

CAPÍTULO 10:

Formación espiritual a la luz de la cruz

La centralidad de la cruz

Para ser salvo uno debe "creer en el Señor Jesús" (Hechos 16:31). Creer implica escuchar el evangelio y llamar al "nombre del *Señor*" (Romanos 10:13). Es asociado con el arrepentimiento (Marcos 1:15) y testificado por el bautismo en agua (Marcos 16:16; Hechos 2:38). El resumen del evangelio escrito por Pablo en 1 Corintios 15:3-4 incluye la muerte, sepultura y resurrección de Cristo. "Porque primeramente os he enseñado lo que asimismo recibí: Que Cristo murió por nuestros pecados, conforme a las Escrituras; y que fue sepultado, y que resucitó al tercer día, conforme a las Escrituras."

La muerte y resurrección de Cristo son por tanto puntos centrales del evangelio—el núcleo indispensable sin el cual no hay evangelio. Como la muerte de Cristo ocurrió en una cruz, la cruz actúa como símbolo principal de la fe cristiana. Sin embargo, la cruz es mucho más que simplemente un evento histórico o un emblema o símbolo. Sirve como paradigma de la vida cristiana para todos aquellos que verdaderamente siguen a Jesús.

Jesús repetidamente apeló a "tomar la cruz" como requisito fundamental para cualquiera que deseaba seguirle. En Mateo 10:37-38, Jesús expresa que cualquiera que amaba a padre, madre, hijo o hija más que a Él, no era digno de Él, "y el que no toma su cruz y sigue en pos de mí, no es digno de mí." En Mateo 16:24 la auto negación es ligada con la carga de la cruz como algo esencial para aquel que desea seguir a Jesús. Marcos 8:34 y Lucas 9:23 son referencias paralelas, y el registro de Lucas especifica que la cruz debe ser cargada diariamente.

La declaración de Jesús: "Todo aquel que quiera salvar su vida, la perderá; y todo el que pierda su vida por causa de mí, la hallará" se encuentra en Mateo 16:25; Marcos 8:35; Lucas 9:24; y en una forma ligeramente diferente en Mateo 10:39; Lucas 14:26; 17:33 y Juan 12:25. Ciertamente, tal como un escritor concluye, "Ningún otro dicho de

Jesús recibe tanto énfasis"[1] En la mayoría de los casos, esta insistencia en perder la vida de uno para poder salvarla sigue inmediatamente al mandamiento de tomar la cruz.

La inevitable conclusión es que Jesús enseñó que aquellos que le siguen deben amarle hasta el punto de entregar su vida por Él si fuera necesario. Él sería el centro de su vida y podría ser la causa de su muerte. La vida egocéntrica, aunque aparentemente benigna, no podía tener lugar entre sus seguidores. Los términos de servicio de Jesús son tales que ninguno que le sigue puede vivir una vida centrada en uno mismo, la familia, la casa, la tierra, las comodidades, las circunstancias familiares, la promoción social, la seguridad, o inclusive la plenitud en el ministerio.

Un enfoque no saludable en uno mismo y la familia es difícil de identificar, porque tiende a esconderse detrás de áreas de preocupación bíblicamente ordenadas. El contexto de la advertencia de Jesús en Mateo 10 es que los adversarios del hombre estarán dentro de su propio hogar (v. 36). Aunque la preocupación devota por la familia de uno es vitalmente importante, el beneficio fundamental que los padres pueden legar a sus hijos es un interés apasionado en cumplir la misión de Dios. Jesús repetidamente advierte contra todo lo que podría arrebatar esta pasión. "La pregunta si uno ama al padre o madre más que a Cristo es contestada en cualquier caso en que los deseos de los padres se oponen a la voluntad conocida de Cristo."[2]

Uno podría pensar que aquellos que se entregan al servicio cristiano, especialmente en el servicio misionero intercultural, serían inmunes al apego excesivo a las casas,

---

[1] Kenneth L. Barker, ed., *The NIV Study Bible* (Grand Rapids: Zondervan Publishing House, 1985), 1557.

[2] John A. Broadus, *Commentary on Matthew* (Philadelphia: American Baptist Publication Society, [1866?]; Grand Rapids: Kregel Publications, 1990), 232 (las páginas citadas son de la edición reimpresa).

las tierras o las comodidades. Desafortunadamente, este no es el caso. Los líderes de misiones a menudo lamentan la cantidad de tiempo entregada a resolver conflictos relacionados con el hospedaje, los automóviles y otros temas periféricos. El Dr. Ajith Fernando, un notorio líder evangélico de Sri Lanka, observa lo siguiente: "Si los cristianos no consideran al sufrimiento como parte del servicio y si la centralidad de la cruz es menoscabada, entonces su dolor será indebidamente incrementado debido a estas prevalecientes actitudes erróneas. Al tratar de evitar el sufrimiento algunos abandonarán el llamado de Dios."[3]

Los temas de la promoción social, la seguridad, y la plenitud en el ministerio están íntimamente relacionados. Todos se relacionan con el deseo humano universal de importancia. La importancia es medida por medios externos, tales como el reconocimiento o la recompensa, o por internos, tales como la sensación de plenitud. El Dr. Fernando se refiere a la "plenitud en el ministerio" como un "concepto quitado de la idea secular de satisfacción laboral antes que de la teología bíblica de la cruz."[4] No se quiere decir que un seguidor de Cristo nunca tiene una sensación de plenitud. Más bien, el seguidor del Cristo crucificado sirve fielmente aun durante períodos cuando la sensación de plenitud es leve o inexistente. Es al final del camino cuando el discípulo escuchará las palabras prometidas: "Bien, buen siervo y fiel" (Mateo 25:21, 23).

Por supuesto, la paradoja es que lo que uno abandona a menudo es regresado como regalo de Dios acompañando la vida dedicada a Su servicio. Jesús dijo, "De cierto os digo que no hay ninguno que haya dejado casa, o hermanos, o hermanas, o padre, o madre, o mujer, o hijos, o tierras, por

---

[3] Ajith Fernando, "Is Western Christian Training Neglecting the Cross?" *Trinity World Forum* 24 (Otoño 1998): 5.

[4] Ídem. 4

causa de mí y del evangelio que no reciba cien veces más ahora en este tiempo; casas, hermanos, hermanas, madres, hijos, y tierras, con persecuciones; y en el siglo venidero la vida eterna." (Marcos 10:29-30; véase también Mateo 19:16-30; Lucas 18:18-30).

Se deben hacer tres observaciones de estos textos. Primero, Jesús demanda el amor y la obediencia total. Aquellos que le siguen deben rendir incondicionalmente el control de sus vidas a Él. Ellos no dirigirán sus vidas de acuerdo a la preferencia personal. Con esto no decimos que los seguidores de Cristo deben ser caracterizados por un denso aire de misticismo. Más que todos, ellos serán capaces de pensar razonablemente al planear cumplir con la mayordomía de la vida. El Señor a menudo hace conocer Su voluntad a través de procesos de evaluación más bien comunes. Él también puede aclarar a Sus seguidores que les está permitiendo hacer ciertas elecciones de acuerdo a su preferencia personal. Dentro de una iglesia u organización misionera, la voluntad de Dios también puede ser conocida o confirmada a través de una comisión o concilio (Hechos 15:28), o a través de la dirección de un superior administrativo (Tito 1:5). Esencialmente, cualquiera sea la forma que el Señor haga conocer Su voluntad, es Él quien debe ser la autoridad final a ser obedecida incondicionalmente. Aquellos que siguen a Cristo buscarán con anhelo conocer Su voluntad al hacer elecciones relacionadas con temas tales como el ministerio, empleo, residencia, seguridad personal y estilo de vida.

Como Cristo no puede negarse a sí mismo (2 Timoteo 2:13), las determinaciones individuales de la voluntad de Dios deben ser consideradas a la luz del plan revelado de Dios para la humanidad. Todas las naciones serán bendecidas a través de Jesucristo, la simiente de Abraham (Génesis 12:3; 18:18; 22:18; Gálatas 3:8, 16). Jesús es el rey justo del reino eterno de Dios (2 Samuel 7:16; Mateo 1:1; 28:18; Apocalipsis 11:15). Los creyentes encontrarán su lugar en el reino de Dios principalmente a través de su participación dentro de la comunidad de la fe, la iglesia (Mateo 16:18; Efesios 2:10-22; 3:6, 10; 1 Timoteo 3:15; 1 Pedro 2:9-10). Los creyentes sirven como testigos de su fe en el Cristo crucificado y resucitado y en Su absoluta autoridad para reinar en todo el universo, ahora, en el futuro, y por toda la eternidad.

Aquellos que llevan este testimonio viven como Jesús enseñó en capítulos tales como Mateo 5. Ellos se identifican con el sufrimiento, la mansedumbre y la paz (Mateo 5:4, 5, 9). Ellos también se regocijan al enfrentar la persecución injusta (Mateo 5:11-12) sirviendo como sal y luz en el mundo (Mateo 5:13-14).

Segundo, Su Señor, quien cuida de Su pueblo como solo un padre y pastor amoroso puede hacerlo, se deleita en dar a los que obedecen totalmente bendición tras bendición, mucho más abundantemente de lo que ellos podrían haber demandado si hubieran estado en control de sus vidas. Sin embargo, las bendiciones no son poseídas, ni son derechos. Más bien, son dones de gracia de Dios sobre sus hijos amados (Salmo 103:13; Mateo 6:31-33; Juan 1:16; Romanos 8:32; Filipenses 4:19; 1 Juan 3:1).

Tercero, las persecuciones y otras formas de dificultades caracterizarán a esta era. Jesús dijo: "En el mundo tendréis aflicción; pero confiad, yo he vencido al mundo" (Juan 16:33). Pablo escribió, "Y también todos los que quieren vivir piadosamente en Cristo Jesús padecerán persecución" (2 Timoteo 3:12). Los hijos del maldad siempre han perseguido a los hijos de la luz, y seguirán hasta el fin de mundo (1 Corintios 2:8; Gálatas 4:29; Efesios 6:10-12; 2 Timoteo 3:13). Ningún hecho es más típico del Cristianismo mundial del presente día que el maltrato irrazonable y a menudo ofensivo de cristianos.[5]

---

[5] Véase Paul Marshall con Lela Gilbert, *Their Blood Cries Out: The Worldwide Tragedy of Modern Christians Who Are Dying For Their Faith* (Dallas: Word, 1997); James Hefley y Marti Hefley, By Their Blood, 2a. ed. (Grand Rapids: Baker Book House, 1996).

Además de la persecución pública, formas menos agresivas de privaciones a menudo resultan de la elección de seguir a Jesús. A veces, los cristianos enfrentan la discriminación en el trabajo, la educación o el hospedaje. Ellos deben estar preparados para aceptar circunstancias poco óptimas en obediencia gozosa a su Señor. La preocupación con las posesiones y la comodidad, la posición y el poder simplemente no armonizan con el estilo de vida de aquel que toma seriamente el mandamiento de Jesús de negarse a sí mismo, tomar su cruz y seguirle.

Las iglesias por supuesto disfrutarán de tiempos de paz (Hechos 9:31). Los creyentes necesitan aprender, al igual que Pablo, a estar "contentos en toda circunstancia." El dijo: "Sé vivir humildemente, y sé tener abundancia; en todo y por todo estoy enseñado, así para estar saciado como para tener hambre, así para tener abundancia como para padecer necesidad. Todo lo puedo en Cristo que me fortalece" (Filipenses 4:12-13).

Sin embargo, cuando se refiere a seguir a Cristo, aun en los tiempos de paz habrá siempre una cruz. Creer de cualquier otro modo es un engaño. Prepararse para algo menos significa no estar preparado. Experimentar algo menos es una indicación de fracaso.

Proclamando la cruz

El representante de Jesucristo debe permanecer siempre concentrado en la cruz como el centro de toda proclamación cristiana. Los siguientes versículos demuestran que Pablo consideró la predicación del evangelio como la proclamación del mensaje de la cruz: "Pues no me envió Cristo a bautizar, sino a predicar el evangelio; no con sabiduría de palabras, para que no se haga vana la cruz de Cristo. Porque la palabra de la cruz es locura a los que se pierden; pero a los que se salvan, esto es, a nosotros, es poder de Dios" (1 Corintios 1:17-18).

Lógicamente se asume que todo aquel que predique el evangelio debe entregar el mensaje de la cruz. Numerosos textos demuestran que el mensaje de la cruz se refiere principalmente a la expiación provista por Jesucristo a través de Su muerte y resurrección. Un mensaje secundario, enseñado por Jesús mismo, extiende a la cruz metafóricamente a la vida de auto sacrificio característica de todo verdadero seguidor de Cristo. Nadie puede clamar ser un predicador del evangelio sin proclamar la redención provista por medio de la muerte de Cristo y una subsecuente vida de sacrificio personal consistente con el mandamiento de Cristo de "tomar su cruz."

En Gálatas, Pablo identifica a la cruz como causa de persecución: "Y yo, hermanos, si aún predico la circuncisión, ¿por qué padezco persecución todavía? En tal caso se ha quitado el tropiezo de la cruz... Todos los que quieren agradar en la carne, éstos os obligan a que os circuncidéis, solamente para no padecer persecución a causa de la cruz de Cristo" (Gálatas 5:11; 6:12).

Para Pablo, la cruz había llegado a convertirse en símbolo de su renuncia a lo que él llamaba "el mundo." Él escribió: "Pero lejos esté de mí gloriarme, sino en la cruz de nuestro Señor Jesucristo, por quien el mundo me es crucificado a mí, y yo al mundo" (Gálatas 6:14).

En Efesios, Pablo establece la base para la eclesiología del Nuevo Testamento. No es sorprendente que el medio de Cristo para unir a judíos y gentiles en un solo cuerpo sea la cruz. "Para crear en sí mismo de los dos un solo y nuevo hombre, haciendo la paz, y mediante la cruz reconciliar con Dios a ambos en un solo cuerpo, matando en ella las enemistades" (Efesios 2:15b-16).

En Filipenses, la cruz de Jesús representa la esencia de la humildad: "y estando en la condición de hombre, se humilló a sí mismo, haciéndose obediente hasta la muerte, y muerte de cruz" (Filipenses 2:8). Refiriéndose a aquellos que rechazan una vida de auto sacrificio, Pablo escribió: "Porque por ahí andan muchos, de los cuales os dije muchas veces, y aun ahora lo digo llorando, que son enemigos de la cruz de Cristo" (Filipenses 3:18).

Pablo firmemente advirtió a los colosenses contra el incipiente gnosticismo entonces prevaleciente. Fue Cristo, y no una misteriosa experiencia quien proveyó la reconciliación para todas las cosas, y lo hizo "mediante la sangre de su cruz" (Colosenses 1:20). La crucifixión también proveyó libertad del castigo por quebrantar la ley de Dios: "Y a vosotros, estando muertos en pecados y en la incircuncisión de vuestra carne, os dio vida juntamente con él, perdonándoos todos los pecados, anulando el acta de los decretos que había contra nosotros, que nos era contraria, quitándola de en medio y clavándola en la cruz, y despojando a los principados y a las potestades, los exhibió públicamente, triunfando sobre ellos en la cruz" (Colosenses 2:13-15).

El autor de Hebreos se incluyó a sí mismo al exhortar a sus lectores: "puestos los ojos en Jesús, el autor y consumador de la fe, el cual por el gozo puesto delante de él sufrió la cruz, menospreciando el oprobio, y se sentó a la diestra del trono de Dios" (Hebreos 12:2).

La cruz, por tanto, fue el punto focal de la predicación del Nuevo Testamento. Sirvió como el centro del mensaje del evangelio siendo proclamado, y sirvió como el constante recordatorio para aquellos que proclamarían a Cristo que su ejemplo para el ministerio debe siempre ser el Cristo crucificado.

Implicaciones de la cruz

Conocer a Jesús es verle llevar Su cruz hasta el Calvario, morir por los pecados del mundo y luego resucitar de los muertos—con el poder adecuado para "salvar perpetuamente a los que por él se acercan a Dios" (Hebreos 7:25). Jesús advirtió sobre aquellos que tratarían de entrar en el redil de alguna otra manera (Juan 10:1). La "conversión" cristiana que pasa por alto la cruz (1) omite el arrepentimiento, (2) no alienta la verdadera fe, y (3) no provee un fundamento firme para el servicio cristiano.

Las siguientes tres implicaciones principales de la cruz deben ser consideradas desde el momento de la salvación:

Primero, la cruz habla del castigo por el pecado. Las Escrituras uniformemente enseñan que el pecado es una afrenta terrible contra un Dios santo. "Dios es juez justo, y Dios está airado contra el impío todos los días" (Salmo 7:11). La muerte de Cristo fue una substitución, puesto que Él cargó con el castigo por los pecados del mundo (Isaías 53:5, 10; 2 Corintios 5:21) para poder ser el "Salvador del mundo" (Juan 4:42, 1 Juan 4:14). Este castigo demuestra la gravedad y consecuencia del pecado humano. El creyente recuerda este castigo cada vez que se observa la Santa Cena (1 Corintios 11:26). El creyente también recuerda el castigo por el pecado que espera a aquellos que rechazan el ofrecimiento de Dios de gracia divina (Mateo 3:12; Marcos 9:42-48; Hebreos 10:26-31; Judas 14-15; Apocalipsis 20:11-15; 21:8).

Segundo, vemos el alcance de lo que ocurrió en la cruz. En 2 Corintios 5:14 se declara que Cristo murió por todos: "Porque el amor de Cristo nos constriñe, pensando en esto: que si uno murió por todos, luego todos moriremos." La obligación de servir como resultado de esto es expresada en el versículo 15: "y por todos murió, para que los que viven, ya no vivan para sí, sino para aquel que murió y resucitó por ellos." El Espíritu de Cristo en los creyentes anhela la proclamación del evangelio a todos los habitantes de la tierra. Hasta que dicha tarea sea cumplida, cada mención de la cruz impulsa al creyente a dar un testimonio renovado a toda la tierra, puesto que Cristo murió por todos. De manera similar, en 1 Juan 2:2-3, la muerte de Cristo por los pecados de todo el mundo sirve como el fundamento lógico para la obligación del creyente a obedecer Sus mandamientos: "Y él es la propiciación por nuestros pecados; y no solamente por los nuestros, sino también por los de todo el mundo. Y en esto sabemos que nosotros le conocemos, si guardamos sus mandamientos." Los mandamientos considerados inmediatamente después de la pasión de Cristo en los Evangelios son los mandamientos de hacer discípulos a todas las naciones y recibir la investidura de poder (Mateo 28:19-20; Lucas 24:46-49; Hechos 1:4, 8). La cruz por tanto permite al creyente identificarse con la misión mundial de Cristo en anticipación del cumplimiento exitoso del apostolado transferido (Juan 20:21).

Tercero, la cruz habla de nueva vida, puesto que su mensaje acarrea la perspectiva de la resurrección. Lo viejo ha pasado, y todas las cosas se han hecho nuevas (2 Corintios 5:17). Hemos sido crucificados con Cristo, mas estamos vivos (Gálatas 2:20). Como somos resucitados con Cristo, ponemos nuestra mira en las cosas de arriba (Colosenses 3:1-2). La vida de resurrección nos ha dado una nueva alianza, nuevo gozo, nueva familia y nueva misión. A través del castigo de la cruz, Cristo proveyó un plan único de salvación a ser compartido por todos los creyentes (Hechos 4:12; Judas 3). Por medio de la misma cruz, todos los creyentes comparten del mismo modo una invitación común a servir: "Si alguno quiere venir en pos de mí, niéguese a sí mismo, y tome su cruz, y sígame" (Mateo 16:24). La ceguera y el extravío de la vida anterior son reemplazados por la visión clara de una mente fijada en las cosas de arriba. Dicha vida resucitada ofrece una base lógica para el mandamiento moral de discipular a todas las naciones.

Discipulado transformativo

La iglesia transformará al mundo hasta el grado que su pueblo practique el discipulado radical. Para ser transformadores del mundo, los creyentes deben primero saber que han pasado de muerte a vida. Luego, ellos deben estar lo suficientemente desatisfechos con un cierto estado para promover el cambio.

Primero, como cada creyente es parte de "todos" por quienes Cristo murió (2 Corintios 5:14), el creyente debe aceptar personalmente el completo poder transformador de la cruz. Tal como dice 2 Corintios 5:17: "De modo que si alguno está en Cristo, nueva criatura es; las cosas viejas pasaron; he aquí todas son hechas nuevas." A causa de la cruz, el discípulo no necesita sentirse víctima de pecados o injusticias pasadas, ya sean propias o de otra persona, o de la combinación de pecado y rebelión de sus antepasados. Puesto que "si el Hijo os libertare, seréis verdaderamente libres" (Juan 8:36). El Cristo de la cruz ha vencido todo, trayendo una libertad para servir que atrae a los demás.

Segundo, el discípulo es afligido en gran manera por la injusticia, el egoísmo, y la búsqueda precipitada de placer que caracteriza al reino de las tinieblas. Este aborrecimiento del mal es primero demostrado por un estilo personal de vida transformado. "Porque, ¿qué compañerismo tiene la justicia con la injusticia? ¿Y qué comunión la luz con las tinieblas?" (2 Corintios 6:14b). Según las palabras de Pedro, "Puesto que Cristo ha padecido por nosotros en la carne, vosotros también armaos del mismo pensamiento; pues quien ha padecido en la carne, terminó con el pecado" (1 Pedro 4:1). O, como Pablo dice a los romanos, "Así también vosotros consideraos muertos al pecado, pero vivos para Dios en Cristo Jesús, Señor nuestro" (Romanos 6:11). Aunque arrebata a algunos del fuego, el creyente aborrece "aun la ropa contaminada por su carne" (Judas 23). Los creyentes "han crucificado la carne con sus pasiones y deseos" (Gálatas 5:24). Ellos se identifican con Pablo quien escribió: "Pero lejos esté de mí gloriarme, sino en la cruz de nuestro Señor Jesucristo, por quien el mundo me es crucificado a mí, y yo al mundo" (Gálatas 6:14). Ellos guardan los mandamientos del Señor—los cuales no son carga porque han vencido al mundo por medio de su fe (1 Juan 5:3-5).

En resumen, el imán del actual orden social ha perdido su atracción sobre los creyentes que han puesto su mirada en las cosas de arriba (Colosenses 3:1). Tal como un pastor nigeriano dijo una vez, "Se requiere de una persona crucificada para predicar a un Cristo crucificado."[6] Como

---

[6] Amos Emang, Eastern Nigeria Bible Institute chapel, Ogaja, Nigeria, [1976?].

creyente, el misionero es un peregrino y se identifica con la audiencia de Pedro al escribir sobre antiguos conocidos a quienes "les parece cosa extraña que vosotros no corráis con ellos en el mismo desenfreno de disolución, y os ultrajan" (1 Pedro 4:4).

El misionero esencialmente está separado del actual orden mundial, un ciudadano del reino venidero, que ya ha invadido al mundo presente y que vendrá pronto en plenitud de poder (Filipenses 3:20). La transformación que misioneros traen al actual orden mundial proviene precisamente a causa de su alianza primordial al reino de Cristo. Por tanto, la vida del misionero es caracterizada por el hábito devocional, marcado por un lado por la oración y la alabanza y por otro por el estudio serio y sistemático de la Palabra de Dios. De este modo, el mandamiento principal del reino es cumplido: "Y amarás al Señor tu Dios con todo tu corazón, y con toda tu alma, y con toda tu mente, y con todas tus fuerzas" (Marcos 12:30). Solo con esta prioridad en su lugar el misionero puede esperar cumplir el segundo mandamiento, "amarás a tu prójimo como a ti mismo" (Marcos 12:31).

La obra misionera se concentra en edificar la iglesia como una comunidad del Rey, una confraternidad de los crucificados. La influencia de la iglesia entonces se extiende a aquellos cerca y lejos. Parte de la naturaleza de la iglesia es ofrecer los beneficios de la educación a la sociedad, ministrar con compasión a los que sufren hambre y a los enfermos, y representar la preocupación de Dios por la humanidad siendo sal y luz en medio de ella, especialmente en ambientes de explotación y deshumanización. El amor de uno por su prójimo, creado a la imagen de Dios, es edificado sobre el amor que uno tiene por Dios. La vida del misionero es caracterizada por la entrega desinteresada de la forma y en el lugar necesario. Tal es la naturaleza del discipulado radical.

Es absolutamente esencial entender que la separación tan firmemente enseñada en el Nuevo Testamento no es de ningún modo una separación de la identificación con los sufridos, abusados y desprotegidos. Aunque librado del sistema mundial impío, el creyente se acerca al mundo para tocar el sufrimiento humano. Nadie jamás fue tan libre del mundo como lo fue Cristo; al mismo tiempo, nadie jamás penetró al mundo tan dispuesta y completamente con amor redentor. La misma separación voluntaria del sistema mundial al mismo tiempo que se identifica con sus víctimas debe caracterizar a los apóstoles de Cristo. A causa de que no son del mundo (Juan 15:19) ellos pueden amar tan firme y efectivamente a personas que necesitan la liberación de Cristo de la esclavitud de este mundo. Esta separación también es la raíz de la persecución que deben soportar (Juan 15:20) aun al entregar el evangelio, realizando las "mayores obras" que Cristo dijo que aquellos que tienen fe en Él realizarían (Juan 14:12). La iglesia separada y perseguida es la que provee la atmósfera para estas "mayores obras" que dan testimonio de la presencia del Rey.

Preguntas de repaso

1. Cite tres observaciones que hace el texto con respecto a la enseñanza de Cristo sobre la cruz. Explique estos puntos y escriba su propia evaluación en cuanto a la centralidad de la cruz en la enseñanza de Jesús.

2. Describa el lugar de la cruz en la enseñanza de las Epístolas. Cite ejemplos específicos.

3. Comente sobre las tres implicaciones de la cruz ofrecidas en el texto.

4. Describa la "paradoja de separación e identificación" que sirve como base para el discipulado radical.

CAPÍTULO 11

El bautismo en el Espíritu Santo

Poder para el servicio

Si la salvación y su consecuente compromiso a una vida de discipulado radical forman el fundamento del servicio cristiano, el bautismo en el Espíritu Santo provee el poder para dicho servicio. La mayoría de los cristianos estarían de acuerdo que la investidura del poder del Espíritu es básica para una vida de servicio; la contribución pentecostal es el énfasis de que esta investidura es subsecuente a la salvación, que el creyente es bautizado en el Espíritu Santo después de haber sido salvo. El mandamiento de Cristo en Hechos 1:4-5 es comprendido como algo normal para toda la iglesia hasta que Él regrese: "Y estando juntos, les mandó que no se fueran de Jerusalén, sino que esperasen la promesa del Padre, la cual, les dijo, oísteis de mí. Porque Juan ciertamente bautizó con agua, mas vosotros seréis bautizados con el Espíritu Santo dentro de no muchos días."

Aunque la consideración detallada de la posición tradicional pentecostal en cuanto a la subsecuencia del bautismo del Espíritu Santo está más allá del objetivo de este libro, se deben notar los siguientes puntos:

1. La promesa de la investidura del Espíritu Santo (Juan 14:17) ocurrió cuando Jesús sopló sobre los discípulos y dijo: "Recibid el Espíritu Santo" (Juan 20:22). Fue después de esto que Jesús mandó a los discípulos "que esperasen la promesa del Padre" (Hechos 1:4). Esto es consistente con la opinión de que el bautismo en el Espíritu Santo es una investidura de poder subsecuente a la recepción del Espíritu experimentada por todos los creyentes del Nuevo Testamento.

2. En todo el libro de Hechos, la investidura de poder fue algo normal para toda la iglesia. Esto es visto en Samaria (Hechos 8), en el relato sobre Cornelio (Hechos 10; 11) y en Efeso (Hechos 19). En Hechos 8 y 19 este derramo de poder vino con la imposición de manos, mientras que en Hechos 10

vino espontáneamente cuando el evangelio estaba siendo predicado. En Hechos 8 la administración de poder es claramente subsecuente a la salvación. En Hechos 19:2 el participio aoristo *pisteusantes* (del verbo para "creer") puede indicar una acción antes de la acción del verbo principal. En ese caso, Hechos 19 apoyaría la subsecuencia, o sea, una investidura de poder subsecuente a la salvación.

Sin embargo, el argumento para la subsecuencia no depende de esta interpretación del participio. Aunque *pisteusantes* tuviera el mismo tiempo que el verbo principal, como algunas veces es el caso con el participio aoristo, la venida del Espíritu Santo puede ser considerada como básicamente simultánea sin ser el mismo evento de creer.[1] Esto parece ser lo que ocurrió en Hechos 10 (relatado de nuevo en Hechos 11). Cuando los oyentes escucharon a Pedro presentar el evangelio, ellos creyeron (una experiencia) y fueron simultáneamente llenos con el Espíritu Santo (una experiencia separada aunque simultánea).

3. Esta investidura es una administración de poder sobrenatural para cumplir la comisión de Cristo de discipular a las naciones. Que este debe ser el plan de la iglesia hasta que Cristo regrese es demostrado por la secuencia de pensamiento de poder / naciones / regreso en Hechos 1:8-10: "Pero recibiréis poder, cuando haya venido sobre vosotros el Espíritu Santo, y me seréis testigos en Jerusalén, en toda Judea, en Samaria, y hasta lo último de la tierra. Y habiendo dicho estas cosas, viéndolo ellos, fue alzado, y le recibió una nube que le ocultó de sus discipulos. Y

---

[1] Para una discusión sobre el participio aoristo como se usa en Hechos 19, vea Stanley M. Horton, *Acts*, vol. 6 of *The Complete Biblical Library: The New Testament* (Springfield, MO.: World Library Press, 1991), 449.

estando ellos con los ojos puestos en el cielo, entre tanto él se iba, he aquí se pusieron junto a ellos dos varones con vestiduras blancas, los cuales también les dijeron: Varones galileos, ¿por qué estáis mirando al cielo? Este mismo Jesús, que ha sido tomado de vosotros al cielo, así vendrá como le habéis visto ir al cielo."

Poder y confianza divina

En términos prácticos, esto significa que el misionero pentecostal enfoca la obra confiado de que el poder (griego *dunamis*) del Espíritu Santo, recibido al ser bautizado en el Espíritu Santo, será adecuado para cualquier desafío. No hay necesidad de dudar en el testimonio personal, la predicación pública, el ejercicio de los dones espirituales, o la confrontación directa con los poderes de las tinieblas.

La confianza del misionero pentecostal descansa principalmente en el poder impartido al mismo tiempo que fue bautizado en el Espíritu Santo; la declaración de Jesús uniendo el poder pentecostal con el ejercicio del testimonio universal es fundamental (Hechos 1:8). Además de las habilidades naturales y los dones que han sido descubiertos en el transcurso del ministerio, el misionero pentecostal también anhela "los dones mejores" (1 Corintios 12:31), sabiendo que existe un abundante poder divino para aquellos que avanzan en obediencia a la voluntad de Dios (1 Corintios 12:11; Efesios 4:7). Es natural por tanto que el misionero pentecostal espere operar en lo sobrenatural.

Ocasionalmente, un creyente pentecostal puede sentir que su experiencia del bautismo en el Espíritu Santo sea inadecuada, y necesita luchar con esto. Tratar dichos sentimientos honestamente creará un hambre insaciable de la presencia de Dios—tan necesario para el cumplimiento de la misión de Dios. Además de Hechos 1:8, el creyente recuerda promesas claves tales como las siguientes:

"Porque yo derramaré aguas sobre el sequedal, y ríos sobre la tierra árida; mi Espíritu derramaré sobre tu generación, y mi bendición sobre tus renuevos" (Isaías 44:3).

"Y después de esto derramaré mi Espíritu sobre toda carne, y profetizarán vuestros hijos y vuestras hijas; vuestros ancianos soñarán sueños, y vuestros jóvenes verán visiones. Y también sobre los siervos y sobre las siervas derramaré mi Espíritu en aquellos días" (Joel 2:28-29).

"Bienaventurados los que tienen hambre y sed de justicia, porque ellos serán saciados" (Mateo 5:6).

"¿Qué padre de vosotros, si su hijo le pide pan, le dará una piedra? ¿O si pescado, en lugar de pescado, le dará una serpiente? Pues si vosotros, siendo malos, sabéis dar buenas dádivas a vuestros hijos, ¿cuánto más vuestro Padre celestial dará el Espíritu Santo a los que se lo pidan?" (Lucas 11:11-13).

Aunque la búsqueda de Dios dura toda la vida, el creyente debe alcanzar una experiencia humilde pero llena de poder del bautismo en el Espíritu Santo. Fracasar en este punto es alejarse del único poder adecuado para cumplir el desafío del mandato de Cristo. La iglesia es debilitada y su resultado final es inadecuado si los misioneros operan con algo menos que la experiencia del bautismo en el Espíritu Santo.

Otras preocupaciones

Otras dos preocupaciones deben ser tratadas. Primero, el bautismo en el Espíritu Santo no debe ser comparado con emocionalismo o alguna otra reacción humana a la presencia del Espíritu. Las personalidades humanas son diferentes, y las respuestas varían. Lo esencial es la realidad de la administración de poder divino concentrado en el testimonio y el servicio. Existen aquellos que comparan al pentecostalismo con la exhuberancia en la adoración o la conducta emocional. Aunque sería imprudente menoscabar la importancia de las emociones humanas o los formatos de adoración avivada, éstos no son la esencia del pentecostalismo. El corazón del pentecostalismo es la investidura de poder sobrenatural de los creyentes para que puedan, tanto en hecho como en palabras, llevar el testimonio de Cristo a las naciones del mundo.

Segundo, el tema de hablar en lenguas necesita ser tratado. El acontecimiento de hablar en lenguas en Hechos fue "notable" ya que fue ampliamente visto y se convirtió en objeto de gran discusión (Hechos 2:7-12). También fue "evidente" porque fue la evidencia más eficaz a la cual Pedro pudo apelar en su defensa por haber bautizado a gentiles (Hechos 10:44-48; 11:15-17). Los creyentes pentecostales en todo el mundo notan las dos mismas funciones en la dispersión contemporánea del evangelio. Lo sobrenatural, incluyendo manifestaciones tales como las sanidades y el hablar en lenguas, es todavía algo notable para una gran cantidad de personas. En todo el mundo, las multitudes todavía se preguntan, "¿Qué significa esto?" Además, hablar en lenguas es aún una evidencia puesto que ocurre dentro del contexto de la adoración cristiana. Menciono el contexto cristiano porque puede también haber una imitación demoníaca. En mi experiencia, por ejemplo, una mujer bajo el poder demoníaco que no conocía el inglés me habló en inglés. Sin embargo, cuando el evangelio es predicado y los creyentes buscan ser llenos con el Espíritu Santo, toda la iglesia sabe que han sido llenos cuando comienzan a adorar a Dios en otras lenguas. Este fenómeno es típico mundialmente en los contextos de la adoración pentecostal, y es la principal razón por la cual hombres y mujeres aparentemente comunes se convierten en poderosos testigos de Cristo.

Parecería adecuado, como una antítesis del fenómeno en Babel, que aquellos investidos de poder para representar a Cristo entre las naciones del mundo reciban dicho poder con la señal acompañante de hablar en las lenguas del mundo. Tal como Don Richardson observa: "Considerado dentro del contexto del ministerio de Jesús y sus planes claramente expresados para todo el mundo, la investidura de dicha milagrosa explosión de lenguas *gentiles* pudo tener un solo propósito: ...la evangelización de todos los pueblos."[2]

A veces, personas amistosas no pentecostales preguntan a los pentecostales si han disminuido su énfasis en la evidencia de las lenguas. Dichas preguntas normalmente se enfocan en la discusión doctrinal o la práctica de adoración sin relacionarlas con la *missio Dei* y la iglesia. Sin embargo, lo que debe ser notado, es la correlación entre el hablar en lenguas y la experiencia resultante del testimonio cristiano, especialmente entre aquellos de diferente raza y lengua. En cuanto exista un mundo herido y quebrantado, dividido principalmente por las barreras de lengua y raza, espero que los pentecostales aumenten su énfasis en el hablar en lenguas. Sería una tragedia terrible si nos alejamos de esa parte de nuestra herencia que da evidencia más directamente de la determinación de Dios de bendecir a todas las naciones a través de Cristo, la simiente de Abraham (Gálatas 3:16).

Desdichadamente, la posición pentecostal ha sido ocasionalmente una fuente de debate, o incluso de división. Sin embargo, el plan pentecostal no es típicamente uno controversial. Más bien es el plan del Espíritu—el plan del pueblo de Dios moviéndose en el poder de Dios para cumplir Su misión (*missio Dei*) entre todos aquellos creados a la imagen de Dios. Al igual que el libro de los Hechos, los pentecostales modernos reportan grandes derramamientos del Espíritu Santo, incluyendo demostraciones espontáneas de lenguas que resultan en evangelismo planeado o espontáneo, especialmente entre los pobres, incluyendo aquellos de gran diversidad de raza e idioma. Aquellos con hambre son invitados a participar para que puedan ser participantes en las Misiones en la era del Espíritu.

---

[2] Don Richardson, *Eternity in Their Hearts* (Ventura, California: Regal Books, 1981), Énfasis de Richardson.

Preguntas de repaso

1. Describa la base bíblica para la investidura de poder básica en la teología pentecostal del ministerio. Comente lo que usted piensa de los textos relevantes.

2. Comente sobre el hablar en lenguas como evidencia de la preocupación divina por las naciones del mundo.

CAPÍTULO 12:

Hábito devocional

Los alumnos a menudo piden a sus maestros sugerencias para realizar una carrera misionera exitosa. Aunque estas preguntas a menudo se refieren a las habilidades para el liderazgo, la sensibilidad intercultural, o el desarrollo ministerial, el verdadero secreto para representar bien al reino es mantener una relación sana con el Rey. Esto es realizado principalmente dando prioridad a una sana vida devocional. Tener éxito en este punto es la clave para todo lo que un misionero espera lograr. No existe substituto para una profunda relación con Dios, lo cual resulta de la comunión habitual con Él y la respuesta obediente a Su Palabra. El fracaso en este punto separa al siervo de la voluntad de su Amo, haciendo que aun el servicio sacrificado sea débil y carente de bendición. El bautismo en el Espíritu Santo nunca es un substituto por la disciplina de devoción. Más bien, la devoción es la atmósfera en la cual el poder del Espíritu Santo opera para cumplir la *missio Dei* en la tierra.

Las presiones de la vida y el ministerio a menudo golpean la calidad y cantidad del tiempo personal de enriquecimiento espiritual del misionero. Para alentar el hábito devocional como prioridad, lo trataremos con profundidad bajo dos títulos. Primero, serán considerados varios beneficios que resultan al mantener una vida devocional adecuada. Luego, se darán varias ideas sobre cómo cumplir los objetivos devocionales.

Beneficios del hábito devocional

1. Punto de vista bíblico del mundo

Los efectos del ambiente social a menudo se demuestran en las suposiciones básicas de un individuo acerca de la vida. Por un lado, el ambiente contribuye a una rica diversidad cultural. Pero por otro lado, las presiones sociales pueden predisponer a un individuo hacia opiniones no bíblicas sobre los asuntos del momento.

Los dos componentes esenciales de un hábito devocional personal son el estudio de la Biblia y la oración. Idealmente, estos dos son enriquecidos a través del canto, la lectura de otros materiales devocionales, y la meditación personal (tal como se hace al escribir). La discusión también puede enriquecer las devociones de uno, compartiendo con alguien ya sea en el momento del devocional o más tarde, tal vez en una clase.

El cristiano considera a la Biblia como "inspirada" (véase 2 Timoteo 3:16; griego *theopneustos*, "soplado por Dios"). Al igual que muchos otros cristianos, los pentecostales típicamente creen que esta inspiración es "verbal y completa," o sea que las mismas palabras de toda la autografía de la Biblia son inspiradas. Para dichos creyentes, la pregunta en cualquier situación es, "¿Qué dice la Biblia?" Se considera que la Biblia trata los temas de teología, valores morales, y las grandes preguntas de la vida. Por ejemplo, la Biblia habla del propósito de Dios en Su creación, el propósito de la iglesia, y el propósito de la existencia individual. Describe el papel y las responsabilidades del individuo con respecto a la familia, la iglesia, la comunidad, el estado, y el extraño, o extranjero.

Considerar la vida cristiana sin un medio adecuado para comprender el mensaje de la Biblia deja a uno vulnerable a formar valores y tomar decisiones basadas en la opinión pública. Aunque dichas personas sean verdaderas creyentes, su contribución al avance del reino de Dios puede ser disminuida. ¿Cómo puede uno contribuir significativamente a una causa que es entendida vagamente?

El primer beneficio de un hábito devocional consistente entonces es la realización de una perspectiva mundial que toma seriamente el mensaje de las Escrituras. Aunque los cristianos serios tal vez no estén de acuerdo con todos los asuntos actuales, aquellos que leen habitualmente la Biblia tienden a sostener posturas comunes en cuanto a la vida. Al ser enfrentados con las elecciones de la vida, sus puntos de referencia instintivos son las personas, los eventos y los mandamientos de las Escrituras. Este enfoque a la vida afecta directamente la manera en que un misionero contribuye al cumplimiento de la obra. Solamente cuando los misioneros permanecen bajo la tutela de la Palabra tienen la esperanza de reflejar y representar los valores del reino interculturalmente.

En contraste, aquellos que carecen de una dieta consistente de las Escrituras, naturalmente tenderán a edificar sus estructuras de valores en las noticias o medios de entretenimiento, las opiniones de amigos y familiares, u otras fuentes dentro del ambiente local.

2. Un ancla

¿Cómo puede un misionero permanecer calmo y seguro cuando las circunstancias de la vida parecen ser un viento aullador? Los ataques emocionales, mentales, físicos y espirituales a menudo resultan en un temor paralizante y debilitante. V. Raymond Edman aconseja, "El peligro temido es una tontería, el peligro enfrentado es libertad."[1] Pero, ¿cómo se puede enfrentar efectivamente el peligro personal?

En Apocalipsis 22:6, el ángel dijo a Juan, "Estas palabras son fieles y verdaderas." Uno de los principales propósitos del devocional personal es profundizar la convicción de que la Palabra de Dios es verdadera. Por un lado, el misionero cree absolutamente que el plan de Dios para la historia ocurrirá exactamente como Él dijo: con aquellos de cada nación, tribu, pueblo y lengua adorando a Cristo. Aun la tierra más difícil debe rendirse a Su señorío. Por otro lado, el misionero cree absolutamente que ninguna circunstancia personal, ni dolor, ni soledad, ni incomprensión, ni batalla espiritual—puede arrebatar la certeza de que Dios está en control de su vida, le ama y está complacido con su amor

---

[1] V. Raymond Edman, *The Disciplines of Life* (Minneapolis: World Wide Publications, 1948), 23.

por Él. Esta esperanza es un "ancla del alma" (Hebreos 6:19). Es firme y segura y mantendrá al misionero seguro y productivo en medio de cada prueba.

La creencia de que la Palabra de Cristo es digna de confianza y verdadera, dispersa el temor que se enfoca en lo imposible y lo desconocido, porque Dios es Dios de ambos. El creyente se postra a los pies de Jesús como lo hizo Juan en Apocalipsis, indicando la sumisión total, sabiendo que si Él permite el sufrimiento, es por un tiempo limitado. Enfrentar las pruebas obedientemente solo nos hace crecer más como Cristo. No existe la posibilidad de ser abandonado o que la oración sea ineficaz. El creyente está tan íntimamente identificado con Dios que una ofensa contra el creyente es una ofensa contra Dios y será vengado por Dios mismo (Zacarías 2:8; Hebreos 10:30). Nada puede arrebatar al creyente de la mano protectora de Dios (Juan 10:28-29). El creyente no se somete al temor, sabiendo que cualquier cosa temida es temporal e insignificante, comparada con la eternidad. Ninguna circunstancia presente, sin importar cuán amenazante pueda ser, puede quitar la verdad de la Palabra de Dios. La inversión de una vida por Jesús tiene valor eterno. Nunca es desperdiciada, pasada por alto, y especialmente, nunca deja de ser recompensada.

Él es Señor aun durante nuestros días malos, y aunque el misionero esté conciente de que hay una cruz que debe ser cargada, también tiene el conocimiento confiado de que después de la cruz viene la resurrección y la corona. Donde reina el temor, habrá apatía, complacencia y descontento. Donde Cristo está en control, la parálisis del temor dará lugar a la actividad de la fe. Aun en medio de tiempos difíciles, "Es imposible conocerle, amarle y rendirse a Él como Señor—¡y no hacer *nada*! ¡Su misma presencia nos quita de nuestra comodidad, demandando y provocando actividad!"[2]

---

[2] Anne Graham Lotz, *The Vision of His Glory* (Dallas: Word, 1996), 113, Énfasis de Lotz.

3. Crecimiento en adoración

Otro beneficio de un hábito devocional sano es el crecimiento en la adoración. Dios es adorado solamente en la manera en que es conocido, y Él es conocido principalmente a través de Su palabra. A medida que Dios es mejor conocido, los coros e himnos de adoración toman un nuevo significado. El adorador siente lo que el autor de la canción sintió, y el corazón responde en gozosa adoración al Señor.

Dentro del contexto extranjero, los formatos de adoración locales son igualmente significativos a causa de la perspectiva bíblica compartida aunque pueda haber poca similitud en forma o sonido con la adoración del país nativo.

4. Súplica e intercesión eficaz

Muchos misioneros oran por el mundo sistemáticamente usando materiales impresos y el Internet sobre el progreso de la evangelización mundial. Estos recursos informativos y guías de oración tratan con el mundo país por país y son actualizados periódicamente. El progreso del evangelio es investigado estadísticamente y se describen los grupos de personas aún no evangelizadas.

A medida que el creyente se deleita en conocer a Dios y responderle en alabanza, resulta un ministerio renovado de oración. El misionero descubre que la suplicación y la intercesión producen unidad entre los colegas que comparten la labor. Ojalá que sus oraciones estén centradas en el reino de Dios (Mateo 6:33). Lágrimas son derramadas por las necesidades de los demás. Entonces, inevitablemente, el gozo compartido de la oración contestada produce un lazo permanente como ninguna otra cosa puede hacerlo. Cuando el reino de Cristo triunfa a pesar de toda adversidad, aquellos que comparten en sus sufrimientos se convierten en miembros permanentes de la familia. No existe mayor gozo, un gozo conocido solamente a través de la oración.

5. Visión compartida

Los padres en una familia misionera a menudo buscan maneras significativas para compartir el gozo de su llamado con sus hijos, así como también con otros que puedan ser parte de su hogar. Las devociones familiares proveen la oportunidad para discutir las preguntas incitadas por la lectura diaria o hechas por los participantes del tiempo devocional. De esta manera los padres comparten su visión con sus hijos. Los hijos aprenden cómo orar al orar con sus padres. Ellos también aprenden al observar la vida devocional privada de sus padres, ya que están conscientes de los efectos de largos tiempos de renovación personal pasados a solas con Dios. Aquellos que son solteros también tienen oportunidades parecidas, puesto que a menudo establecen amistades con cristianos nacionales y otros misioneros.

6. Algo importante que enseñar

Los misioneros que viven en una búsqueda continua de la Palabra de Dios crecen en su entendimiento. Ellos comienzan a comprender que los mismos principios que ayudaron a su desarrollo personal también se aplican al desarrollo grupal dentro de cualquier ambiente cultural. En otras palabras, su devoción a la Palabra los ha capacitado para contribuir significativamente a su nuevo ambiente.

El tiempo diario en la Palabra pronto provee un fundamento que permite al individuo disfrutar la preparación para las oportunidades de enseñanza. O sea que aquellos que invierten en un tiempo devocional se familiarizan con los temas de la Biblia, la manera en que son desarrollados en varias partes de la Biblia, y cómo dirigir a otros a los principios que los ayudará a aplicar la Biblia a sus vidas.

La lista de beneficios de mantener una adecuada vida devocional puede continuar sin parar. Sin embargo, permítame cambiar ligeramente el enfoque para considerar revelaciones de cómo la vida devocional puede ser enfocada para lograr dichos beneficios. Me gustaría considerar la perspectiva sobre el devocional que producirá los beneficios y algunas sugerencias que también pueden ser útiles. A continuación se dan una docena de ideas.

Revelaciones sobre el hábito devocional

1. Considerando el devocional como amar a Dios

La clave para establecer una vida devocional sana es considerar el tiempo de devocional como una expresión de su amor por Dios. Un maestro de la ley una vez preguntó a Jesús cuál era el mandamiento más importante de todos. "Jesús le respondió: El primer mandamiento de todos es: Oye, Israel; el Señor nuestro Dios, el Señor uno es. Y amarás al Señor tu Dios con todo tu corazón, y con toda tu alma, y con toda tu mente, y con todas tus fuerzas. Este es el principal mandamiento. Y el segundo es semejante: Amarás a tu prójimo como a ti mismo. No hay otro mandamiento mayor que éstos" (Marcos 12:29-31).

El creyente debe leer la Biblia principalmente por amor a Dios. La Biblia revela quién es Dios y cómo el creyente se relaciona con Dios en corazón, alma, mente y fuerza. También muestra cómo el creyente se relaciona con las personas, quienes, después de todo, son creadas a la imagen de Dios. Fue cuando Adán pecó que él deliberadamente evitó una reunión con Dios (Génesis 3:8-10). Sin embargo, el creyente, sabiendo que todo pecado es perdonado, anticipa con gozo la comunión que ocurre en la lectura de la Biblia y la respuesta a la Palabra. Hay gran gozo cuando, en dichos momentos de comunión, el creyente comprende que el Salvador también encomienda a los perdonados a vidas de servicio. La vocación misionera es la respuesta a dichos momentos de intimidad espiritual entre los perdonados y su Dios.

2. Convirtiéndose en una persona "local"

Uno de los grandes problemas de la vida es la sensación que muchos tienen de no ser parte de algo. Existe muchísimo dolor en la vida de aquellos, que por alguna razón u otra, se sienten como extraños. La presión social de conformarse a la opinión general es enorme, y la fuerza de la presión corresponde con el deseo innato de uno de ser aceptado. Las personas son vulnerables a tomar decisiones imprudentes en tiempos cuando el deseo de ser aceptado es especialmente agudo, tal como a menudo es el caso durante la juventud.

El misionero es especialmente susceptible a sentirse fuera de lugar. Durante los primeros años de servicio, todo parece diferente, una condición conocida comúnmente como "choque cultural."[3] Es como si una persona llegara a su computadora una mañana para empezar a trabajar y descubriera que durante la noche todo el teclado había sido cambiado. Pero la peor parte del problema no es que las cosas sean diferentes; los misioneros esperan esto. El problema es más sutil. No solo todo es diferente, sino que todo lo que es diferente parece estar unificado en un sistema hostil, en el cual el misionero es un extraño. En efecto, el ambiente ha juzgado al misionero como un ser humano indigno. Con dicho juicio, la duración del término se convierte en un laboratorio de experimentos, cada uno diseñado para apoyar el juicio.

Sería suficientemente malo si la sensación terrible de estar aislado proviniera solo de los extraños, o sea, aquellos afuera de la familia de la fe. Entonces el misionero todavía se sentiría bien y podría inclusive considerar la opinión pública simplemente como incorrecta. Sin embargo, una peor sensación de aislamiento viene de la percepción de que

---

[3] Para obtener una discusión sobre el choque cultura, véase Marge Jones y E. Grant Jones, *Psychology of Missionary Adjustment* (Springfield, Mo.: Logion Press, 1995), 53-64.

uno no es aceptado por misioneros colegas. Aunque tienen buenas intenciones, pueden parecer transmitir el mensaje de que los recién llegados están fuera de tono, que están fuera de lugar. Por ejemplo, ellos no empacaron bien, o no deberían estar emocionalmente tensos, o deberían poder controlar a sus hijos. La pareja misionera había pensado que tenían una vida bien acomodada. Pero al llegar, ellos se sienten desafiados en aquellos que habían considerado ser sus puntos fuertes: Su vestimenta es considerada impropia, su rutina diaria demuestra falta de organización, sus opiniones son generalmente dudadas. En lugar de ser los líderes respetados, los nuevos misioneros han regresado a las inseguridades de su adolescencia.

Pero la buena nueva es que no todo ha cambiado. ¡Dios no cambió (Malaquías 3:6)! ¡Jesucristo no cambió (Hebreos 13:8)!

Los misioneros que pasan por cualquiera de los anteriores síntomas necesitan la afirmación del Espíritu Santo. Y esta afirmación viene principalmente en tiempos a solas con Dios, escuchando de Él a través de la Biblia y respondiéndole en adoración. Aquellos nuevos misioneros capaces de mantener un hábito devocional sistemático, comenzarán a sentirse que son parte del lugar y que todo estará bien. Pero aquellos que principalmente buscan la afirmación en sus misioneros colegas, verán que sus sentimientos están volando alto un día, y desplomándose al siguiente.

Al adquirir una sensación de pertenecer al lugar, el nuevo misionero se dará cuenta que los comentarios que habían dolido no pretendieron hacerlo. Por el contrario, ellos trataron de ayudar. Los otros misioneros parecerán buenos después de todo. Ellos parecerán menos amenazantes, o inclusive parecerán afirmantes, si la sensación del misionero de ser parte del lugar puede crecer.

Ojalá que la confianza del nuevo misionero crezca hasta que aun el consejo difícil pueda ser bienvenido. Fue un Rey David más viejo y sabio quien escribió: "Que el justo me castigue, será un favor, y que me reprenda será un excelente bálsamo que no herirá la cabeza" (Salmo 141:5). Este crecimiento viene a través de la comunión con el Espíritu Santo, principalmente cuando Él habla a través de tiempos de devocionales con la Palabra en silencio. Al experimentar la presencia del Espíritu, el misionero inseguro cambiará a medida que la confianza fluya de su interior. Otros sentirán esta confianza, y su caída terminará.

3. Cumpliendo los objetivos del devocional a pesar de los obstáculos

El secreto de la vida devocional es seguir un horario diario que incluye las devociones personales y familiares. Estas devociones deben ser consideradas como una disciplina espiritual, algo que debe ser gozosamente anticipado y seriamente planificado. Al mismo tiempo, la mayoría de los misioneros confirmarán que se debe esperar excepciones; la clave es asegurarse que dichas excepciones no se vuelvan normales. Si el buey es encontrado cada día en la zanja, el dueño debería considerar construir una cerca o comprar un lazo. Aquellos que establecen tiempos regulares de oración al mismo tiempo que lidian en forma madura con las excepciones descubrirán incontables beneficios, tales como aquellos citados arriba.

Algunas palabras de aliento para aquellos en circunstancias especiales: Las madres de niños pequeños, por ejemplo, pueden hallar imposible mantener los patrones devocionales anteriores. A menudo dichas madres comienzan a sentirse "poco espirituales" o inclusive indignas de la vocación misionera. Su nivel de desaliento parece estar en proporción con su anterior nivel de crecimiento espiritual, o sea, que cuanto más fiel ella haya sido en tiempos pasados, más deprimida estará en tiempos de inmovilidad. La primera palabra de aliento es que Dios, quien especialmente ama a los niños, no niega ese amor a sus madres. Sepa que Jesús comprende y cuida de usted. De cualquier modo, es casi siempre contraproducente entregarse a la auto recriminación.

Como otra palabra de aliento, las devociones deben ser consideradas como vitaminas: Ellas ayudan mejor si son tomadas diariamente en pequeñas dosis. Si una madre normalmente lee varios capítulos de la Biblia por día, tal vez encuentre necesario leer un solo capítulo por día por un tiempo. Un capítulo largo, tal como Mateo 5 tiene 1075 palabras y puede ser leído cómodamente en menos de once minutos. Gracias a Dios, dichos capítulos también se dividen en secciones, párrafos y oraciones. A menudo, el marido, los hijos mayores, o ayudantes de la casa pueden ayudar de tal manera que aun una madre ocupada pueda disponer de quince o treinta minutos para tener un tiempo a solas con Dios. El marido la apoyará cuando comprenda la importancia de dicho tiempo y se de cuenta de los beneficios que todos pierden cuando su esposa no puede pasar tiempo a solas con Dios.

Tanto el marido como la esposa pueden tener un ministerio público que requiere tiempo de preparación. Dicha preparación tiende a venir al mismo tiempo, tal como cuando está enseñando o tomando un curso. De debe realizar de antemano tanta preparación como sea posible para que el tiempo devocional no sea abandonado, aunque tal vez necesite ser reestructurado o abreviado. La planificación con tiempo puede requerir una nueva distribución de las tareas normales en vista de la sobrecarga temporal de trabajo enfrentada por el marido o la esposa. Feliz es la pareja que está consciente de la necesidad de ayuda temporal de vez en cuando y que se apoyan mutuamente en la forma necesaria. No cometa el error de asumir que el horario de tiempo es fijo y que no se puede considerar una sobrecarga temporal. La familia sana permite suficientes márgenes de tiempo en su horario para un curso extra, o una reunión de avivamiento, o un viaje de negocios, o un visitante extranjero que es bienvenido sin ocasionar incontables dificultades o motivo para el resentimiento.

Se debe notar otro consejo especialmente en cuanto a los tiempos designados de oración, ayuno, lectura completa de la Biblia, u otras formas de disciplina espiritual. Una pareja misionera debe compartir un nivel de comunión espiritual que permita dichos tiempos de crecimiento sin convertirse en una causa de discusiones. El propósito debe ser compartido mutuamente y se deben seguir medios apropiados de aliento para realizar el propósito, aunque solo uno de los cónyuges esté observando el plan.

4. Considerando los estudios bíblicos y las versiones bíblicas

Aunque no evaluaré la gran cantidad de Biblias de estudio, versiones bíblicas y paráfrasis disponibles, deseo hablar de cómo aprovechar al máximo las Biblias de estudio y cómo obtener un conocimiento eficaz de por lo menos la mayoría de las versiones.

Primero, es importante tener una traducción española que sea su modelo para memorizar y estudiar. Esta debe ser una con la cual usted se siente cómodo, y si es posible, una aceptada entre aquellos con quienes usted trabaja.

Hay momentos en la lectura devocional en que el misionero prefiere un texto tan limpio como sea posible, sin anotaciones personales o notas de estudio. Esta práctica es ciertamente útil para la lectura rápida, para realizar su propia meditación crítica, y para escuchar en oración la voz del Espíritu Santo. Sin embargo, sería un empobrecimiento excluir permanentemente a las Biblias de estudio de su dieta espiritual. Me gustaría alentar a los misioneros a leer sistemáticamente una Biblia de estudio hasta que hayan recogido lo que tiene para ofrecer. Luego, sería útil tratar otra Biblia de estudio por un tiempo. El tesoro del material de estudio y devocional que puede ser absorbido de esta manera dará al lector un conocimiento de las Escrituras continuamente expansivo. *La Biblia de Estudio Full Life* está disponible en diferentes versiones y ofrece una riqueza de materiales de estudio preparados por respetables eruditos pentecostales.[4] Está disponible en una cantidad creciente de idiomas de todo el mundo. También hay otras Biblias de estudio disponibles representando diferentes formatos, metodología de estudio y perspectivas doctrinales.

La mayoría de los lectores de la Biblia encuentran útil leer pasajes familiares en diferentes traducciones, siendo su mayor beneficio el significado adicional obtenido del mismo pasaje. Leer una traducción diferente de vez en cuando tiende a mantener al lector alerta y a estimular un estudio mas profundo.

Además de leer el texto en su idioma nativo, muchos misioneros encuentran útil leer sistemática y devocionalmente en la traducción usada más frecuentemente por los creyentes con los cuales ellos se identifican. Esta práctica provee al misionero un muy necesario fundamento común con ellos al encarar las preguntas de la vida. También ofrece al misionero revelaciones sobre el significado de las Escrituras que de otro modo puede haber sido pasado por alto.

Otros encuentran útil hacer por lo menos una porción de su lectura en los lenguajes originales (hebreo y griego). Aquellos con esta facilidad deben ser alentados a mantener dichas habilidades. La Unidad II mencionó al difunto misiólogo pentecostal Dr. Melvin Hodges. La primera vez que lo escuché en 1973 fue presentado como el hombre que "lee la Biblia devocionalmente del texto griego." Tal vez su amor por el Nuevo Testamento griego pueda ayudar a explicar algunas de sus revelaciones misiológicas.

Existen varias ediciones de la Biblia diseñadas para dirigir al lector en su lectura completa en uno o dos años. O

---

[4] Donald C. Stamps, ed., *The Full Life Study Bible* (Grand Rapids: Zondervan Publishing House, 1992).

también, una edición puede combinar lecturas del Antiguo y del Nuevo Testamento, cubriendo, por ejemplo, el Nuevo Testamento dos veces y el Antiguo Testamento una vez en dos años. Uno puede preguntar a una sociedad bíblica o a una librería cristiana sobre cómo obtener un cuadro de lectura bíblica para llevar cuenta de su lectura.

5. Considerando devocionales clásicos

Yo recomiendo lecturas devocionales a otros porque sé cuán bendecido han sido para mi. Cuando tenía 10 años, mis padres me dieron una Biblia con tapa de cuero por navidad. Este regalo fue la ocasión para sistematizar mi lectura personal de la Biblia. Recuerdo muy bien el gozo de terminar la Biblia entera. Enseguida otros libros siguieron, incluyendo devocionales clásicos tales como *El Diario de Juan Wesley* y *Las Confesiones de San Agustín*. Fue un gozo especial cuando por otra navidad, recibí mi propia concordancia bíblica. En la escuela intermedia, descubrí los escritos de Elizabeth Elliot, y en la secundaria empecé a fascinarme con *El Progreso del Peregrino* de John Bunyan. Aunque no me di cuenta en ese momento, estaba desarrollando un apetito por la Biblia y por materiales devocionales clásicos y contemporáneos. Estoy especialmente endeudado a mis padres por su papel en desarrollar mi interés en la lectura de dichos materiales.

En la universidad, mi lectura devocional se expandió. Recuerdo haber sido bendecido por medio de dos regalos: el devocional clásico de Harry Ironside *El Sacrificio Diario,* y *El Comentario de Matthew Henry.* Aunque los críticos eruditos tal vez no hayan sido ayudados en gran forma por Henry, Charles Spurgeon aconsejó a todos los jóvenes ministros a leer completamente sus comentarios. Aunque no cumplí ese ideal, la lectura de Henry fue buena para mi.

Más tarde, un líder de misiones, el Dr. Delmer Guynes, presentó a nuestra clase de candidatos misioneros los escritos de A. B. Simpson[5] y F. J. Huegel.[6] A través de los años, mi esposa y yo hemos sido bendecidos por obras devocionales escritas por misioneros tales como Amy Carmichael, Isobel Kuhn, Hudson Taylor, y la esposa de Howard Taylor. Otros autores devocionales que han sido útiles para nosotros incluyen a Max Lucado, Phillip Keller, F. B. Meyer, Lloyd John Ogilvie, y Charles Swindoll. Algunos escritores útiles de tradición pentecostal han incluido a Donald Gee, Stanley Horton, David Wilkerson, y Jack Hayford. Cada uno de estos escritores ha sido usado como agente de Dios para fortalecer nuestro hombre interior, y les estamos profundamente endeudados.

Los gustos individuales varían y algunos de los autores que he nombrado son menos conocidos ahora que antes. De todos modos, el misionero que será un embajador para Dios será beneficiado leyendo los escritos de aquellos que Dios ha usado, tanto en el pasado con el presente.

6. Considerando el acceso electrónico al estudio devocional

Los misioneros deben estar al tanto de los programas para computadoras de la Biblia y devocionales disponibles. Estos incluyen bibliotecas completas, con los textos en hebreo y griego, múltiples versiones bíblicas, comentarios bíblicos y críticas, ayudas léxicas, clásicos devocionales, e himnos. Añada a esto la proliferación de excelentes videos cristianos, los materiales para niños, y la música de adoración, y uno puede ver que una notable colección de materiales devocionales está disponible electrónicamente.

---

[5] E.g., *A larger Christian Life.*

[6] E.g., *Boner of His Bone*; *The Cross of Christ—The Throne of God.*

7. Aprovechando al máximo los beneficios del devocional escribiendo un diario

Varios años atrás, noté que mi hijo adolescente estaba escribiendo un diario espiritual. Esto me inspiró a hacer lo mismo. Llegué a darme cuenta que escribir un diario alentaba el entendimiento y la aplicación de mis lecturas bíblicas. Aunque uno no vuelva a menudo a leer lo que ha escrito, la disciplina de condensar las lecturas bíblicas u oraciones en un diario las hace más memorables. También está el beneficio adicional de que las revelaciones del Espíritu Santo en el corazón de uno son marcas registradas que de otro modo serían olvidadas.

Para aprovechar al máximo el beneficio de mantener un diario, tome los siguientes pasos: Primero, si lo escribe a mano, consiga un diario adecuado; si lo escribe en la computadora, cree un archivo apropiado. Las notas al azar pueden ayudarle en un aprieto, pero no existe substituto para el enfoque ordenado para un proyecto a largo plazo.

Segundo, determine la naturaleza de las notas que desea tomar. Descubrí que es útil registrar un resumen para cada capítulo leído de las Escrituras. Un registro de oraciones y subsecuentes respuestas es también alentador. Ese fue el método utilizado por mi esposa con nuestros hijos cuando estuvieron involucrados en la apertura de una nueva escuela bíblica muchos años atrás en Nigeria. Mi esposa mantuvo las peticiones y las respuestas en las páginas conjuntas de un anotador: en la pagina de la izquierda, las peticiones; y en la página derecha, las respuestas – directamente opuestas a la petición correspondiente. Los efectos de este método en nuestro hijo e hija fueron maravillosos al darse cuenta que Dios realmente estaba respondiendo sus oraciones. Muchos de aquellos que mantienen un diario registran sus gozos y tristezas íntimas. Algunos mantienen un continuo diálogo entre ellos y Dios. Cualquier método funcionará si es enfocado sistemática y sinceramente.

Tercero, planee la reflexión periódica. Esto puede ser realizado semanal o mensualmente. Repase lo que ha hecho con la intención de conocer mejor a Dios, obedecerle y sentir Su dirección en las rutinas de deber algunas veces triviales.

Cuarto, planee compartir alguna bendición o revelación especial de su diario. Usted puede fácilmente reunir pedazos especiales y compartirlos con alguien de igual manera que compartiría un amanecer, la fragancia de una flor, o el acontecimiento de un feriado reciente.

8. Notando las señales

Los monumentos de piedra en el libro de Josué son importantes. Después de cruzar el río Jordán, Josué (4:6) dijo al pueblo que sus hijos preguntarían acerca del significado del monumento de piedras que él había erigido (para lo cual cada tribu había contribuido con una piedra del río). La pregunta debía promover el recuento de la poderosa obra de Dios de abrir el río Jordán en tiempos de diluvio, permitiendo a los israelitas cruzar sobre suelo seco. En Josué 4:23 este milagro fue comparado con el anterior milagro del cruce del Mar Rojo. Las piedras fueron también usadas para marcar las fronteras tribales (véase capítulos 15; 18), para demostrar la unidad de las tribus a ambos lados del Jordán (capítulo 22), y como testimonio del pacto renovado (24:26).

De una manera similar, los eventos importantes en el peregrinaje espiritual de uno deben ser marcados para su futura referencia. El Nuevo Testamento da amplio testimonio de que el bautismo en agua sirvió como una señal de identificación entre el creyente y el Señor resucitado. El bautismo en el Espíritu Santo en el libro de los Hechos definitivamente funcionó como una señal inequívoca, tanto en la transición de la gloria de Dios a la iglesia como en la identificación de los nuevos creyentes con la *missio Dei*.

Más allá de mantener un diario, yo pediría a los misioneros que "erijan pilares de piedra" simbólicamente para que las señales sean notadas y recordadas. Mientras vivíamos en Nigeria, nos familiarizamos con el dicho "Ningún evento, ninguna historia." El creyente en Cristo está en el negocio de notar los "eventos" de Dios dentro de la historia humana, especialmente cuando dichos eventos, o intervenciones, marcan el progreso de la *missio Dei* hacia su conclusión final. Los padres misioneros tienen la oportunidad marcada y el privilegio increíble de identificar para sus hijos señales de la intervención de Dios en los asuntos humanos: ¿Fue la visa otorgada a pesar de todos los obstáculos? ¿Permitió una inesperada ayuda económica continuar la misión? ¿Fue la propiedad concedida a pesar de las imposibilidades? ¿Hubo protección ante la amenaza? ¿Hubo una súbita recuperación de una seria enfermedad? Dichos eventos deben ser notados, interpretados para dar gloria a Dios, y apropiadamente recordados.

Aquellos que notan las señales dentro de su familia, naturalmente notarán otras señales. En una escuela bíblica, por ejemplo, una reunión anual puede proveer más que la ocasión para tener confraternidad y planear para el futuro. También puede ser ocasión para un evento espiritual basado en la recolección compartida de milagros. Tal vez la gente tendría menos dificultad en creer en Dios para recibir milagros en tiempos de aflicción si los milagros obvios del pasado fueran celebrados de manera más apropiada.

Los misioneros, más que nadie, deben ser expertos en planear el reconocimiento adecuado del poder del Espíritu Santo evidenciado en el cumplimiento de su misión.

9. Estudio como administración de la revelación

Además de un importante hábito devocional, el estudio continuo es también una necesidad.

En la secundaria, yo estaba interesado en la razón de nuestro maestro para enseñar la escuela dominical. Él era un contador público, dueño de un importante negocio, y yo pensé que era raro que se tomara el tiempo de enseñar en la escuela dominical. Él explicó que la enseñanza requiere el estudio bíblico, y que los beneficios personales de dicho estudio eran tan grandes que continuaba enseñando. Aunque esta no parezca ser un motivo para enseñar relacionado con el alumno, el valor que el maestro colocó en el estudio causó una profunda impresión en mí. Otra impresión del valor del estudio provino de mi padre. Él enseñó una clase para adultos en la escuela dominical por diecinueve años, y a menudo me maravillé de cuán seriamente él tomaba este deber pasando rutinariamente la mayoría de sus sábados en preparación.

La enseñanza bíblica de que Dios se ha revelado a través de Su Palabra es fundamental para todo estudio bíblico (Ej. 2 Timoteo 3:16). A continuación se citan varias conclusiones que descansan sobre esta premisa:

- El misionero debe hacer un hábito del estudio serio de la Palabra de Dios además de las lecturas devocionales diarias. Los tiempos extensos de estudio deben ser considerados como esenciales para una vida dedicada a comunicar el evangelio a los perdidos y disciplinar a los salvos (Mateo 28:19; Lucas 19:10). Como Dios es conocido principalmente a través de Su Palabra escrita y como tanto los perdidos como los salvos necesitan conocer dicha Palabra para poder agradar a Dios, aquellos que representan a Dios deben también conocer esa Palabra.

- Como la Biblia y los materiales de estudio relacionados están disponibles, todos los creyentes deben considerarse como administradores de dichos valiosos recursos. "Así, pues, ténganos los hombres por servidores de Cristo, y administradores de los misterios de Dios. Ahora bien, se requiere de los administradores, que cada uno sea hallado fiel" (1 Corintios 4:1-2).

- El estudio serio de la Palabra de Dios es un proceso de toda la vida. Un dicho africano dice, "Convertirse en un hombre no es trabajo de un solo día." De igual modo, conocer la Palabra de Dios lo suficientemente bien como para comunicarla a otros es el trabajo de toda la vida.

- El estudio serio de la Palabra de Dios debe ser el empeño de *todos* los creyentes. Sería un error relegar el estudio de la Biblia a aquellos con una base académica en teología. Gracias a Dios, los frutos del estudio académico se han vuelto cada vez más accesibles por medio de recursos impresos y ahora hasta electrónicos.

- El proceso del estudio merece la consideración cuidadosa. Los posibles recursos para el estudio deben ser evaluados y se debe establecer un orden de adquisición. Los presupuestos financieros y de tiempo deben ser cuidadosamente planificados.

- Un educador líder de una generación pasada expresó la ley del maestro de la siguiente manera: "Un maestro debe ser uno que conoce la lección o verdad o arte a ser enseñada."[7] Algunos podrían objetar que un maestro es un colega de estudios. La ley del maestro alienta dicho concepto, puesto que el aprendizaje del maestro nunca es completo y el proceso de aprendizaje involucra el continuo descubrimiento. Sin embargo, el maestro que es esencialmente ignorante no es útil para nadie. Como dijo Jesús, "¿Acaso puede un ciego guiar a otro ciego? ¿No caerán ambos en el pozo?" (Lucas 6:39).

---

[7] John Milton Gregory, *The Seven Laws of Teaching* (1884; reimpresión, rev. William C. Bagley y Warren K. Layton, Grand Rapids: Baker Book House, 1993), 18.

- El alumno serio leerá extensamente. Un patrón de estudio para toda la vida es edificado antes que nada en la lectura devocional. Ésta debe por tanto incluir recursos para el estudio además del curso normal de lectura devocional. La lectura no debe estar limitada a los requisitos actuales de su enseñanza u otro ministerio.

10. El estudio y la adoración familiar como formación espiritual

Los padres cristianos en cualquier país deben sentirse responsables por el crecimiento espiritual de sus hijos Los padres de la antigua Israel eran específicamente ordenados enseñar la ley de la Palabra de Dios a sus hijos en todo momento.

> Y estas palabras que yo te mando hoy, estarán sobre tu corazón; y las repetirás a tus hijos, y hablarás de ellas estando en tu casa, y andando por el camino, y al acostarte, y cuando te levantes (Deuteronomio 6:6-7).

> Por tanto, pondréis estas mis palabras en vuestro corazón y en vuestra alma, y las ataréis como señal en vuestra mano, y serán por frontales entre vuestros ojos. Y las enseñaréis a vuestros hijos, hablando de ella cuando te sientes en tu casa, cuando andes por el camino, cuando te acuestes, y cuando te levantes (Deuteronomio 11:18-19).

Ciertamente los creyentes en los tiempos del Nuevo Testamento hubieran cumplido la intención de estos versículos mucho mejor que sus antecesores del Antiguo Testamento. Por un lado, ellos vivieron durante el cumplimiento de las profecías del Antiguo Testamento, por tanto tenían un sentido mucho mayor del plan eterno de Dios revelándose entonces. Además, la revelación del poder del Espíritu Santo fue mucho más dispersa en la era del Nuevo Testamento que en la del Antiguo Testamento. Con el sermón de Pedro en Hechos 2, los creyentes se dieron cuenta que estaban viviendo durante el cumplimiento de la profecía de Joel con el Espíritu siendo derramado sobre toda carne. Padres e hijos por igual creyeron en Cristo para salvación, recibieron el Espíritu Santo, participaron en adoración pentecostal, y testificaron la continua intervención divina en los asuntos de la vida. Ellos tenían acceso al canon hebreo (o sea el Antiguo Testamento) y a lo que estaba convirtiéndose en el canon cristiano (o sea el Antiguo Testamento además de un creciente conjunto de literatura cristiana que ya era reconocida como Escritura [2 Pedro 3:16]). Ellos tenían las enseñanzas de los apóstoles, los profetas y los maestros como modelo para su enseñanza en la casa. En resumen, no podían evitar el deseo de comunicar este entendimiento con sus hijos en medio suyo era la prueba del creciente reino de Dios.

Los padres misioneros de hoy tienen el privilegio de continuar con esta tradición apostólica. El canon de las Escrituras está completo, y generaciones de su estudio han provisto el conjunto de materiales de estudio para cada edad disponible hoy día. El misionero también conoce la fuente inagotable disponible para su familia por medio de los diversos dones del Espíritu Santo. Martín Lutero escribió: "El Espíritu y los dones son nuestros."[8] Los misioneros pentecostales creen y enseñan este concepto a su familia. Ellos también enseñan a su familia que "una pequeña palabra" expresada en el poder del Espíritu Santo es suficiente para derrotar al enemigo.[9] En resumen, la familia misionera se convierte en el centro de adiestramiento para tener una presencia familiar continua en la comunidad testificando poderosamente de la gracia de Jesucristo.

Algunas naciones occidentales tienden a delegar el crecimiento espiritual de los hijos a la iglesia. Sin embargo, los misioneros han descubierto a menudo que la iglesia que los recibe no tiene las formas de adiestramiento asociadas con la iglesia del país de donde provienen. En lugar de lamentar esta diferencia, la familia misionera espiritualmente sólida

---

[8] Martín Lutero, "A Mighty Fortress Is Our God," en *Sing His Praise* (Springfield, Mo.: Gospel Publishing House, 1991), 41.
[9] Ídem.

fortalecerá sus tiempos de adoración hasta que la familia alcance la medida de la estatura de la plenitud de Cristo (Efesios 4:13-14).

El beneficio de ser padres con un espíritu de misiones es que los hijos son también alentados a buscar las gracias y dones tan necesarios para cumplirlo. Esto es un agudo contraste con el pensamiento de algunos países donde la meta de la iglesia para su juventud parece ser la conservación espiritual y la diversión sana dentro del programa de la iglesia local. El misionero debe regocijarse diariamente en el privilegio de criar una familia en medio de la batalla. De ambientes como tales surgen hijos e hijas poderosas para lograr victorias en el reino de Cristo tan solo soñadas por sus padres.

11. Considerando el devocional como forma de recibir dirección cada día

La perspectiva cristiana en cuanto a las devociones es la de inquirir al Señor para repasar principios generales y para recibir instrucciones específicas para cada día.

Josué 5:13-15 ofrece el relato del encuentro de Josué con el comandante del ejército del Señor. Acercándose a un hombre parado con una espada en mano, Josué preguntó: "¿Eres de los nuestros o de nuestros enemigos? Él respondió: No; más como príncipe del ejército de Jehová he venido ahora. Entonces Josué, postrándose sobre su rostro en tierra, le adoró; y le dijo: ¿Qué dice mi Señor a su siervo?" (vs. 13-14).

Note cinco similitudes entre este relato y la experiencia cristiana actual:

1. Josué fue parte de un pueblo peregrino dedicado a cumplir la *missio Dei*. También lo es el cristiano de hoy (Juan 20:21).

2. Josué ya había sido personalmente llamado a una obra dentro del designio general de la misión de Dios (Josúe 1:2). De igual modo, cada cristiano en la

actualidad ha sido llamado (1 Corintios 12:7; Efesios 4:7; 1 Pedro 4:10).

3. Josué ya había sido prometido la presencia manifiesta de Dios como afirmación de la victoria (Josué 1:5, 9). También lo ha sido el cristiano del Nuevo Testamento (Mateo 28:20).

4. Josué fue cuidadosamente instruido a meditar en el "Libro de la Ley" día y noche para que lo dirigiera en el cumplimiento de la misión de Dios (Josué 1:8). Esto corresponde con la práctica cristiana (Hechos 2:42; 1 Timoteo 4:13; 2 Timoteo 3:16; 2 Pedro 1:20-21).

5. El éxito de Josué puede ser comprendido solo dentro del contexto de las instrucciones que él recibió del comandante del ejército del Señor (Josué 5:13 al 6:5). Así mismo, el éxito de la iglesia puede ser explicada solo por el consejo del Paracleto prometido por Cristo (Juan 14:16; Hechos 13:2).

Es especialmente durante los momentos de estudio bíblico, alabanza y oración que el cristiano puede esperar instrucciones para llevar a cabo el llamado personal dentro de la estructura general de la *missio Dei*. Josué ganó sus victorias siguiendo órdenes, incluso órdenes tan extrañas como marchar varias veces alrededor de Jericó. De igual modo, la gran comisión será cumplida a la satisfacción del Cristo que la entregó a medida que la iglesia obedece la estrategia de Su Espíritu. Esa estrategia es determinada mejor dentro del contexto de un régimen diario de la Palabra de Dios y oración. La dirección necesaria a menudo vendrá de mandamientos directos o principios de las Escrituras. La dirección específica debe estar de acuerdo con los principios bíblicos conocidos. Aquellos que carecen de una atmósfera bíblica pueden estar sujetos a frecuentes confusiones y errores.

Se ha escrito mucho sobre los hábitos devocionales de Jesús (ejemplo: Andrew Murray, *With Christ in the School of Prayer*). Marcos escribe, "Levantándose muy de mañana, siendo aún muy oscuro, salió y se fue a un lugar desierto, y allí oraba" (1:35). Lo que algunos pasan por alto es el resultado de dicha oración. Aunque los apóstoles estaban buscando a Jesús a causa de la demanda popular de verle, Su respuesta fue que era tiempo de continuar y predicar en otro lugar (1:38). ¿Cómo supo Jesús que era tiempo de ir a otro lado? El texto incluye una oración reveladora: "porque para esto he venido" (v. 38). Algo en su tiempo de oración aclaró Su curso de acción inmediato basado en Su misión expresada (declaración de propósito).

Los misioneros con tiempos de oración habituales tienden a tomar las decisiones correctas en la vida por la misma razón que Jesús lo hizo: Ellos repasan su propósito frecuentemente y en oración. Dentro de este contexto, ellos escuchan la voz de Dios. Con razón Jesús pudo decir: "Porque el que me envió, conmigo está; no me ha dejado solo el Padre, porque yo hago siempre lo que le agrada" (Juan 8:29), "Yo te he glorificado en la tierra; he acabado la obra que me diste que hiciese" (Juan 17:4). Este mismo sentido de conocer el plan de Dios y estar completamente sometido al papel que Él le ha asignado dentro de dicho plan también explica el rechazo de Jesús de pedir liberación al enfrentar la agonía de la cruz. "¿Acaso piensas que no puedo ahora orar a mi Padre, y que él no me daría más de doce legiones de ángeles? ¿Pero cómo entonces se cumplirían las Escrituras, de que es necesario que así se haga?" (Mateo 26:53-54). También explica el secreto compartido por los héroes de la fe en Hebreos:

> "Las mujeres recibieron sus muertos mediante resurrección; mas otros fueron atormentados, no aceptando el rescate, a fin de obtener mejor resurrección. Otros experimentaron vituperios y azotes, y a más de esto prisiones y cárceles. Fueron apedreados, aserrados, puestos a prueba, muertos a filo de espada; anduvieron de acá para allá cubiertos de pieles de

ovejas y de cabras, pobres, angustiados, maltratados; de los cuales el mundo no era digno; errando por los desiertos, por los montes, por las cuevas, y por las cavernas de la tierra. Y todos éstos, aunque alcanzaron buen testimonio mediante la fe, no recibieron lo prometido; proveyendo Dios alguna cosa mejor para nosotros, para que no fuesen ellos perfeccionados aparte de nosotros" (Hebreos 11:35-40).

En nuestros tiempos, este pasaje explica por qué los misioneros abandonan su familia y país, ingresan en ambientes inhospitalarios para el mensaje del evangelio, y están dispuestos a permanecer allí hasta la muerte. Ellos forman parte de la compañía de todas las épocas distinguidos por este factor común: Ellos conocen la voluntad de su Padre.

12. Los apóstoles valoraron el estudio y la oración consistente

Hechos nos cuenta que los primeros apóstoles visitaban el templo "a la hora novena, la de la oración" (Hechos 3:1). Esto indica que ellos estaban observando las horas de oración tradicionales judías. El apóstol Pablo, a pesar de su exigente horario en la enseñanza, el discipulado y la fabricación de carpas, profesó lo siguiente: "Doy gracias a Dios que hablo en lenguas más que todos vosotros; pero en la iglesia prefiero hablar cinco palabras con mi entendimiento, para enseñar también a otros, que diez mil palabras en lengua desconocida" (1 Corintios 14:18-19). La implicación parece lo suficientemente clara. Los tiempos privados de oración de Pablo incluían extensos periodos usando su "lenguaje de oración." El hecho que incluían también el estudio de las Escrituras es consistente con todo lo que conocemos acerca de Pablo. Considere, por ejemplo, 2 Timoteo 4:13, donde Pablo pide, "trae, cuando vengas, el capote que dejé en Troas en casa de Carpo, y los libros, mayormente los pergaminos." Comentando sobre este versículo, Donald Guthrie escribe, "Pero aunque no pueda haber más que una especulación en cuanto a su identidad, el deseo de recibirlos provee una interesante información sobre los estudios literarios de Pablo, aun durante sus viajes misioneros."[10]

Tampoco este fue solo un énfasis paulino. Pedro demostró su conocimiento de las Escrituras en su sermón inaugural en el día de Pentecostés y en sus escritos posteriores. Santiago apeló a un pasaje de las Escrituras (Amos 9:11-12) para resolver la controversia gentil (Hechos 15:15-21). El autor de la epístola a los Hebreos construye todo su caso de una mejor economía divina sobre los escritos del Antiguo Testamento. Por supuesto, los escritos de Juan están tan llenos de Escrituras que su descripción común es "teológico."

Palabras de conclusión

Basta con decir que ser pentecostal implica un hábito devocional regular que incluye el estudio serio de la Biblia, las oraciones e intercesión sistemáticas, y libertad de adoración en el Espíritu. Cualquier intento de involucrarse en las misiones sin haber primero adquirido dichos hábitos predispondrá al misionero para la derrota espiritual, disputas carnales, y un ministerio improductivo o mal dirigido.

Preguntas de repaso

1. Explique por qué el éxito en desarrollar una vida devocional sana es llamado "la clave para todo lo que un misionero espera lograr."

2. Comente sobre los seis beneficios citados de una vida devocional adecuada. ¿Cuál de los beneficios ha visto desarrollándose en su propia experiencia? ¿Cuáles beneficios le gustaría ver?

3. Comente sobre las ideas citadas sobre cómo cumplir los objetivos del devocional. ¿Cuál de estas ideas

---

[10] Donald Guthrie, *The Pastoral Epistles*, ed. rev., vol 14 de *Tyndale New Testament Commentaries*, ed. Leon Morris (Grand Rapids: Wm. B. Eerdmans, 1990), 185.

refleja mejor su propio crecimiento espiritual? ¿En cuáles de estas áreas siente que tiene mayor necesidad de crecimiento?

4. Explique por qué el texto concluye que "cualquier intento de involucrarse en las misiones sin haber primero adquirido dichos hábitos (devocionales) predispondrá al misionero para la derrota espiritual, disputas carnales, y un ministerio improductivo o mal dirigido."

CAPÍTULO 13:

El llamado misionero

Típicamente, los misioneros creen que están cumpliendo un llamado divino. Su nombramiento dependió de convencer a un comité que dicho llamado era genuino, y su continuo apoyo depende de la demostración del cumplimiento de ese llamado. Más así como en doctrinas importantes tales como la Trinidad, la Biblia permanece extrañamente callada en cuanto a una descripción clara de dicho llamado. ¿Qué es entonces un llamado misionero? Consideraré dos puntos, pasando de lo general a lo particular.

Primero, el llamado misionero descansa sobre el fundamento de la *missio Dei*. En este nivel, el misionero comparte un llamado con todos los verdaderos seguidores de Cristo. Ese llamado es a participar en la *missio Dei*. Dios bendecirá a todas las naciones a través de Jesucristo, la simiente prometida y heredero del trono de David. Su reino incluirá a personas de toda nación, tribu, lengua y pueblo, y durará para siempre. La iglesia en todas las épocas ha sido encomendada a anunciar las buenas nuevas del reino de Cristo a todo el mundo. Al hacerlo debe moverse en compasión y santidad, ministrando transformación y anticipando el cumplimiento exitoso de su misión y el regreso del Rey.

Segundo, el llamado misionero es un asunto individual. En este nivel es importante que el misionero sienta un llamado. Este es el llamado a la participación personal, el nivel de inversión deliberada de la propia vida en un ministerio intercultural. La compasión divina por la humanidad enajenada y rebelde debe fluir a través de barreras de raza, lengua, y cultura. Los prejuicios históricos deben ser vencidos. El engaño demoníaco debe ser directamente enfrentado. Los riesgos de peligros por un lado y el aburrimiento y tedio de solo tratar de guardar su vida, por el otro, tendrán que ser enfrentados. Muchos misioneros se irritan a causa del tiempo necesario tan solo para encontrar gas para cocinar, comida o cualquier otra cosa que necesiten. Al añadir a esto la espera en oficinas y completar reportes—algunas veces comienza la sensación de ser ineficaz y como resultado viene el desaliento.

Durante todo esto, el misionero se apoya en la certeza del llamado. Consecuentemente, dos preguntas deben ser tratadas: "¿Cómo viene este llamado?" y "¿Cómo funciona este llamado?"

Cómo viene el llamado

El concepto clave para comprender la manera en que el llamado viene es que no hay un solo patrón adecuado para todos los llamados. Sin embargo, los siguientes puntos pueden ayudar a la persona lidiando con este tema:

- Cuando Jeremías escuchó su llamado, se le dijo que éste le había sido entregado antes de haber nacido (Jeremías 1:5). Sabemos que Dios planea las vidas de los suyos, y es consistente con la Biblia que un individuo reconozca que su llamado personal fue hecho antes de su nacimiento.

- Isaías era un joven adorando al Señor en el templo cuando recibió una poderosa revelación de la gloria de Dios y escuchó una voz preguntando: "¿A quién enviaré, y quién irá por nosotros?" (Isaías 6:8). Isaías respondió con las palabras de un siervo: "Heme aquí, envíame a mí. Y dijo: Anda, y di a este pueblo..." (Isaías 6:8-9). Según esto, uno podría deducir que un llamado específico puede venir a aquellos que se acercan a Dios en adoración. También, los llamados específicos a menudo vienen a aquellos que han respondido un llamado más general. Una ilustración de este concepto está en Hechos 16:6-10. En esta instancia, Pablo y su equipo viajaron por Frigia y Galacia y les fue prohibido entrar en las provincias de Asia o Bitinia antes de ser dirigidos por medio de una visión a ir a Macedonia. En el Antiguo Testamento, fue el siervo de Abraham quien reconoció al Señor: "guiándome Jehová en el camino..." (Génesis 24:27). Aunque provienen de diferentes situaciones, estos textos demuestran que la dirección necesaria (llamado) vino al estar involucrado en el servicio obediente.

- Jesús llamó a los discípulos mientras ellos estaban trabajando para ganarse la vida. La mayoría de ellos eran pescadores. De este ejemplo, uno podría concluir que Jesús todavía llama a las personas que trabajan para vivir.

- Saulo de Tarso fue llamado mientras viajaba a Damasco para arrestar a los creyentes. Podemos concluir que el Señor incluso llama a obreros de entre Sus enemigos.

Cómo funciona el llamado

El principal punto que debemos recordar sobre cómo funcionan los llamados es que todos están relacionados con el cumplimiento del reino de Cristo.

Es importante reconocer que el llamado a cualquier tipo de servicio dentro del reino de Cristo proviene de Cristo mismo. Aun en aquellos casos cuando alguien ora para ser llamado, es el Espíritu de Dios quien incita el deseo de realizar dicha oración. Saber que Dios es quien inicia un llamado es importante porque dicha convicción provee al misionero (o a cualquier creyente) paciencia en tiempos de dificultad o retraso. Como todos los verdaderos llamados provienen del Rey, naturalmente se adecuan a los propósitos del reino. Dios ha revelado Su misión a través de las Escrituras, y los llamados que los creyentes individuales sienten son los medios para cumplir dicha misión antes que para el reconocimiento individual o una sensación de plenitud.

Dios provee la capacidad necesaria (dones) para lograr la porción de cada individuo de la *missio Dei* (Efesios 4:7). Efesios 4 da una lista de dones entregados para "perfeccionar a los santos para la obra del ministerio" (Efesios 4:12). Los misioneros son el don de Dios a la iglesia para ayudarle a trascender todo tipo de barreras y saber qué hacer al cruzar dichas barreras. Ellos pueden ser mandados a funcionar como apóstoles, profetas, evangelistas, pastores, y maestros. Pablo exhortó al joven misionero Timoteo: "No descuides el don que hay en ti, que te fue dado mediante profecía con la imposición de las manos del presbiterio" (1 Timoteo 4:14). Debemos también procurar "los dones mejores" (1 Corintios 12:31). La provisión de Dios es más que adecuada para cumplir su asignación.

Ética laboral y perseverancia

Ética laboral

Algunas veces existe la preocupación en el ministerio cristiano que la obra se volverá como levadura, inmiscuyéndose en todos los círculos de la vida para el perjuicio del bienestar personal y familiar. Sin lugar a dudas hay tipos de personalidades que demuestran una conducta obsesiva con respecto a su trabajo. Sin embargo, yo sostengo que dichas tendencias deben ser consideradas como problemas de conducta humana, no como problemas laborales. O sea que la obra misma no debe ser culpada como si fuera inherentemente mala. Más bien, el servicio misionero debe ser considerado como una asignación dada por Dios en confianza, un área de administración para su Señor. Pablo resume la ética laboral bíblica de la siguiente manera: "Ahora bien, se requiere de los administradores, que cada uno sea hallado fiel" (1 Corintios 4:2).

Ya hemos reconocido el problema de un ambiente que requiere horas tediosas para apenas continuar la vida. Pero una vez que esto es perfeccionado, el verdadero servicio misionero debe ser realizado. Desdichadamente, un misionero puede dedicar muy poco esfuerzo en el verdadero servicio misionero. Los misioneros desean tener éxito en su misión designada. Las siguientes sugerencias son ofrecidas para ayudar a que esto ocurra.

1. Propóngase mantener una firme ética laboral. Sin entrar en el desarrollo histórico del término "ética laboral", estos son algunos fundamentos de comprensión laboral para el misionero.

La "obra" puede ser definida como la dedicación sistemática de tiempo y talento para lograr un objetivo expreso. Para el misionero, dicho objetivo expreso se relaciona con la *missio Dei* tal como es indicada en Génesis 12:3b: "y serán benditas en ti todas las familias de la tierra." En el cumplimiento del tiempo, Jesucristo llegó a ser la simiente para traer dicha bendición a todos los pueblos (Génesis 3:15; 22:18). Por consiguiente, la opinión predominante sobre la obra debe ser que es buena, porque se relaciona directa o indirectamente con el cumplimiento del propósito de Dios.

La iglesia ha intentado de lograr esta misión tanto en formas elogiosas como deplorables a través de los siglos. Aunque históricamente ha habido imperfecciones en las personas y los métodos, la iglesia ahora está resurgiendo con poder pentecostal, avanzando a pasos agigantados entre aquellos anteriormente considerados como casi inalcanzables. En el tiempo de la escritura de este libro, por ejemplo, se ha reportado que más musulmanes han encontrado la fe en Cristo en los últimos diez años que en toda la historia pasada. Muchos sienten que la iglesia de esta generación está mucho más cerca que la iglesia de cualquier generación previa a completar las tareas de hacer discípulos a todas las naciones (Mateo 28:18-20) y proclamar el evangelio a toda persona (Marcos 16:15). Este testimonio está siendo logrado con gran sensibilidad a la responsabilidad de la iglesia de ministrar holísticamente a los pobres y sufridos del mundo.

El Dios soberano está llamando a hombres y mujeres a entrar en los campos de cosecha del mundo, yendo literalmente *de* todas las naciones *a* todas las naciones. Jesús está edificando su iglesia en los lugares más difíciles cumpliendo de este modo el propósito eterno del Espíritu Santo de dar testimonio del evangelio de gracia de Jesucristo.

Lo que estos hombres y mujeres hacen en estos lugares difíciles es llamado "obra," y como es el mandamiento directo del Dios soberano entregado a través de su Hijo resucitado, Jesucristo, debe ser considerado como "santo."

La ética laboral necesaria en esta undécima hora de la cosecha de la tierra va más allá de aquella producida por los factores sociales en cualquier punto de la historia. La ética de la cosecha traduce la pasión de Cristo en palabras y obras correspondientes con la urgencia del momento.

Requiere tiempo y mucha atención para estudiar, preparar lecciones, corregir papeles, equilibrar un conjunto de libros, escribir cartas y reportes, y discipular alumnos viajando para predicar con ellos durante los fines de semana. Mas los líderes de la iglesia nacional continúan pidiendo misioneros que estén totalmente comprometidos a adiestrar líderes nacionales y quienes al mismo tiempo tengan el tipo de ministerio que resulta en vidas radicalmente cambiadas.

2. Planee tener éxito. Un área de la planificación es establecer un horario diario. Una pareja casada debe planear cómo enfocar las tareas de la obra y de mantener una familia y hogar. Como todo buen planeamiento requiere de responsabilidad, tiene sentido programar un repaso semanal. Busque las áreas débiles, piense en nuevos enfoques, y encuentre maneras para tener éxito en los objetivos indicados.

3. Aprenda cómo recuperarse. Aun el mejor de los planes es sujeto a lo inesperado. La clave para un logro a largo plazo es a menudo la habilidad de recuperarse después de una aparente derrota. Si la

mañana no fue buena, espere una gloriosa tarde. Aprenda de las derrotas y aplique mayor sabiduría en el siguiente punto. Tal como alguien dijo, "trabaje más sabiamente, no más duramente."

4. Considere las misiones como ministerio. Las misiones deben siempre ser la participación en una gran aventura, la edificación de un reino. Es el cumplimiento de un llamado divino, no una ocupación que uno escogió. Todo servicio debe ser hecho como para Cristo, y la comunión de Su sufrimiento será un gozo, y el poder de la resurrección será un compañero diario.

5. Planee el descanso. Aunque cada ministerio tiene sus momentos cuando literalmente no se dispone de un minuto libre, eso no debe ser lo normal en todo tiempo. Es bueno planear un tiempo y salidas con la familia. Benditos son los misioneros que disfrutan de los jardines, las granjas, el canto de los pájaros y los atardeceres. Ellos disfrutarán del amanecer.

6. Desarrolle un agudo sentido de discernimiento y reciba las instrucciones que son de origen divino. ¿Se ha preguntado alguna vez lo anémico que sería el capítulo 3 del Evangelio de Juan si Jesús hubiera estado demasiado ocupado como para recibir la intrusión de Nicodemo por la noche? Tome siempre tiempo para escuchar una historia.

Aquellos que sintieron que ya habían perfeccionado las disciplinas del ministerio en su país natal pueden encontrarse perdidos en otro país. Hay tanto trabajo que realizar. El problema a menudo es empeorado por la necesidad de hacer su trabajo desde la casa. El misionero debe determinarse a superar los desafíos y encontrar una manera para realizar la obra—y por supuesto mantener una familia feliz. Se puede hacerlo, y el precio es normalmente una mezcla de determinación, flexibilidad, y sentido común.

Una cosa es segura: No tiene sentido capacitarse por años, pasar por los rigores del nombramiento y el envío, viajar a otro continente, y luego realizar un trabajo significativo solo a medio tiempo. En dichos casos, algo relacionado con la ética de trabajo durante la cosecha está carente. Se debe reconocer también que las misiones es un esfuerzo en equipo, y aquellos que pasan por años sin meter su arado en el suelo serán resentidos.

Perseverancia

Hay veces cuando sería demasiado fácil no seguir la obra hasta completarla.

"Por tanto, hermanos, tened paciencia hasta la venida del Señor. Mirad cómo el labrador espera el precioso fruto de la tierra, aguardando con paciencia hasta que reciba la lluvia temprana y la tardía. Tened también vosotros paciencia, y afirmad vuestros corazones; porque la venida del Señor está cerca" (Santiago 5:7-8).

Como fue notado en la sección de teología bíblica, las metáforas de la cosecha en la Biblia son mucho más que temas accidentales debido al ambiente agricultor de dichos tiempos. La cosecha es una metáfora apta en todo aspecto para lo que el Señor está logrando a través de Su iglesia en la tierra. El granjero espera porque sabe lo que ocurrirá con la interacción entre la semilla, la tierra y la lluvia. Del mismo modo, aquellos que representan al reino de Cristo extendiéndose más allá de las fronteras actuales deben tener la paciencia y confianza de un granjero. Todos los ingredientes para la cosecha están presentes, y retirarse antes de cosechar sería contrario a la expectativa lógica.

Cuando se carece de perseverancia, a menudo resulta la discordia. Así como observa Max Lucado: "Cuando aquellos que son llamados a pescar no pescan, ellos pelean... ¡Cuando aquellos que son llamados a pescar pescan, ellos prosperan!"[1] La cosecha de los últimos días requiere de perseverancia.

Preguntas de repaso

1. ¿Por qué la sensación del llamado es una preocupación crítica para el misionero?

2. Explique cómo vienen los llamados específicos, mencionando los cuatro puntos citados en el texto. Agregue sus propias ideas sobre cómo los llamados son reconocidos.

3. Comente sobre los puntos citados sobre cómo funcionan los llamados. ¿Cómo tratan estos puntos con el problema de sentir un fuerte llamado pero carecen de la confianza necesaria para cumplir dicho llamado?

4. ¿Cómo se puede definir la obra? ¿Qué actitudes relacionadas con la obra deben marcar al candidato a misionero?

5. En sus propias palabras, resuma y aplique las advertencias citadas concernientes a los misioneros que son incapaces de realizar una obra de nivel significativo.

6. ¿Por qué se necesita de perseverancia, y qué dificultades resultan cuando se carece de ella?

---

[1] Max Lucado, *In The Eye of the Storm* (Dallas: Word, 1991), 57.

CAPÍTULO 14:

La formación personal y social

Promoviendo una perspectiva de siervo en los creyentes filipenses, Pablo apeló a la encarnación de Jesucristo (Filipenses 2:5-11). Pocos pueden negar que el ministerio de la encarnación sigue siendo el ideal del servicio misionero. Hudson Taylor reconoció que los chinos de su tiempo consideraban al evangelio como extranjero. Parte del problema, según concluyó él, era la diferencia en vestimenta y costumbres de aquellos que venían como emisarios del evangelio. Desde entonces hasta el presente, los misioneros evangélicos han luchado con los temas de identidad cultural. Aunque un estudio detallado de este tema está más allá de los límites de este estudio, se mencionarán algunos puntos importantes para su consideración.

Aceptando su "identidad cultural de nacimiento"

Ocasionalmente hay misioneros que parecen olvidarse de su origen. Pero eso no es necesariamente algo bueno. Existen ocasiones en las cuales la identificación total del misionero es un don de Dios. De todos modos, sería difícil discutir que Jesús modeló esto. Él nunca olvidó de dónde vino, a menudo se comunicó con su Padre en su casa (o sea, "en el cielo"), y sabía a dónde iba a ir al completar su obra. Lo mismo ocurrió con Pablo. Él nunca olvidó que era un judío de Tarso, un fariseo, y un ciudadano romano llamado por Jesús para predicar el evangelio a los gentiles. En realidad, pocos pueden lograr la identidad cultural total con otro grupo de personas y dicha identificación no debe ser sostenida como un ideal.

Es mucho más sano aceptar la identidad cultura de su nacimiento y niñez como una parte permanente de su imagen propia. Rechazar la herencia de uno a favor de una identidad extranjera probablemente parece extraño para todos.

Logrando niveles de interacción dentro de otras culturas

La doble cultura es una meta más realista y sana que la substitución de una cultura adoptiva en lugar de su cultura de nacimiento. Siempre he sentido que el misionero bendecido es aquel que es capaz de moverse de una cultura a otra sin esfuerzo alguno, sin siquiera darse cuenta que esto ocurre. Todo aquel que trabaja en medio de diferentes culturas debe buscar la identificación cultural y un estilo de vida no ofensivo. La mayor indicación de esto es probablemente el nivel de amistad que uno siente con aquellos de diferentes antecedentes. Esta amistad, tal como la confraternidad (griego *koinonia*) recomendada por Pablo en Filipenses 2:1-4, es mejor lograda trabajando juntos, compartiendo una pasión común por cumplir la *missio Dei*. Aquellos que han viajado juntos trabajando para el Rey logran un grado de confraternidad desconocido en otras circunstancias. Las historias contadas, las explicaciones de la vida, y las anécdotas alrededor de la fogata revelan la perspectiva mundial. Según mi opinión, el ministerio compartido como iguales en el reino es la clave para lograr un nivel sano de interacción con otra cultura.

Para aquellos que anhelan este intercambio mutuo pero lo encuentran difícil de obtener, ofrezco las siguientes sugerencias (que yo desearía haber comprendido antes y mejor).

1. Sea un buen oyente. A todo el mundo le gusta contar una historia, pero pocos desean escuchar. Un dicho en suahili dice: *"Haraka, haraka, hana baraka,"* que traducido significa, "Apuro, apuro, sin ninguna bendición."[1] Un día cuando recién había llegado a África, visité una iglesia a tres millas del camino. Al regresar al automóvil después del servicio, el pastor me preguntó si había visto cierto árbol no

---

[1] Phillip Keller, *Strength of Soul* (London: Hodder & Stoughton, 1993), 19.

demasiado lejos de allí. Recuerdo comprender que la pregunta del pastor era una medida deliberada de mi habilidad para escuchar una historia. Por la manera que dije "si" parecí haber pasado la prueba. Los portadores con sus cargas de fruta me agradecieron por mi visita y se fueron por el camino sin ser notados. "¿Ves esa rama, la grande?" continuó el pastor. Yo había pasado la prueba, y comenzó la historia. Al parecer dos villas habían estado peleando por un largo tiempo. Cansados del derramamiento de sangre, los ancianos habían convocado a ese árbol para testificar un solemne acuerdo de paz. Un tiempo después el hijo del jefe desafió el tratado pasando "ese árbol" para matar a un hombre y luego "correr al arbusto". (Era como si la historia podía ser contada correctamente solo reconociendo visualmente al árbol otra vez.) El viejo jefe sabía que la guerra comenzaría de nuevo y que muchos morirían. Cuando el sol salió la siguiente mañana, la villa encontró el cuerpo del jefe colgado de esa rama. Nunca ha habido de nuevo guerra entre esas dos villas. Era una historia conmovedora, pero si tenía algún significado simbólico, yo no lo comprendí. Por supuesto pensé en tratar de conectar la historia con Jesús muriendo en la cruz, pero eso no parecía estar implicado. Creo que el punto importante de la historia fue que yo tuve tiempo de escucharlo. Yo había ganado un amigo.

2. Pase tiempo con nuevos conocidos en su medio ambiente, donde se sienten cómodos. La mayoría de los maestros naturalmente ejecutan mejor su trabajo dentro de un aula. Es por eso que instamos a los maestros de escuelas bíblicas a visitar a sus alumnos afuera del aula (por ejemplo, en las iglesias que pastorean). Dicha regla no es destinada a impedir la instrucción del maestro sino para mejorar la habilidad para escuchar del maestro. Cuando un

alumno recibe en su casa a un maestro, los papeles son revertidos, por lo menos en parte. Aun si el maestro es invitado para predicar, el alumno es quien dirige el evento. El alumno extiende la invitación, realiza la introducción, y anfitriona la recepción después del servicio. El maestro tiene la rara oportunidad de ver la vida a través de los ojos del alumno cuando está desenvolviéndose en buena forma. Alguien dijo una vez: "Todos son ignorantes, solo que en diferentes temas." Por cierto, el alumno que cumple este papel de "maestro" el fin de semana estará entre los más atentos en clase en la escuela bíblica.

3. Aprenda a reconocer cómo se comunica el mensaje no hablado.[2] Note cómo se utiliza el espacio: Por ejemplo, ¿cuán cerca están las personas unas de otras al hablar? ¿Cómo están arreglados los muebles? ¿Qué valor se da a los diferentes grados de agrupamientos o soledad? Note quién habla a quién en el intercambio de saludos. Note las vestimentas aceptables, cuestionables, e inapropiadas, considerando cuidadosamente dichos asuntos según la edad, posición social, y ocasión. Aprenda los momentos y el significado de los eventos cíclicos. Tales como el inicio de una estación de lluvia o sequía, cosecha, luna nueva.

4. Esté al tanto del hecho que la mayoría de las sociedades son orientadas por eventos. Ya se ha prestado atención a un dicho de Nigeria: "Ningún evento, ninguna historia." Los eventos importantes son el fundamento de la historia. Muchas veces los occidentales fallan en apreciar la importancia de su cultura adoptiva adherida a los eventos.

---

[2] El estudio clásico de este tema es el libro *The Silent Language* de Edward T. Hall (Garden City, N.Y.: Doubleday, 1959). Para un resumen útil, véase David J. Hesselgrave, *Communicating Christ Crossculturally*, 2d. ed. (Grand Rapids: Zondervan Publishing House, 1991), 424-43.

5. Reconozca cuán importantes son las relaciones. Tenga por lo menos un amigo que le dirá la verdad en cuanto al significado de pistas del lugar para poder comprender lo que se dice y usted también pueda ser comprendido.

6. Nunca desperdicie una crisis. Cuando las cosas van mal, como de seguro ocurrirá, realice correcciones tan pronto y de la mejor manera que pueda; luego continúe adelante, habiendo aprendido de la experiencia.

7. Ore para saber la diferencia entre la interrupción indebida y la interrupción significativa, los momentos a ser saboreados.

8. Trate a cada persona como hecha a la imagen de Dios. No haga excepciones.

Aprendizaje del idioma como experiencia cultural

La importancia de aprender idiomas es universalmente aclamada. Sin embargo, existen diferentes escuelas de pensamiento sobre los méritos relativos de las escuelas de idiomas y lo que algunas veces es llamado como el "método práctico de adquisición de lenguaje"[3]. Al mismo tiempo, todos concuerdan que existe un fuerte componente de relación en la mayor parte del aprendizaje de idiomas. Por ejemplo, aprender un idioma con el propósito de conversar es en gran parte una experiencia social. De hecho, la mayoría de las personas en el mundo que aprenden un segundo o tercer idioma lo hacen dentro de un contexto informal viviendo en medio de aquellos que lo hablan.

---

[3] E. Thomas Brewster y Elizabeth S. Brewster, "Bonding and the Missionary Task," en *Perspectives on the World Christian Movement*, ed. Ralph D. Winter y Stephen C. Hawthorne, rev. ed. (Pasadena: William Carey Library, 1992), C-113.

Otro factor que debe ser considerado es la extensión en la cual el idioma define la experiencia. La hipótesis de Sapir–whorf, que sostiene que el idioma impone una perspectiva mundial inherente sobre la cultura, ha sido extensamente debatida.[4] Sin embargo, es correcto decir que el aprendizaje de un idioma es una clave para comprender la perspectiva mundial del nativo. Las mismas estructuras del idioma pueden guardar claves en cuanto a los valores y normas sociales. El lenguaje es aprendido para poder comunicar ideas, pero esta no es toda la historia. También es aprendido para obtener un entendimiento de aquellos matices culturales que son distintivamente expresadas en cada idioma.

Sanidad psicológica

El campo de la salud mental está altamente especializado, y se disponen de excelentes recursos escritos desde una perspectiva cristiana del mundo.[5] También existen varias prácticas de consejería cristiana que tienen extensa experiencia en el trabajo con misioneros. Yo trataré los temas a continuación no como profesional, sino como misionero; éstos son una declaración de guías destinadas para ceñir la experiencia del misionero.

Sería lindo si el llamado de Dios borrara toda influencia negativa del pasado de uno, pero este no es el caso con la mayoría de los misioneros. Por tanto, aun estando lejos de su hogar, los eventos del pasado pueden resurgir y causar problemas personales, impidiendo el cumplimiento de la asignación del misionero. El siguiente consejo, aunque básico, es muy importante.

---

[4] Hesselgrave, *Communicating Christ*, 367-73.

[5] Para un ejemplo, véase Marjory F. Foyle, *Honorably Wounded: Stress Among Christian Workers*, rev. ed. (London: MARC, Interserve, Evangelical Missionary Alliance, 1988); Marge Jones y E. Grant Jones, *Psychology of Missionary Adjustment* (Springfield, Mo.: Logion Press, 1995).

Primero, es importante que el misionero conozca la libertad que proviene del perdón. Primera de Juan 1:9 dice, "Si confesamos nuestros pecados, él es fiel y justo para perdonar nuestros pecados, y limpiarnos de toda maldad." Ningún creyente debe vivir con pecados no confesados, ataduras espirituales o adicciones. Si se ha cometido un pecado conscientemente, se debe renunciarlo y arrepentirse de él. La comunidad de creyentes a menudo sabrá cómo ministrar libertad a aquellos en necesidad. Si la dificultad continua, tal vez se necesite referir a la persona a un profesional. En ningún caso una persona debe aceptar el servicio misionero con la esperanza de encontrar liberación en el campo misionero.

En caso de haber experimentado una injusticia o abuso, el creyente puede encontrar necesario perdonar conscientemente al ofensor. Jesús dijo: "Perdonad, y seréis perdonados" (Lucas 6:37). Jesús también dijo: "Mas si no perdonáis a los hombres sus ofensas, tampoco vuestro Padre os perdonará vuestras ofensas" (Mateo 6:15). Si uno tiene dificultad para perdonar, se debe buscar la ayuda de un consejero espiritual maduro. Para las heridas profundas, se recomienda la asistencia profesional cristiana. Estos son temas cristianos básicos. No se aconseja hacer la obra misionera sin resolver la necesidad de perdonar.

Existen otros temas del pasado que no son asuntos de conducta pecaminosa o falta de perdón. Pero si no son resueltos, mermarán el bienestar emocional y espiritual. Estos también deben ser enfrentados personalmente, con consejeros o profesionales de confianza. Cualquier problema del pasado que le está inquietando en el hogar, causará más inquietud en el extranjero. De todos modos, existen maravillosos testimonios de aquellos que han recibido ayuda y son felices y productivos en el servicio misionero. La mayoría de los comités de misiones con seguridad apoyarán los esfuerzos de uno para lograr la plenitud y libertad de los asuntos del pasado.

La familia, los parientes, y la familia de Dios

La buena relación entre el misionero y los miembros de su familia inmediata es extremadamente importante. Existen tres componentes que ayudarán a mantener la buena comprensión entre los miembros de la familia sirviendo juntos en el campo misionero. El primero es el respeto espiritual genuino. Todos son perdonados, llamados y comparten la misión a la cual la familia ha sido llamada. La analogía de Pablo del cuerpo con muchas partes enseña que ningún miembro del cuerpo debe demostrar falta de respeto a cualquier otro miembro (1 Corintios 12:12-31). No hay necesidad de competir o copiar para ganar la aprobación. El segundo componente es la comunicación. Simplemente es necesario que haya un compromiso familiar de comunicarse unos con otros. La familia es su propia red de apoyo, pero la red funciona solo según su habilidad para comunicarse. El tercer componente es el fervor espiritual. Una gran ayuda para la familia en el logro de su misión sería si sus miembros mantienen un compromiso con la urgencia e importancia de dicha misión. Una vez más, la analogía de Pablo del cuerpo es muy importante. "De manera que si un miembro padece, todos los miembros se duelen con él, y si un miembro recibe honra, todos los miembros con él se gozan" (1 Corintios 12:26). Si el esposo, la esposa o los hijos están luchando espiritualmente, todos los miembros de la familia se unen en oración y apoyo. Cuando Dios usa a cualquiera de los miembros en alguna manera especial, la familia se regocija. No es necesario que todos los miembros de la familia tengan un ministerio público, puesto que la batalla espiritual y la victoria son compartidas por todos los miembros sin importar quién haya estado en el campo público.

La relación de un misionero con los miembros de su familia que no están en el campo misionero es también importante. Se necesitan tratar cuatro áreas. Primero está el tema de los miembros de la familia que están acostumbrados a servir como consejeros confidenciales; ellos tal vez deseen prestar consejo a larga distancia a sus parientes en el campo de servicio. Pero ahora que viven lejos, ellos no están literalmente en la posición de dar consejos sobre las situaciones en el campo misionero. Será mejor para el misionero reservar los temas de decisión para un grupo más cercano y mantener una relación cordial e informal con el miembro familiar.

La segunda área tiene que ver con el concepto de "abandonar y unirse" asociado con el matrimonio (véase Marcos 10:7). En algunas familias, los lazos paternales con un hijo casado continúan siendo fuertes mucho tiempo después del casamiento. Es posible que un padre pueda considerar como traición si el hijo los deja para irse a un país extranjero. Dicho padre, sea o no creyente, podría recurrir a tácticas de culpa para impedir que su hijo responda al llamado a servir. Aunque se necesita realizar todo arreglo posible para el bienestar de los padres, la Biblia expresa muy claramente que el llamado de Dios debe tener prioridad sobre el deseo de permanecer con los padres. En Mateo 8:21-22 Jesús muestra la prioridad de Su reino: "Otro de sus discípulos le dijo: Señor, permíteme que vaya primero y entierre a mi padre. Jesús le dijo: Sígueme; deja que los muertos entierren a sus muertos." En un comentario sobre este versículo, R. T. France expresa: "*Los muertos* puede referirse solo a aquellos afuera del grupo de discípulos, que carecen de vida espiritual, y quienes ante la ausencia de un llamado mayor pueden ser dejados para tratar con temas mundanos."[6] (Véase también Mateo 10:37-38; 19:29). Jesús mismo proveyó un ejemplo: El proveyó para su madre pero no permitió que su preocupación por ella le impidiera tomar la cruz (véase Juan 19:26; véase también Mateo 10:38).

---

[6] R. T. France, *Matthew*, vol. 1 de *Tyndale New Testament Commentaries* (Leicester, England: InterVarsity Press, 1992), 160.

La tercera área tiene que ver con los parientes durante tiempos de extenso servicio local (ministerio de preparación para el envío). Las reuniones deben ser alegres y las especiales ocasiones familiares deben ser planeadas. Sin embargo, los misioneros necesitan ser advertidos que cualquier pariente que se opone al servicio misionero considerará cada regreso al país natal como un momento ideal para presionar al misionero a abandonar las misiones. Cualquier contradicción emocional del misionero solamente aumenta dichas demandas; y deben ser resistidas firmemente pero con amor.

La cuarta área es la de viajar al país natal para casamientos, funerales, y otros eventos importantes. Hoy día dichos viajes no son tan solo posibles, sino que muchas veces bastante económicos. Dentro del reglamento de la misión, cada familia debe establecer sus propias pautas de viajes, considerando su administración del llamado y el efecto sobre aquellos que le apoyan financieramente si "sus" misioneros son vistos muy a menudo en su país.

Uno de los gozos más grandes del servicio misionero es el cálido apoyo que uno recibe por ser parte de la familia de Dios en el campo de servicio. Una vez que haya una iglesia nacional, cada familia misionera debe hacerla parte integral de sus vidas. Cada uno se regocija con el otro en tiempos de gozo y llora con el otro en tiempos de tristeza. Ellos comparten pedidos de oración y testimonios, logrando el nivel más alto de confraternidad. Los padres misioneros exponen a los líderes de la iglesia como ideales delante de sus hijos, asegurándose que sus hijos escuchen predicar a estos fieles siervos así como también que aprendan algo de la importancia de sus papeles dentro del reino de Dios. La familia misionera (o sea su relación con otros misioneros) del mismo modo asume papeles a menudo parecidos al de la familia natural. Las reuniones de misioneros, feriados, experiencias en la escuela, y concilios de la iglesia dan amplia oportunidad para que las amistades se conviertan en maravillosas redes de apoyo y aliento.

Implicaciones de la vida como residente extranjero

Varios temas bíblicos tratan directamente con la condición de ser un extraño, extranjero, o forastero. Moisés parece haber considerado muy importante el ser un extranjero en Madián, puesto que llamó a su primer hijo *Gersón*, que suena como la palabra hebrea para "un forastero en esta tierra" (véase Éxodo 2:22). Éxodo 22:21 exhorta: "Y al extranjero no engañarás ni angustiarás, porque extranjeros fuisteis vosotros en la tierra de Egipto." Hebreos 13:14 dice: "Porque no tenemos ciudad permanente, sino que buscamos la porvenir." Finalmente, 1 Pedro se dirige a "los expatriados de la dispersión en el Ponto, Galacia, Capadocia, Asia y Bitinia." Por tanto, antes de dar sugerencias sobre cómo vivir como un residente extranjero, sería beneficioso notar que la condición general de los extranjeros no ha escapado la atención del Señor. De hecho, parece haber un lugar especial en la economía divina para esta categoría de creyentes.

¿Cómo puede un extranjero no solo sobrevivir sino que prosperar? Aunque se han escrito libros enteros sobre este tema,[7] yo mencionaré solo algunos de los puntos principales.

El extranjero debe hacer todo esfuerzo para sentirse cómodo en el nuevo lugar. Años atrás, escuché a un pastor americano en otro país anunciando todos los servicios en "nuestra hora y en su hora". ¡Eso parece indicar una falta de ajuste! Se deben colgar los cuadros en las paredes, plantar flores y cuidar del jardín. Para resumir, el nuevo lugar debe verse acogedor, y tan parecido a un hogar como le sea posible y apropiado. Con eso no decimos que sus alrededores deben ser cambiados para parecer particularmente extranjero. Sin embargo, debe demostrar que alguien vino para quedarse.

---

[7] Ted Ward, *Living Overseas: A Book of Preparations* (New York: Free Press, 1984).

Cada persona tiene una manera de considerar la vida, un "ambiente normal" que puede ser ajustado. Este "ambiente interior" debe ser cuidadosamente evaluado y todos los sistemas deben ser reajustados de tal manera que expresen: "Estamos cómodos aquí y no tenemos planes de irnos enseguida." Durante nuestros primeros tres años afuera de nuestra tierra nativa, vivimos donde estaba el teléfono más cercano, a unas 120 millas de distancia, una distancia que lleva entre cuatro a cinco horas de manejo. El resultado inmediato fue que por tres años no llamamos a casa. ¿El resultado a largo plazo? Nuestro reloj interior fue reajustado y nuestra nueva localidad comenzó a sentirse como nuestro hogar. Aunque no recomiendo imponer una forma de aislamiento, uno podría tomar pasos para familiarizarse con el nuevo ambiente extranjero, para que se vuelva bien conocido y normal en la cantidad más corta de tiempo posible.

Mi consejo para aquellos que se mudan a África es: "Hazte de amigo con el estilo de vida africano." Esa idea puede ser aplicada a cualquier lugar nuevo. Algunos puntos derivados pueden ser los siguientes: Aprenda a ver lo cómico en situaciones donde se siente avergonzado. Aprenda nuevas maneras de considerar la vida. Trate de comprender nuevas formas de comunicación, y deléitese en adecuarse cuanto más le sea posible. Evite pasar todo su tiempo con aquellos cuyo estilo de vida es igual al suyo. Pase bastante tiempo con aquellos cuya perspectiva del mundo es diferente a la suya.

Trabaje más duro de lo que jamás ha trabajado en su vida. Esfuércese verdaderamente. La suya es una causa noble y merece su mejor esfuerzo. Luego, relájese y disfrute de la brisa de la noche (¡si es que haya alguna!). Escuche las historias. Pase tiempo con pastores, granjeros, y dueños de negocios. Pase tiempo con su familia y ayúdelos a disfrutar todo lo que usted ha llegado a disfrutar. Después de todo, "De Jehová es la tierra y su plenitud; el mundo, y los que en él habitan" (Salmo 24:1), por tanto los siervos del Señor deben sentirse libres de andar en el territorio de su Amo. Disfrute.

Evaluación sana y nueva definición de normas concernientes a los papeles, las zonas y el uso del tiempo

Se ha sugerido la reevaluación y la redefinición en párrafos anteriores. El punto importante que se debe comprender es que las normas sociales definen la conducta aceptable en asuntos tales como el papel, la influencia y el uso del tiempo. Las ideas o normas del recién llegado pueden estar equivocadas en cualquiera de estas áreas. Bendito es el recién llegado que no asigna prematuramente un significado espiritual negativo a toda norma social. Dé un poco de tiempo a las nuevas normas. Un sabio dicho africano dice: "Los ojos del extraño están bien abiertos, pero él no ve mucho." Si algo parece extraño, averigüe cuál es la regla y cómo puede ser seguida.

Una vez recibí un reporte de que cierto jefe me había llamado "malvado." Por supuesto me sentí un poco herido hasta que aprendí que mi ofensa había sido que no había dado nada para ayudar en un proyecto de mejora en la comunidad. ¡Una vez que me uní a las personas de la villa en la ofrenda, me enteré que ahora era muy bueno! Aprenda los papeles aceptados para los hombres, las mujeres, los niños, y los extranjeros y no se burle de ellos para probar un punto. Aprenda cómo está estructurado el estado, la villa o las iglesias y honre a quien sea debido. "Honrad a todos. Amad a los hermanos. Temed a Dios. Honrad al rey" (1 Pedro 2:17). Aprenda la función del tiempo dentro de la sociedad,[8] y esté dispuesto a adaptarse sin ser crítico.

---

[8] Hesselgrave, *Communicating Christ*, 431-37.

Manejando los asuntos éticos

¿Cómo debe un misionero manejar los asuntos éticos en el contexto de valores sociales desconocidos (asuntos que a menudo surgen inesperadamente)? Por ejemplo, ¿qué debe hacerse cuando se escucha a un agente de aduanas negar que una carga contenga electrónicos—cuando realmente contiene una computadora? ¿Se debería clausurar una construcción para evitar dar a un inspector una pequeña propina? ¿Cuán a menudo se deben arreglar los asuntos de impuestos en el extranjero si el código escrito no refleja una práctica común? ¿Qué mandaría hacer Cristo al misionero cuando un obrero pide dinero para pagar la cuota de la escuela de sus hijos, para medicinas, o para fertilizantes—y dicho obrero todavía no pagó su último préstamo? Como base para una mayor investigación y aplicación práctica, damos a continuación unas cuantas sugerencias:

- El ejemplo de Cristo nunca debe ser olvidado. "El cual no hizo pecado, ni se halló engaño en su boca" (1 Pedro 2:22). Pero Jesús mismo testificó de la dificultad del ambiente al decir: "He aquí, yo os envío como a ovejas en medio de lobos; sed, pues, prudentes como serpientes, y sencillos como palomas" (Mateo 10:16).

- En cuanto le sea posible, determine las normas éticas dentro del contexto de un grupo. Muchos misioneros se hubieran ahorrado problemas si hubieran sabido y atendido lo que el grupo estaba pensando.

- Escuche cuidadosamente el consejo y ejemplo de líderes de la iglesia nacional. Tristemente algunas veces se juzga que el extranjero ha fallado en una situación que la gente local consideró como un asunto ético claro. Y, por el contrario, el extranjero puede hacer una cuestión pública de un punto no considerado como un asunto ético por la gente local. Sin abandonar su conciencia, es a menudo prudente que uno preste atención al consejo de los ancianos, especialmente de los ancianos nacionales.

- Busque consejo legal calificado cuando sea apropiado. Los costos pagados por dicho consejo son normalmente una excelente inversión. Casualmente, los abogados y líderes de negocios cristianos están a menudo más que dispuestos a servir gratis como miembros del comité. Su presencia a menudo ofrece una profundidad de entendimiento en asuntos difíciles.

- No es siempre necesario o mejor saber todo lo que ocurre. Trate con firmas respetables, junte recibos exactos, y en cuanto le sea posible, no pregunte lo que no se necesita saber. El apóstol Pablo habló de comer carne "sin preguntar nada por motivos de conciencia" (1 Corintios 10:25). Pablo también habló de la imposibilidad de evitar el contacto con los inmorales, codiciosos, estafadores, e idólatras de este mundo. Para evitar dicho contacto, Pablo escribió, "os sería necesario salir del mundo" (1 Corintios 5:10). Yo me sonreí cuando un amigo se refirió a un hombre de negocio como "el mejor de los peores." El misionero tratará con algunos de los mejores y algunos de los peores, pero todos son personas creadas a la imagen de Dios y por quienes Cristo murió. Para evitar todo contacto de negocios cuestionable, ciertamente le "sería necesario salir del mundo."

- Esté dispuesto a dejar el pasado atrás. Después de buscar consejo y prepararse para la vida en el campo en oración, usted debe creer que Dios le guiará cada día. Si algo le deja sintiéndose incómodo, hable con el Señor, hable con un amigo de confianza, y déjelo atrás. Aprenda del pasado, pero nunca permita que los errores del pasado le impidan alcanzar la victoria de mañana.[9]

---

[9] Este pensamiento es tomado de un sermón del Pastor David Watson, Central Assembly of God, Springfield, Mo., 21 de marzo de 1999.

Respondiendo a los ajustes difíciles

Hay veces cuando las cosas no van tan bien y se necesita ayuda. Fue Elifaz en el libro de Job quien declaró: "Pero como las chispas se levantan para volar por el aire, así el hombre nace para la aflicción" (Job 5:7). Cuando el problema general de la vida se vuelve agudo, resultan varios tipos de mal funcionamiento. Las personas se pueden volver apáticas, irritables, o incapaces de completar las tareas asignadas. La enfermedad física también puede ser uno de los resultados.

Es importante en dichos momentos reconocer que Dios no es la causa de los problemas. Ni tampoco son necesariamente causados por ser un misionero, o por los administradores de la misión, o por el país donde sirven. Dios está preocupado por nuestro bienestar, y el mayor obsequio de Dios a Sus hijos es Su plan para su servicio dentro de la *missio Dei*. Los líderes de la misión tal vez no comprendan una situación individual, pero nunca he visto una ocasión en que no les importó ayudar.

Con esto no decimos que cada individuo debe entonces sentirse culpable por los problemas de la vida. No es necesario estimar la culpa. Lo que es necesario es reconocer el mal funcionamiento cuando ocurre y tratar de lograr la integridad dentro de un marco de paz—paz con Dios, con el medio ambiente, y con uno mismo. Los siguientes pasos pueden ser considerados:

1. Para aquellos que están casados, comiencen orando juntos por la dificultad. Los solteros pueden orar con un confidente. A menudo, Dios demostrará Su consejo y el problema entonces puede ser resuelto o ser manejable. O sea que la oración ayudará a tratar con el mal funcionamiento de tal manera que la vida y el ministerio puedan continuar, un proceso referido en los círculos pentecostales como "oración intercesora".

2. Si parece necesario buscar ayuda externa, considere primero la ayuda disponible dentro de un establecimiento local o cercano. En estos días, las organizaciones misioneras reconocen la necesidad de la consejería, y las visitas periódicas de consejeros altamente calificados a los establecimientos misioneros son cada vez más comunes. No pase por alto la posibilidad de recibir una ayuda capaz de cambiar su vida por medio del ministerio de creyentes nacionales. Aunque puedan haber algunas situaciones que sean mejor mantenidas en privado, el hecho es que un problema severo es evidente y los líderes de la iglesia tal vez ya estén al tanto de la situación. Si los nativos con problemas similares rutinariamente son curados o ayudados a través de ministerios locales, no se prive de los beneficios de sus ministerio—ya sea el ministerio de oración o de consejería profesional.

3. Si se necesita una referencia para recibir ayuda externa, se debe tratar de conseguirla. Aquellos que sirven en una misión no deben sentir vergüenza de hacer conocer su necesidad de ayuda. Los comités misioneros son compasivos y prestarán su apoyo.

Preguntas de repaso

1. Haga un comentario sobre la frase, "La doble cultura es una meta más realista y sana que la substitución de una cultura adoptiva en lugar de su cultura de nacimiento."

2. Indique las ocho sugerencias citadas para lograr la "cultura doble interactiva." Resuma las actitudes esenciales demostradas en estas sugerencias.

3. ¿Por qué el aprendizaje del idioma es considerado como una experiencia cultural? ¿Qué actitudes debe tener el misionero en el proceso de aprendizaje del idioma?

4. Haga un comentario sobre las sugerencias citadas para lograr la sanidad psicológica.

5. Evalúe las sugerencias citadas para aprender a vivir como un residente extranjero. ¿Qué significa la expresión "reajustar el reloj interno" a través del cual uno observa las normas sociales?

6. ¿Cuáles son los puntos claves que deben ser recordados al manejar los asuntos éticos dentro del contexto foráneo?

7. ¿Qué significa el "mal funcionamiento" en el ajuste misionero? ¿Qué debe hacer un misionero si existe motivo para sospechar que uno mismo u otra persona dentro de la familia misionera pueda estar experimentando un mal funcionamiento?

CAPÍTULO 15:

La tarea misionera

En todo este estudio el enfoque ha estado sobre la *missio Dei* como el motor principal que debe impulsar a toda actividad misionera. La misión de Dios es amplia, pero también enfocada. Sabemos a dónde se dirige la misión de Dios observando cómo concluye. Habrá "una gran multitud, la cual nadie podía contar, de todas naciones y tribus y pueblos y lenguas" (Apocalipsis 7:9). Grandes voces declararán "los reinos del mundo han venido a ser de nuestro Señor y de su Cristo; y él reinará por los siglos de los siglos" (Apocalipsis 11:15).

Los medios para participar en la *missio Dei* son ciertamente variados. Es importante que aquellos dentro de un ministerio específico se consideren como miembros de un equipo, incluyendo a aquellos de otros ministerios. El poder de la misión viene con la verdadera unidad nacida del respeto y apoyo mutuo. En la mayoría de los campos, los ministerios se sobreponen. Un maestro de la escuela bíblica, por ejemplo, puede estar involucrado en el ministerio para niños o en evangelismo. Un obrero de salud puede tener antecedentes como maestro de la escuela bíblica. Casi todos los ministerios utilizan la literatura y los medios informativos. A continuación citamos algunos de los muchos ministerios que funcionan actualmente.

Establecimiento de iglesias

Los misioneros nunca deben perder de vista esta declaración de Cristo: "edificaré mi iglesia" (Mateo 16:18). Mi postura es que esta es una declaración controladora en lo que la estrategia misionera se refiere. Edificar la Iglesia es el objetivo inmediato de la misión. De la iglesia, al ser edificada, se extienden los ministerios de Cristo al mundo para que la cita de Cristo del libro de Isaías sea realizada: "El Espíritu del Señor está sobre mí, por cuanto me ha ungido para dar buenas nuevas a los pobres; me ha enviado a sanar a los quebrantados de corazón; a pregonar libertad a los cautivos, y vista a los ciegos; a poner en libertad a los oprimidos; a predicar el año agradable del Señor" (Lucas 4:18-19).

Aunque Dios utiliza muchos medios para lograr Sus propósitos, la iglesia es Su agente principal, central para el cumplimiento de Su plan. La proclamación y los ministerios de sanidad que representan el corazón de Dios son por tanto centrales para la misión de la Iglesia. Por tanto, el punto de inicio para las misiones es simplemente la extensión de la iglesia local—a través de su medio ambiente inmediato y hacia toda la tierra. Consecuentemente, el proceso de plantar iglesias es central para la declaración de misiones de cualquier iglesia nacional en cualquier parte del mundo. Fallar en tener un plan para abrir nuevas iglesias, o células de creyentes, es indicar una traición a la misión de Dios.

La mayoría de las iglesias son abiertas por medio de la visión, el trabajo duro y la inspección de un grupo local o grupo de iglesias. Yo creo que todos los misioneros deberían considerarse como estando a la vanguardia del establecimiento de iglesias a pesar de cuál sea su trabajo diario. Una vez escuché a un pastor de una iglesia grande en África relatar su viaje a un país cercano durante sus primeros años en el ministerio. Lo que le sorprendió fue ver por lo menos a cinco misioneros sentados en un servicio del domingo. Aunque han pasado varios años, el asombro todavía puede verse en su cara al recordar la experiencia. El sintió que los misioneros deberían haber estado plantando iglesias.

Si la mayoría de las nuevas iglesias son plantadas por iniciativa de la iglesia local, ¿cómo pueden los misioneros extranjeros involucrarse en este proceso? Primero, ellos deben ser cuidadosos de no suplantar la iniciativa de la iglesia local. Si una iglesia es activa, ellos pueden ayudar avivando la llama. El objetivo es tener liderazgo local en el proceso de plantar una iglesia, y que un misionero se apropie de un programa sano de establecimiento de iglesias sería un error a la larga. Habiendo dicho esto, se debe también notar que en numerosos lugares las iglesias locales no tienen un enfoque sano en cuanto al establecimiento de iglesias. En dichos casos, el objetivo de los misioneros es crear el nacimiento de un movimiento para plantar iglesias. Aunque esto puede ser realizado con la participación directa de los misioneros, es mejor si dicha participación está bajo la iglesia local o nacional. De otro modo, las iglesias plantadas pertenecerán al misionero, y la iglesia establecida no obtendrá la visión para plantar iglesias.

Pueden haber casos en los cuales la única manera para ingresar en una tribu o villa en particular es que el misionero vaya él mismo como el principal sembrador de iglesia. Aún así, se debe cuidar que el esfuerzo pionero esté conectado con la iglesia nacional por medio de reuniones de confraternidad, la ofrenda a la iglesia nacional, y la participación en otros programas de la iglesia. Si no existe una iglesia nacional, se recomienda que las iglesias sean plantadas en grupos pequeños, para que los creyentes asuman desde el principio la responsabilidad de dirigir sus propios servicios y no dependan demasiado de un misionero extranjero.[1]

El establecimiento de iglesias es a menudo logrado a través de cruzadas.[2] En la mayoría de los casos, son eventos bastante simples y de bajo costo en los cuales el evangelio es predicado a una multitud formada principalmente de personas que no forman parte de la iglesia. Se presenta un mensaje claro del evangelio por medio de canciones, testimonios y predicación. Se ofrece una invitación, y se ora colectiva e individualmente por aquellos que responden. En algunas partes del mundo, ha sido costumbre que las cruzadas para plantar iglesias continúen por seis meses o

---

[1] Véase Melvin Hodges, *The Indigenuos Church* (Springfield, Mo.: Gospel Publishing House, 1953), 47.

[2] Algunos objetan la palabra "cruzadas" a causa de su posible asociación con las Cruzadas de la historia medieval. Sin lugar a dudas esta palabra no debe ser utilizada dentro del mismo contexto. Sin embargo, es usada por iglesias nacionales en muchas partes del mundo.

más. Las extensas cruzadas han sido especialmente exitosas en Latinoamérica. Aunque muchos misioneros participan ocasionalmente en una cruzada para plantar iglesias, pocos toman el ministerio de cruzadas como obra permanente. Estas personas han sido usadas por Dios para abrir muchas iglesias por medio de sus cruzadas y las cruzadas de aquellos que han ayudado a adiestrar.

En la práctica pentecostal, se acostumbra orar por los enfermos como parte del servicio en la cruzada. Cuando ocurren manifestaciones demoníacas, los pastores o líderes laicos adiestrados tratan inmediatamente con las personas afectadas. Los testimonios de aquellos liberados de enfermedades y ataques demoníacos ofrecen gran credibilidad a la predicación del evangelio, tal como lo hicieron en la época del Nuevo Testamento. He escuchado la sugerencia que los dones de sanidad son una expresión de interés social entre los pentecostales. Dicho concepto puede tener cierta validez, aunque la mayoría de las personas no consideran a la sanidad en esos términos. Cualquiera sea la manera en que se los considera, los ministerios de sanidad y liberación de demonios son típicos del establecimiento de iglesias pentecostales en todo el mundo.

Adiestramiento ministerial: enseñanza móvil, educación elevada, misiones, extensión

En la mayor parte del mundo, las iglesias pentecostales típicamente enfatizan el adiestramiento de sus ministros. Aunque el diploma de tres años ha sido a menudo lo común, el trabajo de nivel universitario es la norma o una opción común en más y más países. Los programas graduados también están disponibles en gran parte del mundo.

La contribución de las organizaciones misioneras a estos programas ha cambiado a través de los años. En una época pasada, los misioneros con títulos universitarios normalmente adiestraban a los pastores en colegios manejados por la misión. En gran parte del mundo, estos colegios han sido transferidos bajo el control de la iglesia nacional; el personal de profesores está formado en su mayor parte o completamente por nacionales; y este personal nacional tiene títulos de maestría o está en el proceso de obtenerlos, o hasta posee el doctorado. Las iglesias nacionales quieren que los misioneros hagan lo que ellos todavía no pueden hacer. Por esta razón, el misionero que adiestra a pastores pentecostales hoy día debe tener un nivel más elevado de adiestramiento formal que aquellos de una generación atrás. En la mayor parte del mundo, un título de maestría todavía se recomienda a alguien para la enseñanza, pero debe ser una maestría en camino a conseguir el doctorado. Al mismo tiempo, la calificación académica, por más importante que sea, ocupa el segundo lugar detrás de la calificación espiritual. Ya sea que tengan diplomas o doctorados, los maestros deben ser capaces de plantar iglesias, ministrar en los dones del Espíritu Santo, y personificar la visión para las personas no evangelizadas, descuidadas y en sufrimiento.

Como los nacionales realizan la enseñanza de nivel más básico, el papel del misionero ha llegado a incluir la participación en equipos de enseñanza que ministran en ciclos en una región. En algunos casos, todo el colegio (o sea los profesores) viaja. En otros casos, la visión del colegio es local, pero el colegio cuenta con los profesores visitantes para realizar importantes bloques de enseñanza. Aquellos que ministran en estos equipos deben tener la experiencia local adecuada para demostrar su eficacia como maestros. Muchas personas pueden progresar por medio de un compendio, pero una cantidad menor de maestros son agentes de cambio, aquellos cuyos alumnos edificarán la iglesia y el reino de Dios a través de ella. Los equipos móviles de enseñanza son para aquellos con un llamado y dones especiales para dichos ministerios.

En gran parte del mundo, el adiestramiento de maestría funciona de manera diferente que en el mundo occidental. Es necesario si la iglesia desea proveer programas académicos eficaces. También es el foro asistido por los líderes de la iglesia buscando mejorar su comprensión y habilidades para poder ayudar a la iglesia a cumplir su misión. En resumen, existe una dinámica espiritual que sobrepasa lo que la mayoría de los occidentales están acostumbrados. Aquellos que enseñan en estos programas deben ser capaces de sentir y moverse con esta dinámica. Este trabajo no tiene un horario fijo de 9 a 5. Es solo para aquellos que están dispuestos a entregar totalmente sus vidas.

Otra área dinámica en el adiestramiento mundial tiene que ver con los misioneros del tercio del mundo. Un notable desarrollo de nuestra época es una fuerte fuerza de misioneros de países que anteriormente no enviaban misioneros. Este movimiento ha continuado por suficientes años que los misioneros de origen occidental son ahora una minoría en el mundo. Sin embargo, los misioneros occidentales son requeridos realizar un ministerio vital: el de asistir en el adiestramiento de estos "obreros de la hora undécima." Para contribuir significativamente a este adiestramiento se requiere que el misionero occidental tenga un elevado nivel tanto de experiencia ministerial como de adiestramiento misiológico especializado. Dichas personas facilitarán el avance de las misiones en el futuro.

Ministerios de niños

Al profetizar que el Espíritu Santo sería derramado sobre toda carne, Joel incluyó "vuestros hijos y vuestras hijas" (Joel 2:28). El ministerio de niños y jóvenes siempre ha sido un sello de práctica pentecostal. El concepto principal es que la salvación y el bautismo en el Espíritu Santo deben ser personalmente experimentados por los niños de cada generación. Según las palabras de Pedro, "Arrepentíos, y bautícese cada uno de vosotros en el nombre de Jesucristo para perdón de los pecados; y recibiréis el don del Espíritu Santo. Porque para vosotros es la promesa, y para vuestros hijos, y para todos los que están lejos; para cuantos el Señor nuestro Dios llamare" (Hechos 2:38-39).

El ministerio de niños ha tomado la forma de iglesia de niños, cruzadas evangelísticas para niños, y escuela dominical. En partes de África, por ejemplo, las iglesias de niños son asistidas por cientos de niños, y los pastores de niños pueden ser miembros asalariados del pastorado de la iglesia. Algunas de las iglesias de niños usan disfraces de colores vivos y títeres, que los obreros de niños aprenden a hacer. Con o sin estos medios, las iglesias de niños son una manera dinámica de presentar una nueva generación al poder del evangelio.

Los niños callejeros o refugiados también están siendo ministrados. Este ministerio puede tomar la forma de programas de alimentación, hogares para desplazados o huérfanos, o ministerios para las víctimas del SIDA.

Muchas iglesias han iniciado también escuelas cristianas, desde jardines de infantes hasta el nivel secundario. Aunque la mayoría de estos programas son administrados totalmente por iglesias nacionales individuales, existen varios programas a los cuales los misioneros han ofrecido importantes contribuciones. Algunos de estos programas han llegado a proveer un enfoque integral para suplir las necesidades espirituales, educativas y físicas de miles de niños.

Ministerio para religiones principales

Algunas misiones están totalmente dedicadas al ministerio a una religión específica. Otros tienen departamentos trabajando con dichas religiones. Pero se reconoce cada vez más que el entendimiento de una religión principal no es fácil. Este entendimiento viene más bien a través de años de convivencia entre los practicantes de dicha religión. Aquellos que se han dedicado a dichos ministerios tienen mucho que ofrecer: ayudando a personas a conocer a aquellos de diferente fe respetuosa y efectivamente. La persona que esté considerando la obra con budistas, hindúes, musulmanes u otras religiones principales debe valerse de personas dedicadas a dichos ministerios, así como también los recursos de investigación y la prensa.

Literatura y prensa

Los últimos veinte años del siglo veinte observaron un gran cambio literario cuando la mayoría de las misiones pasaron de las impresoras a la publicación. La literatura es más importante que nunca, pero ahora la misión extranjera es raras veces la que hace la prensa. Este es un importante cambio de paradigma desde los días de la época de William Carey, cuando una estación misionera independiente típicamente poseía una imprenta. Aunque algunas iglesias nacionales poseen imprentas, en la mayoría de los países hoy día gran parte de la impresión es contratada. Este cambio significa que aquellos con una carga por el ministerio de literatura necesitan un conjunto diferente de cualidades. La necesidad clave, en mi opinión, es de personas con experiencia editorial, una orientación teológica y empresaria, y un compromiso a adiestrar personal local en la edición y publicación. Todavía existe una increíble necesidad de materiales para evangelismo por un lado, y materiales para capacitación en todos los niveles por el otro. Aunque el inglés es ampliamente usado en la mayor parte del mundo, aquellos que tienen intención de ir a las misiones como editores deben ser bilingües.

La era de la computadora ha generado una revolución electrónica de prensa. Consecuentemente, existe una abrumadora necesidad de personas con habilidades en la producción de audio y video, mercadotecnia, y por supuesto, habilidades para capacitar a personas en dichos campos.

Compasión y necesidad humana

Trágicamente, uno de los constantes más grandes en el mundo es el desastre. Los desastres naturales, las guerras, y el hambre que ocasionan regularmente incontable sufrimiento a vastas porciones del mundo. Además de esto está la calamidad de nuestros tiempos, el SIDA. Las grandes ciudades del mundo tienen grandes problemas con la condición de los deshabitados. En todo tiempo el mundo tiene millones de niños desamparados. Muchas ciudades reportan miles de niños que viven en la calle. Añadido a esto está el estado lastimoso de aquellos que viven en villorrios extendiéndose prácticamente por el mundo.

¿Qué puede hacer la iglesia? Los cristianos pentecostales en todas partes han demostrado su preocupación, a menudo en maneras no contadas y reportadas. Las organizaciones misioneras han dado prioridad a los ministerios para aquellos en sufrimiento, y el público ha respondido afirmativamente. Actualmente, un creciente número de personal extranjero está siendo enviado en ministerios de compasión, especialmente en ministerios que tratan con niños, el SIDA, y algún tipo de cuidado de salud. El Evangelismo de Salud Comunitaria (Community Health Evangelism) es un programa que requiere de fondos mínimos en el cual el personal local provee importantes cambios en las condiciones de salud de las comunidades locales. A menudo nacen iglesias como resultado de varios tipos de ministerios de compasión.

Construcción

Es interesante que la cantidad de misioneros a largo y corto plazo trabajando en ministerios relacionados con la construcción continúe creciendo. Gran parte de este personal recibe asignaciones de unos pocos meses hasta unos cuantos años de supervisión de grandes proyectos de construcción. Otros van en equipos de construcción de corto plazo, especialmente para la construcción de iglesias. Y otros trabajan en zonas rurales y proveen una cierta cantidad de experiencia y fondos extranjeros, a menudo después que el personal local cumpla con ciertos criterios para recibir dicha ayuda.

Fabricantes de tiendas

Además de todo lo anterior, a menudo se necesita personas con experiencia en casi cualquier campo para realizar papeles de corto tiempo. Muchos también ingresan en varios países del mundo por medio de un trabajo asalariado en una firma secular, las Naciones Unidas, un gobierno extranjero, o una organización no gubernamental. Tetsunao "Ted" Yamamori ha escrito extensamente defendiendo que aquellos que desean alcanzar al mundo no evangelizado deberían considerar trabajar como "nuevos enviados de Dios," especialmente como empleados de organizaciones no gubernamentales cristianas.[3]

Ministerios de apoyo

En un conmovedor despliegue de principio, David reconoció el servicio de aquellos incapaces de participar al frente de la batalla.[4] Esto tenía que ver con el mandamiento anterior del Señor a Moisés de que los soldados y el resto de la comunidad debían compartir las recompensas de la batalla equitativamente.[5]

Las misiones siempre han sido un esfuerzo en equipo. Aquellos que viajan a tierras lejanas no podrían hacerlo sin un importante grupo de personal de apoyo dedicado y aquellos que fielmente los recuerdan en oración y con ayuda financiera. Este personal activo residiendo en el país natal a menudo son los héroes no reconocidos.

Muchas misiones han llegado a depender en gran manera de las oficinas especializadas de apoyo normalmente localizadas en el país natal. Dependiendo de la naturaleza de la misión, este personal de apoyo puede estar involucrado

---

[3] Tetsunao Yamamori, *Penetrating Missions' Final Frontier: A New Strategy for Unreached Peoples* (Downers Grove, Ill.: InterVarsity Press, 1993); véase también Yamamori, *God's New Envoys: A Bold Strategy for Penetrating "Closed Countries"* (Portland, Oreg. Multnomah Press, 1987). El concepto de "Nuevos enviados de Dios" es desarrollado por Yamamori en ambos libros. Este concepto redefine la fabricación de tiendas para lograr específicos propósitos misiológicos.

[4] 1 Samuel 30:9-10, 22-25.

[5] Números 31:25-27.

en publicaciones, producción informativa, distribución de literatura, recolección de fondos, cuidado médico y humanitario, ministerios de oración, construcción, adquisición de libros, o coordinación de adiestramiento. A esta lista se debe agregar los líderes administrativos, las secretarias, así como también el personal de los departamentos de finanzas, publicaciones, investigaciones, y computación. Luego están aquellos involucrados en la enseñanza y en la preparación y edición de libros y cursos en muchos idiomas. Muchos de estos escritores y editores trabajan en ministerios internacionales de capacitación mientras que otros trabajan en diferentes lugares dentro de la organización.

También deben ser reconocidos aquellos que sirven incansablemente como miembros de directivas y comités de misiones. Las misiones tal como son conocidas en la mayor parte del mundo, no existirían sin los ministerios de apoyo especializados de hombres, mujeres, jóvenes y niños. Estos ministerios son incansablemente promovidos por pastores visionarios y dirigidos por una hueste de líderes laicos en el país natal y por administradores claves dentro de las oficinas nacionales.

Sin embargo, lo que hace todo posible es la gran multitud que ora por los misioneros, ofrendan sistemática y sacrificadamente, cuidan de los asuntos familiares y de negocios por parte de los misioneros y participan en los programas misioneros de los varios departamentos de la iglesia. Estas personas proveen el fundamento espiritual, moral y financiero sin el cual las misiones no existirían. Ellos son compañeros de aquellos que pasan por las puertas abiertas del presente (Apocalipsis 3:8), y estarán entre los vencedores sentados con Cristo en Su trono (Apocalipsis 3:21) y adorando con aquellos de cada nación al coronarle Rey de reyes y Señor de señores (Apocalipsis 5:9-10; 7:9-10; 11:15-19; 19:16).

Palabra final

Este estudio comenzó trazando la *missio Dei*, el propósito declarado de Dios de bendecir a todas las naciones a través del evangelio de Jesucristo, desde Génesis hasta Apocalipsis Los modelos históricos del enfoque de la iglesia en cuanto a las misiones fueron luego examinados para demostrar su impacto en sus tiempos y su posteridad. Finalmente, consideré la formación espiritual del misionero, que será necesaria para enfrentar el desafío del futuro. En todo esto, la investidura de poder del Espíritu Santo para completar la misión de la iglesia ha sido enfatizada como de vital importancia.

Mi oración ha sido que el lector sienta una creciente confianza en la certeza que Dios completará con éxito Su misión y una confianza acompañante de que la iglesia del futuro representará la misión de Dios con sinceridad, santidad, y la bendición del Espíritu Santo.

El Señor de la cosecha no duda en derramar Su Espíritu sobre aquellos que Él llama a Su servicio. El poder santificador del Espíritu es mayor que el poder del mundo que trata de bloquear el progreso del reino de Cristo. Es posible vivir una vida cristiana vencedora, libre del pecado habitual, las adicciones, los patrones de pensamientos no saludables, y nuestra propia auto preocupación.

"Es tiempo", escribió Phillip Keller, "[que los cristianos] conozcan a Cristo en el poder de su resurrección; que puedan reírse ante las fuerzas del mal formadas en su contra. ¡Entonces con la fortaleza de su alma ellos podrán remover montañas en Su poder!"[6] Keller continúa agregando, "Cualquier cosa en la vida que sea grande, noble, digno y perseverante demanda de disciplina, fortaleza, perseverancia a pesar de cada dificultad."[7]

---

[6] Keller, *Strength of Soul* (London: Hodder & Stoughton, 1993), 93.
[7] Ídem. 190.

Que todos aquellos que contemplan la misión de Cristo sean llenos del Espíritu Santo, estén preparados en la mejor forma posible, tengan confianza en la bendición divina, y luego corran a la batalla. ¡Y que *corran para ganar*!

Preguntas de repaso

1. Describa los papeles que los misioneros normalmente cumplen en el mundo hoy día. Explique el énfasis dado al establecimiento de iglesias y cómo se relaciona con los demás ministerios.

2. Describa la importancia de una base de apoyo adecuada dentro del país natal para la tarea misionera.

Bibliografía seleccionada

Boer, Harry R. *Pentecost and Mission*. Grand Rapids: Wm. B. Eerdmans, 1961.

___. *A Short History of the Early Church*. Grand Rapids: Wm. B. Eerdmans, 1976.

Bosch, David J. *Transforming Mission: Paradigm Shifts in Theology of Mission*. Maryknoll, N.Y.: Orbis Books, 1991.

Carpenter, Harold R. *Mandate and Mission*. Springfield, Mo.: CBC Press, 1989.

Culver, Robert Duncan. *The Greater Commission: A Theology for World Missions*. Chicago: Moody Press, 1984.

Dempster, Murray A., Byron D. Klaus, y Douglas Petersen. *Called and Empowered: Global Mission in Pentecostal Perspective*. Peabody, Mass.: Hendrickson Publishers, 1991.

___. *The Globalization of Pentecostalism: A Religion Made to Travel*. Irvine, Calif.: Paternoster, Regnum Books, 1999.

Dyrness, William A., ed. *Emerging Voices in Global Theology*. Grand Rapids: Zondervan Publishing House, 1994.

___. *Invitation to Cross-Cultural Theology: Case Studies in Vernacular Theologies*. Grand Rapids: Zondervan Publishing House, 1992.

___. *Learning About Theology from the Third World*. Grand Rapids: Zondervan Publishing House, Academie Books, 1990.

Edman, V. Raymond. *The Light in Dark Ages.* Wheaton, Ill.: Van Kampen Press, 1949.

Hesselgrave, David J. *Communicating Christ Cross-Culturally.* 2d. ed. Grand Rapids: Zondervan Publishing House, 1991.

___. *Planting Churches Cross-Culturally.* Grand Rapids: Baker Book House, 1980.

___. *Today's Choices for Tomorrow's Mission: An Evangelical Perspective on Trends and Issues in Missions.* Grand Rapids: Zondervan Publishing House, Academie Books, 1988.

Hodges, Melvin. *The Indigenous Church.* Springfield, Mo.: Gospel Publishing House, 1976.

Hovey, Kevin G. *Before All Else Fails ... Read the Instructions: A Manual for Cross-Cultural Christians!* Brisbane, Australia: Harvest Publications, 1986.

Johnstone, Patrick. *Operation World.* 5th. ed. Grand Rapids: Zondervan Publishing House, 1993.

Jones, Marge, con E. Grant Jones. *Psychology of Missionary Adjustment.* Springfield, Mo.: Logion Press, 1995.

Kaiser, Walter C., Jr. *The Christian and the "Old" Testament.* Pasadena: William Carey Library, 1998.

___. *Toward and Old Testament Theology.* Grand Rapids: Zondervan Publishing House, Academie Books, 1978.

___. *Toward Rediscovering the Old Testament.* Grand Rapids: Zondervan Publishing House, 1991.

Kane, J. Herbert. *A Concise History of the Christian World Mission.* Grand Rapids: Baker Book House, 1982.

Keyes, Lawrence. *The Last Age of Missions.* Pasadena: William Carey Library, 1983.

Ladd, George Eldon. *The Gospel of the Kingdom.* Grand Rapids: Wm. B. Eerdmans, 1959.

Latourette, Kenneth Scott. *A History of the Expansion of Christianity.* 7 vols. New York: Harper & Brothers, 1937-1945.

Liao, David C. *The Unresponsive: Resistant or Neglected.* Chicago: Moody Press, 1972.

McGee, Gary B. *This Gospel Shall Be Preached.* 2 vols. Springfield, Mo.: Gospel Publishing House, 1986-1989.

Neill, Stephen. *A History of Christian Missions.* Rev. ed. London: Penguin Books, 1984.

Petersen, Douglas. *Not By Might Nor By Power: A Pentecostal Theology of Social Concern in Latin America.* Irvine, Calif.: Paternoster, Regnum Books, 1996.

Pomerville, Paul A. *The Third Force in Missions.* Peabody, Mass.: Hendrickson Publishers, 1985.

Richardson, Don. *Eternity in Their Hearts.* Ventura, Calif.: Regal Books, 1981.

Steyne, Philip M. *In Step with the God of the Nations.* Houston: Touch Publications, 1992; rev. ed., Columbia, S.C.: Impact International, 1997.

Stronstad, Roger. *The Charismatic Theology of St. Luke.* Peabody, Mass.: Hendrickson Publishers, 1984.

___. *Spirit, Scripture, and Theology: A Pentecostal Perspective.* Baguio City, Philippines: Asia Pacific Theological Seminary Press, 1995.

Taylor, William D., ed. *Too Valuable to Lose: Exploring the Causes of Missionary Attrition.* Pasadena: William Carey Library, 1997.

Van Engen, Charles. *God's Missionary People: Rethinking the Purpose of the Local Church.* Grand Rapids: Baker Book House, 1991.

___. *Mission on the Way: Issues in Mission Theology.* Grand Rapids: Baker Book House, 1996.

Verkuyl, Johannes. *Contemporary Missiology: An Introduction.* Traducido y editado por Dale Cooper. Grand Rapids: Wm. B. Eerdmans, 1987.

Vos, Howard F. *Exploring Church History.* Nashville: Thomas Nelson, 1994.

Williams, Morris *Partnership in Mission.* Springfield, Mo.: Assemblies of God Division of Foreign Missions, 1979.

Wilson, Everett A. *Strategy of the Spirit: J. Philip Hogan and the Growth of the Assemblies of God Worldwide 1960-1990.* London: Paternoster, Regnum Books, 1997.

Winter, Ralph D. y Steven C. Hawthorne, eds. *Perspectives on the World Christian Movement.* Rev. ed. Pasadena: William Carey Library, 1993.

Yamamori, Tetsunao. *God's New Envoys: A Bold Strategy for Penetrating "Closed Countries."* Portland, Oreg.: Multnomah Press, 1987.

____. *Penetrating Missions' Final Frontier: A New Strategy for Unreached Peoples.* Downers Grove, Ill.: InterVarsity Press, 1993.

Zuck, Roy B., ed. *A Biblical Theology of the Old Testament.* Chicago: Moody Press, 1989.

Índice de escrituras bíblicas

Antiguo Testamento

Nuevo Testamento

Mateo		Mateo (*cont.*)	
1	33	10:38	260
1:1	29, 50, 72, 193	10:39	190
2:1	78	11:21-24	78
2:2-12	78	12:39-41	67
3:12	198	13:1-15, 18-23	73
5	194, 222	13:24	73
5:4, 5, 9	194	13:24-30, 36-43	74
5:6	207	13:38	74
5 al 7	81	13:41	83
5:11-12	194	15:22	78
5:13-14	194	15:28	78
6:15	258	16:18	88, 194, 272
6:31-33	194	16:24	190, 199
6:33	216	16:25	190
8:10	78	19:13-15	76
8:11	78	19:16-30	76, 193
8:21-22	260	19:24-25	77
9:38	75	19:28	77
10	191	19:29	260
10:16	265	19:30	75
10:17-18	78	19:30 al 20:16	74-75
10:36	191	20:4	75
10:37-38	190, 260	20:6	75

Mateo (*cont.*)		Marcos (*cont.*)	
20:13	76	8:35	190
20:15	76	9:42-48	198
20:16	77	10:7	260
21:9	55	10:29-30	193
21:12-13	79	11:17	79
21:42	55	12:10-11	55
22:12	76	12:29-31	218
23:15	131	12:30	201
23:39	55	12:31	201
24:14	20, 83, 84, 108, 124	13:10	83, 108
25:21, 23	192	16:15	81, 116, 246
26:50	76	16:15-18	80
26:53-54	236	16:16	190
28:18	82, 193	16:20	116
28:18-19	50	**Lucas**	
28:18-20	20, 29, 80, 246	2:30-32	78
28:19	81, 230	4:18-19	273
28:19-20	24, 37, 81, 199	6:37	258
28:20	116, 235	6:39	231
Marcos		7:9	78
1:15	190	8:4-15	73
1:35	236	9:23	190
1:38	236	9:24	190
4:3-20	73	10:25-37	78
4:13	74	11:11-13	207
4:14	73	14:26	190
8:34	190	15:11-32	76

Hechos (*cont.*)		Romanos	
16:6-10	243	3:23	100
16:31	190	3:19	100
19	204	3:29	100
19:2	205	4:11	51
19:6	89	4:16	100
19:10	99	6:11	200
19:11-12	99	8:32	194
21:27-29	96	9:1-5	100
21:28	96	10:1	100
22:1-21	96	10:12	100
22:8	96	10:13	190
22:13	96	10:13-15	100
22:14	96	10:14-15	101
22:16	96	11:13	100
22:18	96	11:13-14	100
22:20	96	11:25-26	100
22:21-22	96	12:1	100
22:22	96	15:8	100
22:28	52	15:8-11	54
26:6-7	64, 96, 97	15:9-12	100
26:17-18	97	15:16	31, 101, 106
26:19	88	15:20	101
26:23	97	15:21	101
26:24	97	15:24	101
26:32	98	15:30	101
		16:26	101

Apocalipsis

Índice de temas